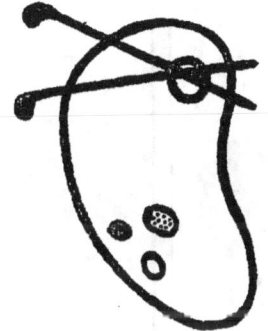

Original en couleur
NF Z 43-120-8

Couverture inférieure manquante

BIBLIOTHÈQUE ROSE ILLUSTRÉE

LA FORTUNE
DE GASPARD

PAR

Mme LA COMTESSE DE SÉGUR

NÉE ROSTOPCHINE

OUVRAGE ILLUSTRÉ DE 32 VIGNETTES

PAR GEHLIER

PRIX 2.25

PARIS
LIBRAIRIE HACHETTE ET Cie
79, BOULEVARD SAINT-GERMAIN, 79

PRIX : 2 FRANCS 25

8°Y²
17971

LA FORTUNE
DE GASPARD

OUVRAGES DU MÊME AUTEUR

PUBLIÉS DANS LA BIBLIOTHÈQUE ROSE ILLUSTRÉE
PAR LA LIBRAIRIE HACHETTE ET Cⁱᵉ

Un bon petit diable; 1 vol. avec 100 gravures d'après Castelli.
Quel amour d'enfant! 1 vol. avec 70 gravures d'après É. Bayard.
Pauvre Blaise; 1 vol. avec 95 gravures d'après H. Castelli.
Mémoires d'un âne; 1 vol. avec 75 gravures d'après Castelli.
Les vacances; 1 vol. avec 30 gravures d'après Bertall.
Les petites filles modèles; 1 vol. avec 21 gravures d'après Bertall.
Les malheurs de Sophie; 1 vol. avec 45 gravures d'après Castelli.
Les deux nigauds; 1 volume avec 76 gravures d'après Castelli.
Les bons enfants; 1 vol. avec 70 gravures d'après Foregio.
Le général Dourakine; 1 vol. avec 100 gravures d'après É. Bayard.
L'auberge de l'Ange-Gardien; 1 vol. avec 75 grav. d'après Foulquier.
La sœur de Gribouille; 1 vol. avec 72 gravures d'après Castelli.
La fortune de Gaspard; 1 vol. avec 32 gravures d'après Gerlier.
Jean qui grogne et Jean qui rit; 1 vol. avec 70 grav. d'après Castelli.
François le Bossu; 1 vol. avec 114 gravures d'après É. Bayard.
Diloy le Chemineau; 1 vol. avec 90 gravures d'après H. Castelli.
Comédies et proverbes; 1 vol. avec 60 gravures d'après É. Bayard.
Le mauvais génie; 1 vol. avec 90 gravures d'après É. Bayard.
Après la pluie le beau temps; 1 vol. avec 128 grav. d'après É. Bayard.

Prix de chaque volume broché, 2 25
Relié en percaline rouge, tranches dorées, 3 50

Format in-8°, broché

La Bible d'une grand'mère, avec 30 gravures......... 10 »
Évangile d'une grand'mère, avec 30 gravures.......... 10 »
Les Actes des Apôtres, avec 10 gravures............. 10 »

Évangile d'une grand'mère, édition classique, in-12, cart.. 1 50
La santé des enfants, in-18 raisin, broché............ » 50

33417. — Imprimerie LAHURE, 9, rue de Fleurus, à Paris.

LA FORTUNE
DE GASPARD

PAR

Mme LA COMTESSE DE SÉGUR
NÉE ROSTOPCHINE

ILLUSTRÉ DE 32 VIGNETTES DESSINÉES SUR BOIS
PAR J. GERLIER

———

NOUVELLE ÉDITION

PARIS
LIBRAIRIE HACHETTE ET Cie
79, BOULEVARD SAINT-GERMAIN, 79
———
1896
Droits de traduction et de reproduction réservés.

A MON PETIT-FILS

PAUL DE PITRAY

Cher petit, quand tu seras plus grand tu verras, en lisant l'histoire de Gaspard, *combien il est utile de bien travailler. Et tu sauras, ce que Gaspard n'a appris que bien tard, combien il est nécessaire d'être bon, charitable et pieux, pour profiter de tous les avantages du travail et devenir réellement heureux.*

Deviens donc un garçon instruit et surtout un bon chrétien. C'est ce que te demande la grand'mère qui t'aime et qui veut ton bonheur.

Comtesse de Ségur,
Née Rostopchine.

LA FORTUNE DE GASPARD

I

L'ÉCOLE

GASPARD.
Mais avance donc! Tu vas comme une tortue; nous n'arriverons pas à temps.
LUCAS.
Eh bien! le grand mal! C'est si ennuyeux, l'école!
GASPARD.
Comment le sais-tu? tu n'y as jamais été.
LUCAS.
Ce n'est pas difficile à deviner. Rester trois heures enfermé dans une chambre, apprendre des choses qu'on ne sait pas, être grondé, recevoir des coups d'un maître ennuyé, tu trouves ça agréable?

GASPARD.
D'abord, la chambre est très grande....

LUCAS.
Oui, mais étouffante.

GASPARD.
Pas du tout.... Ensuite, on n'apprend jamais que les choses qu'on ne sait pas ; et c'est très amusant d'apprendre.

LUCAS.
Oui, quand c'est pour travailler au dehors, mais pas pour se casser la tête à....

GASPARD.
Pas du tout.... Ensuite on n'est grondé que lorsqu'on est paresseux.

LUCAS.
Oui, si c'est un brave maître, mais un maître d'école!

GASPARD.
Pas du tout.... Ensuite, on ne reçoit de claques que pour de grosses méchancetés.

LUCAS.
Mais puisqu'ils disent que parler ou bouger c'est une grosse sottise.

GASPARD.
Parce que ça fait du bruit pour les autres.

LUCAS.
Et le grand mal quand on ferait un peu de bruit? Ça fait rire, au moins.

GASPARD.
Si tu ris, tu te feras battre.

LUCAS.

Tu vois bien, tu le dis toi-même. Et je dis, moi, que si mon père ne me forçait pas d'aller à l'école, je n'irais jamais.

GASPARD.

Et tu serais ignorant comme un âne.

LUCAS.

Qu'est-ce que ça me fait?

GASPARD.

Tout le monde se moquerait de toi.

LUCAS.

Ça m'est bien égal. Je n'en serais pas plus malheureux.

GASPARD.

Et quand il t'arriverait des lettres, tu ne pourrais pas seulement les lire.

LUCAS.

Je n'en reçois jamais.

GASPARD.

Mais quand tu seras grand?

LUCAS.

Tu me les liras, puisque tu veux être un savant.

GASPARD.

Non, je ne te les lirai pas. Je ne resterai pas avec toi.

LUCAS.

Pourquoi ça?

GASPARD.

Parce que tu m'ennuierais trop; tu ne sauras seulement pas lire ni écrire.

LUCAS.

J'en saurai plus que toi, va. Et des choses plus utiles que toi. Je saurai labourer, herser, piocher, bêcher, faucher, faire des fagots, mener des chevaux.

GASPARD, *haussant les épaules.*

Ça te fera une belle affaire, tout ça. Tu resteras toujours un pauvre paysan, bête, malpropre et ignorant.

LUCAS.

Pas si bête, puisque je serai comme mon père, qui est joliment futé et qui sait, tout comme un autre, faire un bon marché! Pas si malpropre, puisque j'ai le puits et la mare pour me nettoyer en revenant du travail; et toi, avec ton encre plein les doigts et le nez, tu ne peux seulement pas la faire partir. Pas si ignorant, puisque je saurai gagner mon pain quand je serai grand, et faire comme mon père, qui place de l'argent. Tu n'en feras pas autant, toi.

GASPARD.

C'est ce que tu verras; je deviendrai savant; je ferai des machines, des livres, je gagnerai beaucoup d'argent, j'aurai des ouvriers, je vivrai comme un prince.

LUCAS.

Ah!.ah! ah! le beau prince! Prince, vraiment! En sabots et en blouse! Ah! ah! ah! Nous voici arrivés. Place à Monsieur le prince! »

« Place à Monsieur le prince! »

Lucas ouvre la porte de l'école en riant aux éclats, et fait entrer Gaspard en répétant :

« Place à M. le prince ! »

Tout le monde se retourne ; le maître d'école descend de l'estrade, saisit Lucas par l'oreille, lui donne une tape et le pousse sur le quatrième banc. Gaspard s'esquive et va s'asseoir, tout honteux pour son frère, à sa place accoutumée.

LUCAS, *pleurnichant.*

Quand je te disais ! Tu vois bien que j'avais raison.

LE MAÎTRE D'ÉCOLE.

Tais-toi ! On ne parle pas ici. Ton frère est le modèle de la classe. Fais comme lui. Pas un mot.... Qu'est-ce que tu sais ?

LUCAS, *vivement.*

Je sais bêcher, pio....

LE MAÎTRE D'ÉCOLE.

Tais-toi ; ce n'est pas ça que je te demande ! Sais-tu lire, écrire ?

LUCAS.

Pour ça non, M'sieur. Dieu m'en garde !

LE MAÎTRE D'ÉCOLE.

Si tu réponds encore un mot impertinent, je te mets à genoux sur des bûches.

LUCAS.

Mais, M'sieur, il faut bien que je réponde, puisque vous me parlez.

LE MAÎTRE D'ÉCOLE.

Il faut me répondre poliment

LUCAS, *entre ses dents*.

Je ne sais comment faire! Quelle scie que cette école! »

Le maître d'école s'était éloigné; il remonta sur son estrade.

LE MAÎTRE D'ÉCOLE.

Le quatrième banc, au premier tableau. »

Les enfants du quatrième banc vont se placer debout devant ce premier tableau; Lucas reste assis.

Le maître d'école donne une tape sur la tête de Lucas avec une longue *gaule* placée près de lui, et répète d'une voix forte :

« Le quatrième banc, au premier tableau! »

Lucas comprend et va rejoindre les autres.

LE MAÎTRE D'ÉCOLE.

Petit Matthieu du second banc, va montrer les lettres aux ignorants. »

Petit Matthieu se lève et commence la leçon.

A. Répétez tous : A.

Les huit petits répètent :

A, A, A, A.

PETIT MATTHIEU.

Assez, assez. O. Répétez tous : O.

TOUS *répètent* :

O, O, O, O.

PETIT MATTHIEU.

Assez. Qu'est-ce que ç'est, ça? (*Il montre un A.*)

TOUS.

O, O, O, O, O.

PETIT MATTHIEU.

Pas du tout. Ce n'est pas O. Voilà O; c'est A.

TOUS.

A, A, A, A, A.

PETIT MATTHIEU.

Assez. Qu'est-ce que c'est, ça? (*Il montre O.*)

TOUS.

A, A, A, A, A.

PETIT MATTHIEU.

Pas du tout; c'est O. Vous êtes des nigauds. (*Il leur montre A.*) Qu'est-ce que c'est?

TOUS.

O, O, O, O, O.

PETIT MATTHIEU, *impatienté*.

Vous faites donc exprès? Dites ce que c'est; tout de suite.

LUCAS.

Ah bah! tu nous ennuies. Est-ce que nous savons?

PETIT MATTHIEU.

Tu vas te faire calotter, toi. C'est pour te faire savoir, que je te montre.

LUCAS.

Tu n'es pas le maître d'école; ce n'est pas à toi à montrer.

PETIT MATTHIEU.

Tu dois m'obéir; c'est moi qui suis le remplaçant.

LUCAS.

Ah! ah! ah! Plus souvent que je t'obéirai.

PETIT MATTHIEU, *au maître d'école.*

M'sieur, Lucas dit qu'il ne veut pas m'obéir. Puis-je le taper?

LE MAÎTRE D'ÉCOLE.

Non, mets-lui le bonnet d'âne. »

Petit Matthieu veut mettre le bonnet d'âne à Lucas, qui se débat; les autres le maintiennent de force; il veut arracher le bonnet de dessus sa tête; on lui saisit les mains.

PETIT MATTHIEU.

M'sieur, il ne veut pas, il nous donne des gifles; il veut arracher le bonnet.

LE MAÎTRE D'ÉCOLE.

Attache-lui les mains avec la courroie.

PETIT MATTHIEU.

Donne-moi la courroie, Julien; là, sur le tas de cahiers.... Bien, apporte-la; dépêche-toi, il nous échappe. »

Tous les huit se mettent après Lucas; les uns attachent la courroie, d'autres lui tiennent les jambes, les épaules, les bras.

PETIT MATTHIEU.

C'est fait; à présent, tu vas rester tranquille. »

Lucas est en colère; il pleure et finit par se résigner; les autres continuent la leçon et finissent par connaître *A, O, I, U, E*. La leçon finie, on détache Lucas; il retourne sur son banc avec les autres; il boude, mais il ne bouge plus.

On lui donne un livre, et on lui montre la page

où il doit étudier *A*, *O*, *I*, *U*, *E*. Il commence par ne rien faire; il ferme le livre, il pousse ses camarades, qui le poussent à leur tour.

Le maître d'école lève les yeux, tape avec sa gaule Lucas et les autres qui se bousculent.

« Silence! » dit-il.

Les enfants se frottent la tête et les épaules; Lucas veut parler; ses camarades l'en empêchent et lui disent tout bas :

« Tais-toi; tu vas nous faire tous punir. »

Lucas s'ennuie, bâille, tousse, se mouche.

« Silence! » crie le maître d'école en posant sa gaule sur l'épaule de Lucas.

Il l'avait posée fort, sans doute, car Lucas pleure et se frotte l'épaule.

« Silence donc! » crie le maître d'école d'une voix irritée, en posant la gaule plus lourdement encore sur l'épaule de Lucas.

Pour le coup Lucas est dompté, on ne l'entend plus; il s'ennuie tellement, qu'il ouvre son livre et cherche à reconnaître les lettres qu'on lui a montrées; ses camarades l'aident un peu, et il finit par les savoir très bien. Quand le maître d'école fait revenir les petits au premier tableau, Lucas ne se trompe pas une seule fois; il est triomphant.

LE MAÎTRE D'ÉCOLE.

Ah! ah! il paraît que la gaule t'a ouvert l'esprit, mon garçon. Allons, c'est bien, c'est très bien!

nous recommencerons à la première occasion. La gaule a fait merveille pour bien d'autres encore. Il n'y a que Gaspard qu'elle n'a jamais touché.... L'école est finie; allez tous dîner et jouer jusqu'à deux heures. »

Il était midi; les enfants se précipitent dans la cour; les uns se dépêchent d'aller dîner chez leurs parents; d'autres, comme Gaspard et Lucas, qui demeuraient trop loin, s'assoient dans un coin, ouvrent leurs paniers et en tirent leurs provisions.

LUCAS.

Qu'est-ce que nous avons pour dîner?

GASPARD.

Un œuf dur chacun et du fromage blanc. Tiens, voilà ton œuf, ton pain; voici ma part; le fromage et le cidre entre nous deux.

LUCAS.

Et toi, Henri, qu'est-ce que tu as?

HENRI.

Quoi que j'ai? Pas grand'chose; du pain et du fromage passé.

LUCAS.

As-tu du cidre?

HENRI.

Ma foi non; quand j'ai soif, je vas au puits ou à la rivière. Maman est seule, tu sais, pour gagner sa vie; elle n'a pas de cidre à me donner. »

Lucas ne dit plus rien; les enfants mangent tous;

quand Gaspard a fini, il regarde la bouteille de cidre.

GASPARD.

Tiens, il y a encore près de la moitié; j'en ai pourtant bu mes trois verres comme d'habitude.

LUCAS.

C'est moi qui n'ai pas encore bu; laisse-moi la bouteille, je vais boire tout à l'heure.

GASPARD.

Dépêche-toi, que nous ayons le temps de jouer. »

Les enfants se lèvent; Lucas fait signe à Henri de rester. Quand les autres sont partis, Lucas verse un verre de cidre et le donne à Henri.

LUCAS.

Tiens, mon Henri, bois ça; cela te remontera l'estomac.

HENRI.

Merci bien, Lucas; tu as bon cœur, tout de même, quoique tu aies été bien en colère quand tu as reçu la gaule sur la tête et le dos. C'est qu'il ne plaisante pas, le maître d'école.

LUCAS.

Pour ça non; quand il tape, ce n'est pas pour rire. Il est méchant tout de même!

HENRI.

Ecoute donc! c'est qu'aussi tu l'asticotais et tu lui répondais. Il n'aime pas ça.

LUCAS.

C'est ennuyeux de ne pas pouvoir parler et raisonner un tant soit peu!

HENRI.

Mais, pense donc : si chacun se mettait à riposter et à dire des raisons, c'est que ça ferait un train à ne plus s'entendre. Nous sommes soixante-trois, vois-tu.

LUCAS.

L'école serait bien moins ennuyeuse.

HENRI.

Oui, mais on n'y apprendrait rien. Tu vois bien toi-même, tu n'as su tes lettres que parce que tu t'ennuyais.

LUCAS.

Et à quoi ça me servira de savoir cinq lettres?

HENRI.

Un autre jour tu en apprendras cinq autres, et toujours comme ça ; et puis tu sauras lire.

LUCAS.

A quoi que ça me servira de savoir lire?

HENRI.

Ça te servira à bien apprendre ton catéchisme, à avoir des prix, à apprendre à écrire.

LUCAS.

Et à quoi ça me servira d'écrire?

HENRI.

À écrire des lettres, à faire des comptes. Ça sert bien, va ; je vois ça chez notre maître ; il ne savait jamais le compte de rien, ni foin, ni paille, ni orge, ni avoine. Quoi qu'il arrivait? On le volait que c'était une pitié. Sa ferme marchait mal ; le blé

« Tiens, mon Henri, bois ça ; cela te remontera l'estomac. » (Page 13.)

avait beau rendre, il n'en vendait pas ce qu'il avait espéré. Le foin s'en allait, et tout partait sans lui donner de bénéfices.

LUCAS.

Ce n'est pas parce qu'il ne savait pas écrire !

HENRI.

Si fait ; car depuis que je sais écrire et compter, il m'emploie tous les dimanches à faire ses comptes, à écrire ses marchés ; il sait ce qu'il a, ce qu'il vend, et il est à l'aise au lieu d'être gêné.

LUCAS.

Tiens, tiens ! c'est vrai, ça !... Allons, un dernier verre que nous partagerons, et puis allons jouer. »

Ils burent chacun leur demi-verre et partirent, contents tous deux : Lucas, d'avoir partagé son cidre avec Henri, qui était un brave et honnête garçon, fils d'une pauvre veuve, et Henri d'avoir pu donner un bon conseil à Lucas, qui avait été charitable pour lui. Ils se mêlèrent aux joueurs, et Lucas commença à trouver l'école moins ennuyeuse et moins inutile qu'il ne le pensait.

Grace à sa bonne action, Lucas était en ce moment plus heureux que le studieux, le sage Gaspard

II

LE TRAVAIL DES CHAMPS

A deux heures, la cloche sonna pour reprendre l'école ; les enfants cessèrent leurs jeux et coururent se placer près de la porte ; quand le maître ouvrit, la tête de l'école se mit à entrer en bon ordre, deux par deux ; chacun alla prendre sa place. La queue se bousculait, se poussait : c'était Lucas qui causait ce désordre par son empressement à rentrer en classe. Il en avait poussé un second, lequel poussait un troisième. Un coup de coude amena un coup d'épaule, qui fut payé d'un coup de pied. La moitié n'était pas entrée, qu'on criait et qu'on se battait à la queue.

Le maître d'école avait fait des *chut !* et des *silence !* sans pouvoir se faire obéir ; il eut alors recours à son argument accoutumé, la gaule ; elle retomba vivement et fortement sur le groupe en désordre ; Lucas en reçut plus que les autres, car il se faisait remarquer par des cris et des mouvements plus prononcés ; au lieu de reculer il avançait toujours, si bien qu'il se trouva seul en avant, seul en vue et seul en face du maître d'école irrité.

LE MAÎTRE D'ÉCOLE.

Mauvais gamin ! La gaule ne te suffit pas ! Il te faut mieux que ça ! Voilà, mon garçon, tu vas être servi à souhait. »

Pan ! pan ! v'lan et v'lan ! Lucas reçut en une minute plus de coups qu'il n'en pouvait compter ; il eut les cheveux et les oreilles tirés et il arriva sur son banc par l'effet d'un coup de pied qui le lança comme une balle.

La surprise le rendit muet ; il était resté la bouche ouverte et les yeux écarquillés, quand ses camarades le rejoignirent, les uns riant de sa mésaventure, les autres se frottant les membres, froissés par la gaule.

Le calme était rétabli, le maître d'école se retrouvait sur son estrade ; chacun ouvrait son livre et tirait ses cahiers ; la distribution du travail fut promptement faite ; les petits retournèrent à leur tableau ; la leçon se passa à merveille. Lucas, encore troublé de tout ce qu'il avait reçu, fut docile, sérieux et appliqué ; aussi eut-il des compliments, en place des coups du matin. Quand il sortit de l'école avec son frère, Henri les suivit.

« Je vais faire route avec vous, dit-il, puisque nous demeurons dans le même hameau.

LUCAS.

Oui, viens avec nous, Henri, nous cueillerons des merises tout en marchant.

HENRI.

Pas moi ; j'aime mieux cueillir des fleurs de MILLE-PERTUIS ; c'est la saison.

LUCAS.

Pour quoi faire? Ce n'est pas très joli.

HENRI.

Si fait! Je trouve très jolies ces grappes de petites fleurs jaunes. Mais ce n'est pas pour cela que je les cueille, c'est pour les mettre dans de l'huile.

LUCAS.

Pour quoi faire, dans l'huile? C'est la gaspiller.

HENRI.

Pour ça, non, ça ne la perd pas ; quand les fleurs ont bien trempé au soleil pendant un mois, l'huile devient toute rouge ; on en met sur des coupures, des brûlures, des plaies, et ça guérit de suite.

GASPARD.

Tiens, comment sais-tu ça, toi?

HENRI.

Je l'ai lu dans un journal que m'a prêté le maître d'école.

GASPARD.

Comment s'appelle-t-il, ce journal?

HENRI.

La Revue de la Presse. Il est amusant tout plein ;

il y a un tas d'histoires, et puis des remèdes comme cette huile de MILLE-PERTUIS.

GASPARD.

Je demanderai au maître d'école qu'il me le prête.

LUCAS.

Ce sera amusant ! Si tu vas te mettre à lire maintenant en dehors de l'école, je serai seul pour travailler et m'amuser.

GASPARD.

Tu n'as qu'à lire aussi : tu ne t'ennuieras pas alors.

LUCAS.

Si fait, je m'ennuierai ; c'est assommant, de lire ; j'aime bien mieux faner ou bêcher le jardin, ou clore les brèches, ou garder les vaches. Et toi, si tu passes ton temps à lire, mon père te frottera les oreilles, tu verras ça.

GASPARD.

Non, parce que mon père sait que je veux devenir savant pour faire mon chemin.

LUCAS.

Quel chemin vas-tu faire ?

GASPARD.

Je te l'ai déjà dit, je veux faire comme le petit maigre, M. Féréor, qui était garçon cloutier, et qui a des millions, et des usines partout, et des terres partout, et des châteaux, et qui commande à des milliers d'ouvriers, et qui est heureux comme il n'est pas possible davantage.

LUCAS.

Heureux ! C'est donc pour ça qu'il crie toujours, qu'il est après ses ouvriers comme un dogue après les bestiaux ; qu'il court sans arrêter, comme le Juif-Errant ; qu'il ne se donne de repos ni fêtes ni dimanches.

GASPARD.

Je ne dis pas, mais il a tout de même des millions, et la croix d'honneur, et des châteaux, et des terres à ne savoir qu'en faire ; et tout le monde le salue et le craint.

LUCAS.

Oui, on le craint, comme tu dis, mais on ne l'aime pas ; on le salue et on rit de lui ; et toi, tout le premier, tu l'appelles vieux parchemin, vieil avare, sac à argent, et je ne sais quoi encore.

GASPARD.

Parce qu'il n'est pas bon, et qu'il ne donne pas aux pauvres, et qu'il est dur pour les ouvriers ; mais je ne ferai pas comme lui, tu verras ça.

LUCAS, *riant*.

Je ne verrai rien du tout, parce que tu resteras ce que tu es : ouvrier, aidant mon père à faire aller la ferme.

GASPARD.

Non, je ne veux pas travailler à la terre ; je te l'ai déjà dit, je n'y travaillerai pas.

UNE VOIX.

Eh ! vous autres, arrivez donc ! On a besoin de vous pour ramasser le trèfle. »

Gaspard et Lucas aperçurent leur père qui les attendait sur le chemin, et qui paraissait mécontent de leur longue absence.

Lucas courut au-devant de lui.

« Nous voici, mon père ; nous avons été un peu lents à venir, parce que nous nous disputions, Gaspard et moi.

LE PÈRE, *durement*.

Pourquoi vous disputiez-vous au lieu d'avancer ? Vous savez bien que je ramasse mon trèfle, et qu'on n'a pas trop de tout son monde.

LUCAS.

Oui, mon père ; j'y vais tout de suite. C'est que Gaspard veut devenir un Monsieur, et que je me moquais de lui.

LE PÈRE.

Ah ! tu veux devenir un Monsieur ! Tu n'as pas encore l'âge, mon garçon. Va vite au trèfle ; je vais chercher des liens et je vous rejoins. »

Le père rentra dans la cour de la ferme ; Lucas courut au champ de trèfle ; Gaspard marcha plus lentement encore, en répétant :

« Le trèfle, le trèfle. Je me moque pas mal du trèfle. C'est tantôt une chose, tantôt une autre : on n'a jamais fini dans cette vilaine ferme. C'est éreintant ; c'est ennuyeux !... Et ce nigaud de Lucas qui pousse à ce travail ennuyeux et fatigant ! Il ne comprend rien ; il est bête comme tout.

LE PÈRE, *le rejoignant*.

Ah çà ! tu as donc la paralysie dans les jambes,

Gaspard et Lucas aperçurent leur père qui les attendait.

que tu n'avances pas plus qu'un lièvre blessé. Tiens, vois ton frère ; le voilà là-bas, là-bas, prêt à se mettre à l'ouvrage.

GASPARD.

C'est que... j'ai des devoirs à faire.

LE PÈRE.

Quels devoirs ? Pour qui ?

GASPARD.

Pour le maître d'école.

LE PÈRE.

Je me moque de ton maître d'école et de ses devoirs quand mes trèfles sont dehors et bons à rentrer. Ton devoir est d'aider au travail de la ferme ; je n'en connais pas d'autre pour le moment. Allons, marche, et lestement. Dépêchons-nous. »

Le père poussa rudement Gaspard qui était de très mauvaise humeur, mais qui fut obligé de hâter le pas comme son père. Quand ils furent arrivés au champ de trèfle, Lucas y travaillait avec ardeur ; il avait déjà retourné une demi-rangée de trèfle.

« Tiens, Gaspard, voilà la fourche au pied de l'arbre », cria-t-il à son frère qui paraissait chercher quelque chose.

Le père était à l'ouvrage avec tout son monde avant que Gaspard eût ramassé sa fourche.

« Prends garde, lui dit Lucas à demi-voix, mon père te regarde ; il n'a pas l'air trop content.

GASPARD, *d'un air bourru*.

Laisse-moi tranquille ; s'il n'est pas content, je ne

suis pas content non plus. Vous m'ennuyez tous. »

Le père regardait toujours, et, voyant la mauvaise volonté évidente de Gaspard, il s'approcha et lui tapa sur le dos avec sa fourche.

« C'est pour te donner du cœur à l'ouvrage, paresseux, fainéant! Commence, ou je te ferai marcher un peu plus rudement que tu ne le voudrais. »

Gaspard savait que son père ne plaisantait pas quand il s'agissait de travail, et il fut bien obligé de se mettre sérieusement à l'ouvrage; mais il y mettait de l'humeur, de la mauvaise volonté; au lieu de retourner le trèfle avec sa fourche, il le poussait et il en laissait la moitié sans y toucher. Le père l'observait sans faire semblant de rien.

On travailla ainsi pendant deux heures environ; il faisait chaud; on avait soif. Le champ était fini; avant de passer à celui à côté, le père appela ses ouvriers.

« Il fait chaud, dit-il; buvons quelques verres de cidre et mangeons une croûte de pain : nous allons recevoir ainsi la récompense de notre travail. »

Les ouvriers, joyeux de ce quart d'heure de repos, se groupèrent sous un gros pommier bien touffu qui les abritait du soleil. Lucas accourait rouge et en nage. Gaspard allait aussi prendre sa place, mais le père le repoussa rudement.

LE PÈRE.

Tu n'as pas gagné ta place au milieu de nous, grand paresseux; va retourner le trèfle que tu n'as fait que pousser; et quand tu auras fini, tu viendras te rafraîchir; pas avant. »

Gaspard, consterné, n'osa pas répliquer, et resta debout, immobile, prêt à pleurer. Quoiqu'il n'eût travaillé ni bien ni beaucoup, la sueur coulait de son front, et il avait évidemment grande envie d'un verre de cidre. Il fit pitié à Lucas.

« Mon père, dit-il, pardonnez-lui : il était fatigué de l'école, il avait déjà chaud; c'est pourquoi il a travaillé mollement.

LE PÈRE.

Et toi donc, n'as-tu pas été à l'école comme lui? N'avais-tu pas chaud comme lui?

LUCAS.

Oui, mon père; mais moi, ce n'est pas la même chose : je travaille à l'école moins fort que Gaspard, et je supporte mieux la chaleur et le travail des champs.

LE PÈRE.

Parce que tu as du courage et du cœur pour ce qui est du vrai travail, et lui n'est qu'une poule mouillée; il mérite d'être puni. Il n'en mourra pas, et il fera mieux son devoir à l'avenir.... Allons, continua-t-il en s'adressant à Gaspard, va au trèfle, retourne tes rangées, et dépêche-toi. »

Le ton du père Thomas ne permettait pas de résistance; Gaspard reprit sa fourche et commença tristement son travail. Lucas se leva et le rejoignit avant que le père eût pu le retenir.

LUCAS.

Ne te chagrine pas, Gaspard, je vais t'aider; nous allons avoir bientôt fini à nous deux, et tu arriveras encore à temps pour manger un morceau et boire un coup.

GASPARD.

Et toi donc? Tu dois être fatigué.

LUCAS.

Pas trop encore; d'ailleurs, quand je le serais, je trouverais encore la force de te venir en aide.

GASPARD.

Merci, Lucas.... Tu vois ce que c'est que le travail d'une ferme! Et tu veux que je passe ma vie à suer, à m'éreinter, à m'ennuyer pour gagner à peine de quoi vivre? Pas si bête! Je puis faire mieux que ça, et je ferai à mon idée quand je serai plus grand.

LUCAS.

Écoute, Gaspard; il n'y a déjà pas tant de différence entre la fatigue du fermier et la fatigue de l'école. Seulement, mon travail m'est bon pour la santé; il me donne de la force, de l'appétit et du sommeil; et toi, avec tes livres, tu te fatigues la tête, tu deviens malingre, tu dors mal, tu rêvasses un tas de choses qu'on n'y comprend rien; et, en somme, tu es fatigué plus que moi, tu es sérieux comme un âne et paresseux comme un loir. »

Tout en causant et en discutant, ils avaient fin leur ouvrage. Lucas s'était entendu appeler plusieurs fois par son père, mais il n'avait pas fait semblant d'entendre, pour débarrasser plus vite son frère de sa tâche.

« A présent, dit Lucas en riant, mes oreilles se sont ouvertes, et j'entends mon père qui m'appelle tant qu'il a de la voix.... Voilà, voilà! crit-il. J'arrive; nous avons fini. »

Ils eurent bientôt rejoint les autres près du pommier, et tous deux demandèrent à boire et à manger. Le père s'empressa de donner à Lucas une bonne tranche de pain et un grand verre de cidre. Il servit moins abondamment Gaspard.

UN OUVRIER.

Tu n'aimes donc pas à tourner le trèfle, mon garçon?

GASPARD.

Je n'aime pas ce qui fatigue et ce qui fait chaud.

L'OUVRIER.

Ah! ah! ah! tu es délicat, toi! Et comment veux-tu que les choses marchent si personne ne veut se fatiguer, ni suer, ni travailler?

GASPARD.

Je veux bien travailler, mais dans des livres et des écritures.

UN AUTRE OUVRIER.

Ah! tu veux devenir un gratte-papier! Joli amusement! J'aime mieux devenir rouge comme un radis en travaillant la terre, que pâle comme un navet en piochant dans les livres.

GASPARD.

Je ne serai pas du tout pâle. Est-ce que le vieux M. Féréor est pâle?

L'OUVRIER.

Pour ça non; je dois dire qu'il est violet tirant sur le noir, à force de se brûler le sang à courir les grandes routes jour et nuit et à expérimenter ses fourneaux. Et tu trouves, toi, que c'est une jolie couleur pour un chrétien?

GASPARD.

Ce n'est pas à la couleur de M. Féréor que je veux arriver, c'est à sa position.

LE PÈRE.

Et tu crois, nigaud, que tu arriveras comme lui aux millions qu'il a gagnés?

GASPARD.

Pourquoi pas? Puisqu'il les a gagnés, je peux bien les gagner aussi.

UN OUVRIER.

Oh! oh! Monsieur a de l'ambition!

LE PÈRE.

Imbécile! à quoi te serviront tes millions quand tu seras mort?

GASPARD.

Ils me serviront autant que vous servent vos trèfles et vos blés.

LE PÈRE.

Pour ça, tu as raison, après la mort; mais pendant la vie, c'est meilleur.

« A force de se brûler le sang à courir les grandes routes. »

GASPARD.

Comment cela?

LE PÈRE.

Parce que je vis comme un brave fermier que je suis; que je ne me creuse pas la cervelle à étudier dans les livres; que je me contente de ce que m'envoie le bon Dieu, et que je ne me ronge pas le cœur à désirer des millions que le bon Dieu n'a pas voulu me donner, puisqu'il m'a fait naître paysan. »

Gaspard n'osa pas répondre, car il n'avait rien de bon à dire. On finissait la demi-heure de repos, et chacun se leva.

THOMAS.

A présent, mes garçons, rentrons le trèfle qui a été bottelé ce matin. Toi, Guillaume, va chercher la grande charrette. Toi, Lucas, va aider à atteler. Toi, Gaspard, ramasse les râteaux et les fourches et va les porter près des bottes de trèfle. Et vous autres, femmes et garçons, allez faire des liens là-bas sous le pommier, et ramassez le trèfle sec pour être lié.

Chacun alla à son ouvrage, riant, chantant et se dépêchant. Gaspard soupirait, rageait et pestait contre les travaux des champs.

Il fallait bien qu'il travaillât, pourtant, et, comme disait son père, qu'il gagnât son pain.

« Demain, se dit-il, je m'arrangerai autrement, et j'aurai une bonne heure de repos, pendant que ce nigaud de Lucas s'échinera à travailler aux champs. »

III

GASPARD REÇOIT UNE RUDE CORRECTION

Le lendemain, de grand matin, le fermier appela tout son monde ; le temps était superbe.

THOMAS.

Allons, les gârs, arrivez tous ; à l'ouvrage ; les femmes resteront à la ferme pour soigner les bestiaux et faire des liens ; il faut tout rentrer aujourd'hui. Toi, Lucas, tu vas venir avec nous ; et toi, Gaspard, tu vas aider ta mère, et à huit heures tu nous apporteras notre déjeuner dans les champs.

GASPARD.

Et j'irai à l'école ensuite ?

THOMAS.

Pas d'école aujourd'hui, mon garçon : l'ouvrage est trop pressé.

GASPARD.

Mais, mon père, le maître d'école ne va pas être content.

THOMAS.

Laisse-moi tranquille avec ton maître d'école. J'ai besoin de toi, et tu resteras. »

Le fermier alla rejoindre les autres, et Gaspard resta immobile et consterné.

« Pas d'école, pas d'école ! répétait-il. Il faut pourtant que j'y aille ; j'ai à parler à M. Tappefort. »

Il réfléchit quelques instants. Son visage s'éclaircit.

« C'est ça ! » s'écria-t-il.

Et il courut à la ferme, prit un livre, et alla trouver sa mère qui battait le beurre.

GASPARD.

Maman, mon père m'a dit de rester à la ferme ; je vais aller reporter au maître d'école un livre qu'il m'a prêté, et je reviens.

LA MÈRE.

Va, mon garçon ; va. Mais ne sois pas longtemps : j'ai besoin de toi pour m'aider à battre le beurre ; j'ai le bras fatigué, et je n'ai personne pour me remplacer. Ils sont tous au trèfle. »

Gaspard hésita un instant. La pauvre mère suait à faire pitié ; il voyait qu'elle avait réellement besoin de quelques instants de repos ; qu'il la trompait en prétextant le livre du maître d'école, et qu'il ferait bien d'y renoncer pour ce jour-là ; mais l'amour de l'étude l'emporta, et il partit en courant.

« Le pauvre garçon ! pensa la mère. Comme il court pour être plus vite revenu.... Suis-je fatiguée, mon Dieu ! J'en ai les bras engourdis. »

Elle continuait pourtant à battre son beurre, qui ne voulait pas prendre.

LA MÈRE.

C'est singulier! il y a plus d'une heure que je bats, et le beurre ne prend pas.... Gaspard ne va pas tarder à revenir : il n'y a pas loin de chez nous à l'école. »

Mais Gaspard ne revenait pas, et les bras de sa mère se fatiguaient de plus en plus. Pendant qu'elle s'éreintait, Gaspard, tranquillement assis dans sa classe, écrivait, lisait, calculait. La classe n'était pas encore ouverte, mais il avait demandé la permission de s'y installer.

« Parce que, M'sieur, dit-il au maître d'école, plus tard je ne pourrai pas ; on a besoin de moi à la ferme ; mon père veut m'envoyer au trèfle, et je ne veux pas rester en arrière des autres écoliers.

LE MAÎTRE D'ÉCOLE.

Mais ton père va gronder quand il te saura ici, puisque tu as affaire à la ferme.

GASPARD.

Oh! M'sieur, si je l'écoutais, je ne viendrais jamais à la classe. Il dit que ce sont des bêtises, et que je n'ai pas besoin de pâlir sur des livres, que j'en sais bien assez.

LE MAÎTRE D'ÉCOLE.

Fais comme tu voudras.... On apprend bien des choses dans les livres.

GASPARD.

Je le sais bien, M'sieur; et c'est pourquoi je veux devenir savant comme M. Féréor. En voilà un qui a bien fait son chemin!

LE MAÎTRE D'ÉCOLE.

Prends garde, mon ami, d'en vouloir trop savoir! Et surtout ne désobéis pas à ton père. N'oublie pas qu'avant la science vient le respect pour ses parents.

GASPARD.

Oh! M'sieur, je ne manque pas de respect, allez. »

Le maître d'école sortit, laissant Gaspard continuer son travail, et lui répétant de ne pas désobéir à son père, et de ne venir à l'école que lorsqu'il en aurait la permission.

Gaspard étudia avec tant d'assiduité, qu'il oublia l'heure, qu'il continua de travailler avec les autres quand ils arrivèrent à huit heures et demie; neuf heures étaient sonnées quand la porte de l'école s'ouvrit, et Lucas entra précipitamment.

LUCAS.

Gaspard, Gaspard, mon père m'envoie te chercher. Viens vite, il est en colère tout plein, et il dit que, si tu n'obéis pas, il viendra lui-même te chercher, et qu'il te ramènera à grands coups de fouet. »

Toute la classe s'agita; le maître d'école dit à Lucas de sortir, qu'il troublait la classe.

LUCAS.

Mais, M'sieur, il faut que j'emmène mon frère.

Mon père m'a dit de l'amener, et même il m'a dit que si vous le gardiez malgré lui, il porterait plainte à M. l'inspecteur.

LE MAÎTRE D'ÉCOLE.

Allons, Gaspard, allons, mon pauvre garçon, il faut obéir à ton père; pars vite avec Lucas

GASPARD.

Mais, M'sieur....

LE MAÎTRE D'ÉCOLE.

Il n'y a pas de mais, mon ami; il faut obéir à ton père, tu sais. Tu es bon garçon, bien studieux, bien intelligent, bien habile. Tu feras ton chemin, je te le promets; mais plus tard, quand ton père te laissera faire. »

Gaspard se leva en soupirant et suivit lentement Lucas, qui trépignait d'impatience à la porte.

Quand ils furent sortis du village, Lucas se mit à courir.

« Viens vite, Gaspard, dépêche-toi. Si tu savais comme mon père est en colère! Nous attendions le déjeuner qui était en retard! Il a été voir pourquoi tu ne l'apportais pas, et il n'était pas déjà trop content. Mais quand il a vu que tu n'avais pas aidé maman à battre son beurre et que tu étais parti pour l'école, et que pauvre maman était si fatiguée qu'elle ne pouvait plus tourner la baratte, et que le beurre n'avait pas pris, il a été d'une colère à nous faire tous trembler. Bien sûr, il va te battre. Il a été couper une gaule dans le bois; je crains que ce ne soit pour toi. »

Gaspard hâta le pas et se mit à pleurer.

« Mon Dieu! mon Dieu! que vais-je devenir? Quand il est en colère, il n'écoute rien, il tape comme sur une gerbe de blé. »

Il courait pourtant; Lucas courait plus vite encore, espérant adoucir son père avant que Gaspard l'eût rejoint. Mais Gaspard avait perdu du temps à se décider à quitter la classe; il avait marché lentement jusqu'après la sortie du village. La colère du père avait augmenté au lieu de diminuer. Quand il les aperçut, il alla au-devant d'eux, et, sans écouter les supplications de Lucas, sans avoir égard à la terreur de Gaspard, sans dire une parole, il saisit Gaspard par les cheveux, et, avec la gaule qu'il tenait à la main, il lui administra une si rude correction, que Gaspard commença par crier grâce et pardon, puis par pousser des cris lamentables qui firent accourir la mère et les gens de la ferme.

La mère se jeta sur le bras de son mari et lui arracha la gaule qu'il avait si rudement employée.

LA MÈRE THOMAS.

Tu as tapé trop fort, Thomas. Quand tu es en colère, tu ne sais plus ce que tu fais.

LE PÈRE THOMAS.

Oui, j'ai tapé pour qu'il le sente, et, s'il recommence, je taperai plus fort encore. »

Gaspard pleurait, Lucas pleurait, la mère Thomas était mécontente, le père Thomas n'était pas content, et les garçons et les filles de ferme se groupèrent autour de Gaspard et de Lucas pour les consoler.

UNE FILLE DE FERME.

Ne pleure pas, mon Lucas; tu ne seras pas battu, toi.

UNE AUTRE FILLE.

Ah! pour ça, non; ce n'est pas toi qui te sauverais à l'école de peur de l'ouvrage.

UN GARÇON DE FERME.

Voyons, Gaspard, faut pas pleurer, mon garçon. Ce qui est fini est fini et ne recommencera pas.

UN AUTRE GARÇON.

Tu n'es pas le seul qui ait été battu; je l'ai bien été, moi aussi, et je ne m'en porte pas plus mal.

UNE FILLE.

Sans compter que tu n'avais pas raison de courir à l'école et de nous laisser tous jeûner.

UNE AUTRE FILLE.

Et de laisser ta mère s'échiner après le beurre, sans seulement lui donner un coup de main.

LE PÈRE THOMAS.

Aurez-vous bientôt fini, vous autres? L'ouvrage est en retard à cause de ce grand paresseux. Allons! que chacun prenne sa fourche et son râteau, et aux champs! Marche en avant, toi, savant; je finirai bien par t'apprendre ce que tu me sembles ne pas savoir encore, qu'il n'est pas bon de me mettre en colère.

Gaspard marchait trop doucement au gré de son père; un coup de pied lui fit hâter le pas. Lucas s'approcha du père Thomas :

« Mon père, ne battez plus Gaspard; vous l'avez déjà tant battu.

LE PÈRE THOMAS.

Je l'ai battu, et je le battrai encore, s'il me plaît de le battre. Et toi, tu n'as rien à dire; cela ne te regarde pas.

LUCAS.

Cela me regarde, car Gaspard est mon frère, et j'ai du chagrin de le voir souffrir.

LE PÈRE THOMAS.

Laisse-moi donc tranquille! S'il souffre, c'est bien sa faute.

LUCAS.

Ce n'est pas sa faute s'il aime l'école et s'il veut être savant.

LE PÈRE THOMAS.

Savant! Joli état que celui de savant! Ce n'est pas les livres qui vous mettent de l'argent dans la poche et du pain dans la huche.

LUCAS.

Pas les livres, mais ce qu'ils apprennent.

LE PÈRE THOMAS.

Ah çà! vas-tu aussi tourner au savant, toi?

LUCAS.

Ma foi non, je n'en ai guère envie; mais, puisque ça plaît tant à Gaspard, pourquoi l'empêchez-vous d'aller à l'école?

LE PÈRE THOMAS.

Parce que j'ai de l'ouvrage pressé ; parce que j'ai besoin de lui, et qu'il faut qu'il travaille comme les autres. Tais-toi ; en voilà assez. »

Lucas ne répondit pas ; on arriva aux champs de trèfle ; chacun se mit à l'ouvrage, mais sans entrain et sans gaieté. Le père Thomas avait fait peur à tout le monde.

Quand l'heure du dîner fut arrivée, on s'aperçut, en se mettant à table, que Gaspard n'y était pas.

LE PÈRE THOMAS.

Où est-il donc, ce petit drôle ? Il nous suivait tout à l'heure. »

Personne ne répondit ; on avait bien vu Gaspard entrer dans un petit bois qui longeait le chemin, mais on ne voulut pas le dire au père Thomas.

LE PÈRE THOMAS.

Nous dînerons bien sans lui, et, s'il revient trop tard, tant pis pour lui : il se passera de dîner comme il s'est passé de déjeuner. »

On mangea en silence ; personne ne parlait, personne ne riait. Le père Thomas était mal à l'aise : il sentait qu'il s'était trop laissé aller et qu'il avait trop battu Gaspard. Le dîner finissait quand Gaspard parut ; il était pâle et triste.

LE PÈRE THOMAS.

Tu arrives trop tard, lambin, nous avons fini ; il n'y a rien pour toi.

Gaspard ne répondit pas; il allait sortir, lorsque Lucas courut à lui.

LUCAS.

Tiens, mon pauvre Gaspard, voici du pain qui me reste et un œuf dur; je l'ai gardé pour toi. »

Le père Thomas lui lança un regard terrible et lui arracha le pain qu'il offrait à son frère.

LE PÈRE THOMAS.

Comment oses-tu lui donner à manger quand je lui en refuse?

LUCAS.

Parce que je ne fais pas de mal en lui donnant ma part du dîner, et alors je ne crains pas que vous me punissiez.

LE PÈRE THOMAS.

Tu sais que je ne veux pas que chacun soit servi à part; quand on est en retard, tant pis, on attend jusqu'au soir.

LA MÈRE.

Mais, Thomas, tu ne sais pas ce qui a retardé Gaspard. Vois donc comme il est pâle. »

Thomas regarda Gaspard et dit d'un ton moqueur :

« Qu'est-ce que tu as? Tu rages? C'est ça, la maladie? »

Gaspard continua à garder le silence; sa pâleur augmenta, et il tomba sur un banc. Sa mère et Lucas coururent à lui.

LA MÈRE.

Mon pauvre enfant, dis-moi ce que tu as. »

Gaspard ne répondit pas ; il était évanoui.

Le père Thomas commença à s'inquiéter, mais il n'osa pas le faire paraître ; il avait peur que l'évanouissement de Gaspard ne fût causé par la correction du matin, car, en se débattant entre les mains de son père, il avait reçu des coups sur la tête, sur la poitrine, sur l'estomac, partout où le bâton avait pu l'atteindre.

Tout le monde s'empressa autour de Gaspard, qui ne tarda pas à reprendre connaissance.

LA MÈRE.

Gaspard, mon garçon, tu souffres ; d'où souffres-tu ?

GASPARD, *d'une voix faible*.

J'ai faim ; je n'ai rien mangé depuis hier.

LA MÈRE.

Mon bon Dieu ! pourquoi n'as-tu pas mangé ? Vite, Lucas, donne-lui une assiette de soupe ; elle est encore chaude, je crois bien. »

Lucas se dépêcha d'apporter la soupe ; Gaspard la mangea avec avidité.

LA MÈRE.

Mais dis-moi donc, Gaspard, comment il se fait que tu n'aies pas encore mangé à l'heure qu'il est, trois heures de l'après-midi ?

GASPARD.

Ce matin, j'ai été à l'école, puis j'ai été battu ; mon père m'a fait travailler par là-dessus ; je ne pouvais plus me tenir en revenant des champs ; je me suis couché un instant à la fraîche, dans le bois ; mais la faim me pressait, je me suis relevé et j'ai marché comme j'ai pu.

« Tu vois bien, Thomas ! » dit la mère d'un ton de reproche.

LE PÈRE THOMAS.

Eh bien ! quoi ? Il n'y a pas grand mal. Qu'on lui donne à manger, et que cela finisse.

LA MÈRE.

Et tu grondais Lucas lorsqu'il offrait à manger à son frère. Il a plus de charité que toi ; et c'est toi pourtant qui es le père du garçon, tu dois le nourrir.

LE PÈRE THOMAS.

Et qu'est-ce qui te dit que je lui refuse la nourriture ? C'est lui qui est un imbécile ; est-ce que je savais, moi, qu'il avait couru à son école sans avoir seulement mangé un morceau ? Mais, assez comme ça. Le temps passe et l'ouvrage n'avance pas. Garde ton fainéant : je pars avec les autres. »

Le lendemain, Lucas demanda à son père la permission d'aller à l'école avec Gaspard.

LE PÈRE THOMAS.

Tu perds la tête, mon garçon ! Vas-tu aussi me faire enrager avec ton école ?

LUCAS.

Non, mon père, mais le fort de l'ouvrage est fait, il ne reste guère de trèfle à rentrer. Le maître n'aime pas qu'on s'absente ; voici les prix qui approchent, et, si nous manquons plusieurs jours de suite, nous n'aurons rien du tout, Gaspard et moi.

LE PÈRE THOMAS.

Ah bien! si c'est ainsi, vas-y; mais j'ai bonne envie de garder Gaspard; le maître l'aime bien; il n'y a pas de danger qu'il lui refuse des prix.

LUCAS.

Tout comme à d'autres. Ça le vexe quand les bons élèves manquent, parce que l'inspecteur peut venir à passer pour interroger, et que, si les savants ne s'y trouvent pas, ça n'a pas bon air pour l'école.

LE PÈRE THOMAS.

Écoute, Lucas, tu veux m'en faire accroire; tu ne te soucies pas plus de l'école aujourd'hui que tu ne t'en souciais hier : tu veux y aller pour y faire aller Gaspard.

LUCAS, *riant*.

Eh bien, oui. Vous avez deviné juste, tout de même. Mais c'est que, voyez-vous, mon père, Gaspard a trop de chagrin quand il ne va pas à l'école; il n'en a pas dormi de la nuit. Et puis, aussi, c'est qu'il ne savait comment se coucher; il avait mal dans le dos, dans les épaules.

LE PÈRE THOMAS, *avec humeur*.

C'est bon, c'est bon! Qu'il y aille! Et toi, tu resteras, puisque te voilà arrivé à tes fins. »

Lucas remercia son père et courut annoncer la bonne nouvelle à Gaspard, qu'il avait laissé triste et se plaignant de souffrir.

LUCAS.

Gaspard, Gaspard, tu peux aller à l'école, mon père veut bien ; pars vite ; dis au maître d'école que je reste pour aider au trèfle. »

Le visage de Gaspard rayonna de joie ; il remercia Lucas, déjeuna à la hâte et partit de suite, oubliant tous ses maux et courant aussi vite que la veille.

En arrivant à l'école, il raconta au maître ce qui lui était arrivé.

« Tu es un martyr de la science, lui avait dit le maître d'école. Quant à Lucas, il est bon garçon, mais il ne sera jamais rien. »

A partir de ce jour, le père Thomas ne parla plus d'école ; Gaspard y allait régulièrement ; Lucas manquait toutes les fois qu'il y avait du travail pressé à la ferme, et il y en avait souvent. On faisait grand cas de Lucas à la ferme ; Gaspard y était compté pour rien ; aussi profitait-il de ce dédain pour lire et écrire presque toute la journée.

IV

LA DISTRIBUTION DES PRIX

La distribution des prix approchait ; les enfants étaient agités, inquiets ; les paresseux, même ceux qui ne devaient rien espérer, se demandaient quels prix ils pourraient avoir. Avant la distribution on devait jouer une comédie composée par le maître d'école lui-même ; le théâtre était dans la cour. Quelques arbres garantissaient quelques têtes des ardeurs du soleil. Au premier rang des chaises et des banquettes figuraient le maire, l'adjoint et leurs familles ; les parents arrivaient en foule. Lucas était déjà établi sur un banc avec son père et sa mère. Arrivés de bonne heure, ils avaient choisi une bonne place à l'ombre d'un tilleul. Gaspard avait été nommé maître des cérémonies, pour aider le maître d'école à maintenir l'ordre, à placer tout le monde, et, après la comédie, à présenter les prix à distribuer. La cour était comble ; l'heure sonna : un roulement de tambour annonça le lever du rideau, qui s'ouvrit lentement, tiré par Gaspard et par un autre garçon nouvellement arrivé, et laissa apercevoir une forêt dans laquelle dormait un voyageur. Un voleur apparut à l'horizon et s'apprêtait à égorger et à dévaliser le voyageur, lorsqu'un jeune homme qui traversait la forêt et qui portait à la main un gros bâton, s'approcha lestement et sans bruit, et assena sur la tête du voleur un coup de bâton qui le fit tomber sans connaissance. Le voyageur, réveillé au bruit, crut d'abord que deux hommes avaient voulu l'assassiner ; mais le jeune homme lui expliqua l'affaire ; ce dernier exprima sa reconnaissance, voulut donner à son sauveur un rouleau de mille francs en or ; celui-ci, qui a une âme généreuse, refuse ; le voyageur l'emmène, arrive chez lui, garde le jeune homme, qui se trouve heureusement être pauvre et orphelin, lui donne une éducation soignée ; le jeune homme devient un savant, fait fortune, et tout le monde est content.

Des applaudissements et des bravos se firent entendre plus d'une fois ; à la fin, on demanda l'auteur ; le maître d'école parut, amené par six de ses meilleurs élèves ; une couronne descendit lentement sur sa tête ; il salua à droite, à gauche, au milieu, pendant que les applaudissements et les trépignements redoublaient. La couronne remonta au ciel ; le maître d'école salua une dernière fois et sortit, laissant la place aux enfants qui allaient recevoir le prix de leur travail.

Le théâtre se remplit de nouveau ; le maître d'école reparut précédant le maire et l'adjoint, pour lesquels on avait apporté deux fauteuils. Il commença l'appel.

1ᵉʳ *prix d'excellence* : Gaspard Thomas, cria le maître d'école.

1ᵉʳ *prix d'application* : Gaspard Thomas.

1ᵉʳ *prix de sagesse* : Gaspard Thomas.

Et ainsi de suite jusqu'à ce que les prix fussent tous distribués ; les premiers prix furent tous gagnés par Gaspard ; Lucas n'en avait mérité aucun, mais il avait fallu lui en trouver un, car, dans les campagnes normandes, un maître d'école qui n'en donnerait pas à quelques-uns des plus paresseux, des plus mauvais, aurait pour ennemis acharnés les parents et les familles des enfants rebutés. Lucas eut donc le prix de *bonne humeur*, qui le satisfit pleinement. A chaque prix, la couronne descendait sur la tête de l'élève et remontait pour descendre encore ; lorsque Lucas, le dernier de tous, dut la recevoir, la corde cassa et la couronne lui tomba sur le nez ; de gros rires se firent entendre ; Lucas justifia son prix en riant de bon cœur de l'accident. Gaspard pliait sous la charge de ses livres et des couronnes qui les avaient accompagnés. Lucas vint l'aider.

LUCAS.

Donne, donne, Gaspard, ma charge n'est pas

lourde à porter; je puis bien t'aider à porter la tienne.

GASPARD.

Pauvre Lucas! tu n'as pas eu grand'chose, il est vrai.

LUCAS.

J'aime bien mon prix tout de même; quant aux prix de travail, je sais bien que je n'en mérite aucun.

GASPARD.

Comment veux-tu en avoir? tu manques sans cesse à l'école.

LUCAS.

Ça, c'est vrai : toutes les fois qu'il y a de l'ouvrage pressé à la ferme.

GASPARD.

Tu ne sauras jamais rien, si tu continues.

LUCAS.

Bah! j'en saurai bien assez pour faire marcher la ferme; et c'est ce qu'il faut à mon père.

— Tu as raison, Lucas, dit le père Thomas; la ferme te profitera toujours plus que tes livres. Ceux que Gaspard a gagnés sont jolis, je ne dis pas non : mais ils ne profitent pas autant que cent bottes de trèfle.

GASPARD.

Ils me serviront à récolter deux cents bottes de trèfle là où vous en avez à peine cent; et c'est quelque chose.

Lucas eut donc le prix de bonne humeur. (Page 53.)

Plusieurs personnes vinrent faire compliment au père Thomas de toutes les couronnes de Gaspard, et rire un peu du prix unique de Lucas.

« Ma foi, dit le père, j'aime autant, si ce n'est mieux, le prix de bonne humeur de Lucas, que tous les prix de science de Gaspard. A quoi lui serviront-ils? à perdre son temps et ses forces.

LE PÈRE GUILLOT.

Ne croyez pas ça, père Thomas ; voyez les garçons du père Michel : l'un est un beau monsieur, l'autre est un clerc de notaire, c'est-il pas beau, ça?

LE PÈRE THOMAS.

Ça leur fait une belle affaire d'avoir élevé si grandement leurs garçons. Le grand flâne toute la journée et passe son temps à aller, venir, sans rien gagner; le second ne vaut guère mieux. Et les parents sont gênés, endettés ; ils vivent seuls dans leurs vieux ans, et rien ne marche chez eux. »

De son côté Gaspard n'était pas pleinement satisfait; il ne pouvait se défendre de quelques inquiétudes sur son avenir. L'ambition pénétrait peu à peu dans son cœur et le rendait silencieux et maussade. Ses premiers succès semblaient l'attrister au lieu de lui donner le bonheur.

V

M. FRÖLICHEIN

Pendant que le père Thomas causait avec ses amis, un monsieur très grand, très roux, très rouge, s'approcha de Gaspard.

« C'est fous, mon cheune ami, qui affez eu tous les brix?

— Oui, Monsieur, répondit modestement Gaspard.

M. FRÖLICHEIN.

Eh! eh! c'est chentil, ça. Dous les brix! Et quel âche vous affez?

GASPARD.

J'ai quatorze ans, Monsieur.

M. FRÖLICHEIN.

Pien! pien! Pon âche pour trafailler. Comment fous abbelez votre bère.

GASPARD.

Le père Thomas, Monsieur.

M. FRÖLICHEIN.

Ché foudrais pien lui tire une barole.

GASPARD.

Le voilà, Monsieur, qui cause près de la porte.

M. FRÖLICHEIN.

Pon! Ch'y fais.... Pien le ponchour, mein Herr. Ché foudrais pien afoir fotre fils.

LE PÈRE THOMAS.

Pour quoi faire, Monsieur? Et lequel?

M. FRÖLICHEIN.

Le cheune safant qui a cagné dous les brix.

LE PÈRE THOMAS.

Et qu'en voulez-vous faire? Pourquoi vous le faut-il?

M. FRÖLICHEIN.

Ché feux lui faire brendre des leçons de méganique.

LE PÈRE THOMAS.

Et à quoi que cela lui servira?

M. FRÖLICHEIN.

A tevenir un pon gontremaître.

LE PÈRE THOMAS.

Ta, ta, ta, je me moque pas mal de vos contre-maîtres. Dans ceux de M. Féréor il n'y en a pas un qui aille à la messe seulement; ils boivent leur argent au café et bousculent leurs ouvriers. Non, non, je ne donne pas mes enfants pour en faire des vauriens, des fumeurs, des coureurs de café!

M. FRÖLICHEIN.

C'est bourdant une chentille bosition que che tonnerais à fotre carçon.

M. Frölichein.

LE PÈRE THOMAS.

Merci bien, Monsieur, j'ai besoin de lui, et je le garde. »

M. Frölichein s'en alla mécontent. Il alla parler au maître d'école.

M. FRÖLICHEIN.

Fous afez une choune homme que ché foudrais pien afoir, Monsieur.

LE MAÎTRE D'ÉCOLE.

Lequel, Monsieur? N'est-ce pas celui qui a eu tous les prix?

M. FRÖLICHEIN.

Dou chuste, mein Herr. Ché foudrais l'afoir, Monsieur.

LE MAÎTRE D'ÉCOLE.

Il faut le demander à son père, Monsieur.

M. FRÖLICHEIN.

Mais le bère, ii ne feut pas le tonner.

LE MAÎTRE D'ÉCOLE.

Alors, Monsieur, il n'y faut plus songer.

M. FRÖLICHEIN.

Mais ché le foudrais pien.

LE MAÎTRE D'ÉCOLE.

Je n'y peux rien, Monsieur; ça regarde le père.

M. FRÖLICHEIN.

Ce tiaple de bère! puisqu'il ne feut pas.

LE MAÎTRE D'ÉCOLE.

Je suis bien fâché, Monsieur, mais, le père ne voulant pas, il est impossible de l'avoir. »

Le maître d'école rentra; M. Frölichein partit assez mécontent.

« Dout te même, ché né feux bas berdre te fue ce cheune carçon. Ce tiaple de bère ! »

Le père Thomas s'en retourna avec sa femme, ses enfants et ses domestiques. Il fit compliment à Gaspard sur ses prix.

« Et pourtant, dit-il, ton temps eût été mieux employé si tu avais fait comme Lucas. »

LUCAS.

Mon père, qu'est-ce que c'est que ce Monsieur qui vous a parlé comme vous sortiez de l'école?

LE PÈRE THOMAS.

C'est un homme que je ne connais pas, et qui m'a demandé de lui donner Gaspard.

GASPARD.

Pour quoi faire, mon père?

LE PÈRE THOMAS.

Pour te faire apprendre la mécanique et faire de toi un contremaître.

GASPARD.

Et quand me prendra-t-il?

LE PÈRE THOMAS.

Il ne te prendra pas du tout. Tu crois que je vais te donner comme ça au premier venu; que je te mettrai dans une fabrique avec tous ces mauvais sujets qui jouent, qui boivent, qui ne mettent pas les pieds à l'église, et qui n'arrivent qu'à se ruiner la bourse et la santé?

GASPARD.

J'en connais pourtant qui sont bien bons.

LE PÈRE THOMAS.

Il n'y en a guère; ils sont bons pour entraîner à mal faire. Mais ne va pas te mettre cette chose dans la tête. Je ne le veux pas et je n'en démordrai pas. »

Le ton sec et positif du père Thomas empêcha Gaspard de répondre, mais il se dit en lui-même qu'il reverrait le monsieur et qu'il l'engagerait à insister, malgré le refus de son père.

Après quelques instants de silence, Lucas se mit à rire.

« Dis donc, Gaspard, tes prix ne te donnent guère de gaieté; au lieu d'avoir l'air heureux, tu as un air grave, mécontent, qui n'égaye pas. Vois donc, personne ne dit seulement une parole. »

GASPARD.

Et que veux-tu qu'on dise?

LUCAS.

Je ne sais pas, moi; mais quand on est content, on n'a pas l'air que tu as.

GASPARD.

J'ai l'air de tout le monde.

LUCAS.

Pour ça, non. Quand par exemple le petit Matthieu et Julien sont descendus de l'estrade, le bonheur paraissait bien sur leurs figures, quoiqu'ils n'aient obtenu que des seconds prix, et à la fin de la distribution ils ont été embrasser leurs parents. Toi, tu n'as rien dit à mon père et à ma mère, tu ne m'as pas fait la moindre amitié, et même, pour tout avouer, tu as l'air sournois et ennuyé.

GASPARD.

Parce qu'on me contrarie, qu'on ne me laisse pas faire mon chemin comme je l'entends. »

Le père Thomas se retourna.

« Qu'est-ce que vous dites, vous autres? De quel chemin parlez-vous?

LUCAS, *riant*.

Du chemin de l'école, papa; Gaspard n'aime pas celui que nous prenons.

LE PÈRE THOMAS.

Et par où veut-il donc passer?

LUCAS.

Ma foi, je n'en sais trop rien; vous savez qu'il n'a pas des idées comme tout le monde. Nous voici arrivés, et nous allons nous régaler d'une galette que maman a fait cuire ce matin. »

Le souper fut soigné : un lapin sauté, un ragoût de légumes au lard, et la galette avec de la grosse crème. La bonne humeur de Lucas fit revenir la gaieté, que la maussaderie de Gaspard avait chassée. Après avoir bien mangé, bien ri, on sortit pour prendre l'air. Gaspard resta pour examiner ses livres; Lucas alla voir le petit Guillaume, qui n'avait eu qu'un prix d'encouragement.

On finissait de souper quand Lucas entra.

LUCAS.

Eh bien, Guillaume, nos prix n'ont pas été lourds à porter; t'en afliges-tu?

GUILLAUME.

Pour ça non. Je savais bien que je n'en aurais pas. Le maître d'école ne fera guère de profits avec moi.

LUCAS.

L'école ne me plaît pas non plus; mais, vois-tu, puisque nos parents payent notre apprentissage, il ne faut pas leur faire perdre leur argent.

GUILLAUME.

Ma foi, c'est trop difficile. Je n'ai pas de mémoire! et puis, rester là, collé à son banc, à se creuser la tête pour ne rien savoir, c'est embêtant. Le grand malheur, quand je ne saurais pas lire.

LUCAS.

Moi, j'apprends tout de même ; ça ne va pas vite, par exemple, parce que je manque trop souvent; mais je commence à lire dans le gros. Mon père ne sait pas lire, vois-tu; alors ça gêne quelquefois.

GUILLAUME.

Papa lit bien un peu, et ça va tout de même. Et Gaspard, en voilà un savant! Où est-il donc?

LUCAS.

Je crois qu'il a été voir le maître d'école. »

Lucas ne se trompait pas : Gaspard était chez le maître d'école, pour avoir quelques renseignements sur le grand monsieur roux qui voulait l'avoir dans sa fabrique.

LE MAÎTRE D'ÉCOLE.

C'est un Allemand, lui répondit le maître d'école, un M. Frölichein, qui a une belle manufacture à deux lieues d'ici. Il fait une rude concurrence à M. Féréor; mais il manque de sujets intelligents, et il voulait t'avoir pour te faire apprendre la mécanique. Ton père a refusé.

— Je le sais bien; j'en suis désolé, Monsieur. Ne pourriez-vous pas en parler à mon père? A quoi sert de me garder à la ferme, puisque je n'y aide pour ainsi dire pas? Mon père veut absolument m'empêcher de travailler avec mes livres; et moi, je veux profiter de vos leçons, Monsieur, et savoir ce qu'il faut pour être, comme dit M. l'Allemand, un bon contremaître. Mon père croit que les ouvriers de fabrique sont tous mauvais; ce n'est pas vrai, cela, car j'en connais de très bons.

LE MAÎTRE D'ÉCOLE.

Tous, non; mais il y en a beaucoup, et ton père a raison de ne pas te mettre avec tout ce monde-là à l'âge que tu as.

GASPARD.

L'âge n'y fait rien quand on veut apprendre.

LE MAÎTRE D'ÉCOLE.

L'âge y fait beaucoup, et je te répète que ton père a raison. Attends un an ou deux. Quand tu auras seize ou dix-sept ans, nous verrons, je parlerai à ton père; mais à présent, non. »

Gaspard ne fut pas content, mais il n'osa pas

répondre au maître d'école, et il retourna tristement à la ferme. Tout le monde était sorti.

« Tant mieux, se dit Gaspard, je pourrai travailler sans être dérangé. »

Il travailla jusqu'à la nuit, et se coucha avant que les autres fussent revenus.

Le lendemain, le père Thomas reçut la visite du commis principal de M. Féréor.

« Je viens vous voir, père Thomas, de la part de M. Féréor. C'est pour vous demander votre garçon, celui qui a eu tous les prix.

THOMAS.

Pourquoi M. Féréor veut-il l'avoir? Il n'a déjà que trop de monde. Que ferait-il d'un garçon de quatorze ans?

LE COMMIS.

Ce serait pour achever de l'instruire et en faire un contremaître.

THOMAS.

Je ne veux pas le placer avec tous vos mauvais sujets de la fabrique; je garde mes enfants pour moi. Ils resteront où le bon Dieu les a fait naître.

LE COMMIS.

Vous avez tort, père Thomas, vous avez tort. Votre fils vous échappera malgré vous. Il a de l'ambition, voyez-vous; et cette chose-là ne peut pas se retenir.

THOMAS.

Nous verrons plus tard, quand il aura l'âge. »

Lucas entra, l'air un peu effaré.

LUCAS.

Mon père, ce grand monsieur roux, qui parle si drôlement, veut vous voir; il a causé longtemps avec Gaspard, et il veut absolument vous parler.

THOMAS.

Laisse-le venir. Què me veut-il encore, ce grand Allemand?

M. FRÖLICHEIN.

Ponchour, mein Herr, dit M. Frölichein en entrant; ché fiens vous temander fotre fils.

THOMAS.

Ah çà! mais.... cela m'ennuie à la fin! Je vous ai dit l'autre jour, Monsieur, que je ne voulais pas vous donner Gaspard. Je garde mes enfants jusqu'à ce qu'ils aient l'âge de me quitter.

M. FRÖLICHEIN.

Eh pien! il a l'âche, fotre carçon; le pon âche bour drafailler et abbrendre.

LE COMMIS.

M'sieur, vous n'êtes pas du pays : pourquoi venez-vous nous enlever nos enfants les plus distingués?

M. FRÖLICHEIN.

M'sieu, ché les brends où ché les droufe; et cela ne fous recarte bas.

LE COMMIS.

Ça me regarde, M'sieur, parce que mon maître, M. Féréor, veut avoir Gaspard, et qu'il l'aura.

« Bère Dômas, je lui tournerai drois cents francs bar an. » (Page 73.)

M. FRÖLICHEIN.

Non, M'sieu, il ne l'aura boint. Bère Dômas, je lui tonnerai drois cents francs bar an gand il sera habidué.

LE COMMIS.

Je lui en donne trois cent cinquante.

M. FRÖLICHEIN.

Ché lui bayerai son abbrendissage.

LE COMMIS.

S'il tombe au sort, nous lui payerons un remplaçant.

M. FRÖLICHEIN.

Ché lui tonnerai une bosition bien blus acréaple que jez vous. »

Le père Thomas écoutait, les bras croisés, les offres de ces messieurs. Il faisait toujours signe que non.

« En voilà assez, dit-il enfin. Tout cela est très beau, mais je n'en veux pas. Bien le bonsoir, Messieurs. »

Et le père Thomas rentra dans la ferme, où on arrivait pour dîner. Quand Gaspard passa devant ces messieurs, il les salua bien bas et comprit le motif de leur visite, car tous deux avaient causé avec lui avant de parler au père Thomas. Aucun des deux ne lui rendit son salut, tant ils se querellaient avec animation. Le dîner était fini qu'ils disputaient encore. Le père Thomas fut obligé de les prier de s'en aller.

VI

LA VACHE BRINGÉE

Peu de jours après, à la fin de la journée, Gaspard lisait au pied d'un arbre, pendant que Lucas faisait un panier avec des bandes d'écorce d'arbre. Il s'amusait de temps en temps à chatouiller le nez ou les oreilles de Gaspard, avec ses rubans d'écorce ; et il riait de le voir si appliqué, qu'il ne s'apercevait pas du jeu de Lucas ; il croyait que ce chatouillement venait des mouches qui se promenaient sur sa figure, et il les chassait machinalement en continuant son travail.

Le chatouillement se répétait si souvent, que Gaspard finit par s'impatienter.

« Ces mouches sont insupportables ce soir, dit-il enfin ; elles m'empêchent de travailler ! »

Lucas éclata de rire.

GASPARD.

Pourquoi ris-tu? Que vois-tu de drôle à ce que je sois tourmenté par ces vilaines mouches?

LUCAS.

C'est que ce ne sont pas les mouches, c'est moi qui te chatouille avec mes rubans à panier.

GASPARD.

Toi? Que c'est bête! Avise-toi de me toucher! »

Gaspard reprit sa lecture, Lucas son panier; il tenait à la main un long ruban qui alla caresser la joue de Gaspard.

« Encore! s'écria Gaspard. Ça m'ennuie. Je ne veux pas que tu me touches! Entends-tu? Je ne le veux pas!

LUCAS.

Tu te fâches à tort, Gaspard : cette fois je ne l'ai pas fait exprès.

— Ne recommence pas », dit Gaspard d'un air sec et mécontent.

Lucas était bien près de Gaspard, si près que, sans y penser, en détortillant un de ses rubans, le bout vint encore chatouiller le visage de Gaspard. Celui-ci se retourna vers Lucas et lui allongea un coup de poing dans le dos. Lucas arracha le livre des mains de Gaspard et le jeta au loin; Gaspard saisit le panier de Lucas, le brisa, et en fit autant des rubans préparés pour l'achever.

LUCAS.

C'est méchant ce que tu fais, Gaspard; mon père

m'avait dit de faire ce panier dont il a besoin pour demain, et voilà que tu l'as mis en pièces.

GASPARD.

Pourquoi m'ennuies-tu en me chatouillant?

LUCAS.

Pourquoi ne t'éloignais-tu pas de moi?

GASPARD.

Tu pouvais bien t'éloigner toi-même.

LUCAS.

Non, parce que j'avais à déplacer mes rubans, mes outils, ma ficelle, et puis parce que ton travail ne me gênait pas; c'est toi qui te plaignais. Et que va dire mon père, à présent? »

Gaspard ne répondit pas; il était inquiet, car il sentait qu'il avait fait une sottise. Lucas ramassa les débris de son panier et rentra à la ferme pour en recommencer un autre. Gaspard reprit sa lecture, mais il ne faisait plus la même attention à son livre.

Lucas n'avait pas dit l'accident arrivé à son panier; il en avait recommencé un et se dépêchait de l'achever pour qu'on ne s'aperçût pas de l'accès d'humeur de Gaspard. Pendant qu'il travaillait avec ardeur, Guillaume vint se placer devant lui.

GUILLAUME.

Tu ne me vois donc pas, Lucas? Je suis venu faire une commission pour ton père.

LUCAS.

Tiens, te voilà, toi? J'étais si actionné à mon

panier, que je ne t'ai pas entendu arriver. Quelle commission viens-tu faire?

GUILLAUME.

C'est une lettre que j'apporte à ton père. Je ne sais pas ce qu'on a mis dedans; ils m'ont dit que c'était pressé.

LUCAS.

Attends, je vais appeler papa; il est là qui mesure l'orge pour les volailles. »

Lucas alla trouver son père.

« Mon père, voici Guillaume qui vous apporte une lettre; il dit que c'est pressé. »

Le père laissa l'orge et alla parler à Guillaume.

THOMAS.

Qu'est-ce qu'il y a, mon garçon? Que me veut ton père?

GUILLAUME.

Je ne sais pas, M'sieu Thomas. Il explique ça dans cette lettre qu'il m'a chargé de vous remettre.

THOMAS.

C'est que je ne suis pas fort sur la lecture. Lucas, saurais-tu déchiffrer ce gribouillage? »

Il donna la lettre à Lucas, qui l'examina et la rendit en disant :

« Je ne saurais pas lire l'écriture.

LE PÈRE THOMAS.

Ni autre chose non plus, tout comme moi. Cours vite me chercher Gaspard; il est un savant, lui, il va nous lire ça. »

Lucas partit en courant et appela Gaspard qu'il

avait laissé près de la ferme. Mais quand il arriva, Gaspard avait disparu. Après l'avoir cherché et appelé pendant quelque temps, ne le voyant pas venir, il s'en retourna à la ferme.

LUCAS.

Je ne l'ai pas trouvé, mon père; il sera sans doute allé plus loin.

LE PÈRE THOMAS.

Pas de danger qu'il revienne travailler, celui-là! Il m'impatiente assez avec ses livres. Eh bien, Guillaume, dis à ton père qu'il n'y a pas de réponse quant à présent, que je lui ferai réponse plus tard.

GUILLAUME.

Bien, M'sieu Thomas; j'y vais de suite, car on m'a bien recommandé de ne pas m'amuser en route. Bien le bonsoir, M'sieu; au revoir, Lucas.

LUCAS.

Au revoir, Guillaume! Viens-tu à l'école demain?

GUILLAUME.

Pour ça non; on ne m'y envoie plus. »

Guillaume salua et partit.

« C'est ennuyeux, tout de même, dit le père Thomas, que nous ne puissions pas déchiffrer cette lettre. Si je n'étais pressé d'ouvrage, j'irais voir ce qu'il me veut, ce père Guillaume. Comment ne sais-tu pas encore lire, toi?

LUCAS.

Mais, mon père, il n'y a guère plus d'un an que je vais à l'école et j'y manque souvent!

LE PÈRE THOMAS.

Et ce Gaspard qui ne revient pas! Où diantre est-il fourré? »

Gaspard n'avait garde de venir : il croyait qu'on l'avait appelé pour l'affaire du panier brisé; les conclusions accoutumées de ces sortes d'affaires étaient des coups à recevoir. Gaspard voulait laisser tomber la colère de son père, et il résolut de ne rentrer que pour le souper.

Lorsqu'il arriva vers la fin du jour, il regarda avec effroi le visage assombri de son père, qui lui dit brusquement :

« Où as-tu été, paresseux, fainéant?

GASPARD, *craintivement.*

Je me suis promené en lisant, mon père.

THOMAS.

Quand on a besoin de toi, tu n'y es jamais. J'avais une lettre pressée à te faire lire; on t'a cherché partout; mais... toujours la même chanson. Quand tu pourrais être bon à quelque chose, tu disparais. »

Gaspard ne répondit pas; il avait trop peur.

« Tiens, reprit le père, lis-moi cette lettre. »

Gaspard prit la lettre et lut :

« La vache bringée que tu voulais avoir, père Thomas, et pour laquelle tu ne te décidais pas, a paru gentille au voisin Camus; il vient me l'acheter; il m'en donne deux cent cinquante-trois francs.

Si tu la veux pour ce prix, viens la querir; réponds de suite; si tu ne me fais pas dire que tu la prends, c'est que tu n'en veux pas, et Camus la paye et l'emmène de suite. Je suis ton ami pour la vie.

« Guillaume. »

« La vache! la vache bringée! s'écria Thomas. Vendue, emmenée!... Une bête qui vaut plus de trois cents francs! Et je l'aurais eue pour deux cent cinquante-trois! Faut-il avoir manqué cette affaire, faute de savoir lire! Et toi, Lucas, qui fais le paresseux, le fainéant! n'es-tu pas honteux de ne pas savoir lire à ton âge? Depuis quinze mois que tu vas à l'école!

LUCAS.

Mais, mon père, j'y manque plus souvent que je n'y vais.

LE PÈRE THOMAS.

Et pourquoi manques-tu? pourquoi ne fais-tu pas comme Gaspard qui n'y manque jamais, lui? A la bonne heure! en voilà un qui met son temps à profit. Avec lui, on n'est jamais embarrassé! il en sait plus long que tu n'en sauras jamais, imbécile. Les mois d'école ne sont pas de l'argent perdu, au moins.

LUCAS.

Comment, mon père, mais c'est vous-même qui me faites toujours rester pour travailler à la ferme! Vous savez bien que ce n'est pas pour flâner et paresser que je ne vais pas à l'école; et vous ne

vous êtes jamais plaint de mon travail, que je
sache. C'est dur d'être grondé et traité de fainéant
quand on fait ce qu'on peut et que c'est pour
mieux faire qu'on ne va pas à l'école. »

Le pauvre Lucas pleura amèrement.

LA MÈRE.

Thomas, tu n'es pas juste. Lucas dit vrai; c'est
toi qui l'empêchais d'aller à l'école, de faire comme
Gaspard, que tu grondais et bousculais quand tu le
voyais parti. C'est toi qui....

LE PÈRE THOMAS.

Tais-toi. Tu m'ennuies avec tes raisons. Il n'en
est pas moins vrai que j'ai manqué la vache bringée
et que je n'en trouverai pas une pareille. Une
cotentine! et bringée! et à son second veau!

LA MÈRE THOMAS.

A qui la faute? Pourquoi n'as-tu pas appris à lire?

LE PÈRE THOMAS.

Tais-toi, je te dis. Ne m'échauffe pas les oreilles....
Mettons-nous à table; il est tard. Gaspard, mon
garçon, travaille à la maison tant que tu voudras,
je ne te querellerai plus. »

Gaspard, surpris et enchanté, remercia son père
et se sentit heureux comme il ne l'avait pas été
depuis deux ans. Le pauvre Lucas pleurait encore.

LE PÈRE THOMAS.

As-tu bientôt fini, toi, ignorant? Je ne te par-
donnerai pas de sitôt de m'avoir fait manquer la
vache bringée. »

Le pauvre Lucas voulut répliquer, mais sa mère lui fit signe de se taire, pour ne pas augmenter l'irritation injuste du père Thomas. Lucas, un peu consolé par le signe amical de sa mère et par ceux des gens de la ferme, essuya ses yeux et mangea comme les autres. Quand le souper fut fini, le père Thomas sortit de table et alla chez Guillaume pour savoir s'il ne pourrait pas ravoir la vache bringée.

« Impossible, lui répondit Guillaume : Camus l'a payée et emmenée.

THOMAS.

Comment ne m'as-tu pas attendu?

LE PÈRE GUILLAUME.

Est-ce que je pouvais savoir que tu ferais l'orgueilleux avec moi? Si tu m'avais fait dire que tu n'avais personne pour lire ma lettre, j'aurais dit à Camus de revenir demain ; mais il était si pressé, que moi, pensant que la bringée ne t'allait pas pour le prix, je la lui ai livrée de suite. »

Le père Thomas dut prendre son parti et réfléchir sur les inconvénients d'une instruction trop négligée ; il réfléchit si bien qu'il tomba dans l'excès contraire, et qu'il résolut, non seulement d'encourager Gaspard à augmenter sa science, mais encore d'obliger Lucas à aller tous les jours à l'école, jusqu'à ce qu'il fût devenu savant comme son frère.

VII

LA MARCHE FORCÉE

Le lendemain de cette grande contrariété du père Thomas, Lucas se disposait à aider le charretier à charger le fumier, lorsque son père l'appela et lui dit d'un ton dur :

« Laisse ça. Tu n'as pas besoin de perdre ton temps à charger le fumier. On se passera bien de ton aide. Je ne veux plus que tu fasses le métier de fainéant. Va-t'en à l'école avec Gaspard. Je veux que tu y ailles tous les jours ; et, si tu y manques, tu auras les épaules caressées par la gaule.

LUCAS.

Comme Gaspard pour y avoir été, lui.

LE PÈRE THOMAS.

Tais-toi, insolent. Je n'aime pas les mauvaises raisons. »

Lucas ne répondit pas ; il soupira, posa sa fourche et alla rejoindre Gaspard qui partait.

GASPARD.

Qu'as-tu donc, Lucas? on dirait que tu vas pleurer

LUCAS.

Je n'en suis pas loin, va. Voilà mon père qui m'ordonne d'aller à l'école.

GASPARD.

Ce n'est pas un grand malheur. Il y a longtemps que je te dis d'y aller.

LUCAS.

Mon père veut que j'y aille tous les jours; il me battra si je n'y vais pas.

GASPARD.

Pas possible! Et moi qu'il battait quand j'y allais! Et le travail de la ferme? Il va donc falloir qu'il prenne quelqu'un pour te remplacer.

LUCAS.

Je ne sais pas; ce sera comme il voudra. Si j'allais à l'école trois fois par semaine, je pourrais travailler les autres jours. J'aiderais maman pour le beurre, pour le ménage, pour les volailles, pour bien des choses.

GASPARD.

Oui, mais n'essaye pas; tu sais qu'il ne fait pas bon de mettre mon père en colère, surtout quand il a du cidre dans la tête.

LUCAS.

Oui, oui, je le sais bien; il n'aime pas la résistance. »

Lucas se résigna docilement au caprice de son

père; il devait en profiter plus tard, mais il eut bien de la peine à s'y accoutumer. Les travaux des champs, qu'il aimait par-dessus tout, le faisaient soupirer; ceux de l'école no lui plaisaient pas : il n'avait pas de mémoire; il comprenait mal les explications du maître; et il avançait lentement.

Un jour, au moment où il partait pour l'école, le père Thomas l'appela.

« Viens ici, Lucas; j'ai besoin de toi pour aller à la Trappe et m'aider à ramener une génisse que je veux acheter là-bas, pour remplacer la vache bringée que tu m'as fait perdre. »

Lucas ne répondit pas, mais il sentit vivement l'injustice de ce reproche.

Ils marchaient en silence; Lucas, de même que Gaspard, avait peur de son père, surtout depuis l'accusation dont il souffrait, et que le père lui rappelait en toute occasion.

« Tu es devenu diantrement sérieux et ennuyeux », lui dit enfin le père Thomas après une demi-heure de marche.

Lucas garda le silence. Que pouvait-il répondre?

« Ah çà! vas-tu marcher ainsi jusqu'à la Trappe, sans seulement desserrer les dents? dit le père Thomas au bout d'une seconde demi-heure.

LUCAS.

Si je ne parle pas, c'est que je n'ai rien à dire.

THOMAS.

Tu avais pourtant la langue bien déliée, jadis.

LUCAS.

Jadis n'est pas aujourd'hui.

THOMAS.

Pourquoi cela? Aujourd'hui comme jadis, tu es ce que tu étais, un âne, et rien de plus.

LUCAS.

Voilà pourquoi il vaut mieux que je ne dise rien. Il n'y a rien à gagner à causer avec un âne.

THOMAS.

Tais-toi. Tu ne sais dire que des insolences ou des sottises. »

Lucas était content d'avoir taquiné son père; c'était une petite vengeance de la vache bringée, mais il n'osa pas aller plus loin, et ils continuèrent à marcher sans dire mot.

Ils arrivèrent enfin après trois heures de marche. Ils mangèrent du pain et des œufs durs qu'avait apportés le père Thomas. Le cidre était échauffé; le père Thomas avait de l'humeur; ils burent de l'eau. Lucas aurait bien voulu aller voir dans les champs de la Trappe les bestiaux, renommés pour leur beauté; mais lorsqu'il demanda à son père la permission de l'accompagner dans les herbages :

« Je n'ai que faire de toi, répondit le père Thomas. Repose-toi; tout aussi bien, comme tu ne parles plus, je n'ai pas besoin d'attendre ton avis. »

Le père Thomas partit, laissant au pied d'un arbre le pauvre Lucas, triste et fatigué. Il ne tarda pas à s'endormir. Quand le père Thomas fut de

Le père Thomas laissa le pauvre Lucas au pied d'un arbre.

retour avec la génisse qu'il venait d'acheter, la matinée était avancée; il éveilla Lucas d'un coup de pied dans les reins.

« Lève-toi, grand fainéant, et en route; il se fait tard. »

Lucas sauta sur ses pieds et suivit son père, sans seulement regarder la génisse. Ce fut lui qui fut chargé de la mener, de sorte qu'il eut le temps de l'examiner; il n'en fut pas content.

« Ça ne fera jamais une bonne vache laitière, se dit-il. Comment mon père a-t-il choisi cette génisse? La corne mal faite, la bête mal bâtie; il n'y a de joli que le poil. Et encore est-elle trop blanche, pas assez caille; j'aurais préféré une rouge ou une bringée. Maman ne sera pas contente. »

Ils prirent une autre route, que le père Thomas croyait plus courte, et arrivèrent, au bout d'une heure, dans un carrefour où se trouvait un poteau avec l'indication des trois ou quatre village auxquels aboutissaient les chemins qui se trouvaient devant eux.

« Tiens, dit le père Thomas, c'est que je ne m'y reconnais plus; lequel des chemins faut-il prendre?

LUCAS.

Il faut continuer tout droit, mon père : en allant, nous avons toujours marché droit devant nous.

THOMAS.

Regarde les écritures : j'ai payé assez de mois

d'école pour que tu puisses lire un mot sur les poteaux de la route. »

Lucas regarda, tâcha d'épeler, de déchiffrer le nom de l'endroit indiqué par le poteau, mais il n'y put parvenir.

« Je ne sais pas, dit-il enfin; les lettres sont effacées, je ne peux pas les lire.

THOMAS.

Ignorant! animal! Nous voici dans un fameux embarras grâce à ta paresse, à ta mauvaise volonté.

LUCAS.

Je vous assure, mon père, que je fais ce que je peux; mais j'ai beau m'appliquer, je ne retiens pas.

THOMAS.

Parce que, comme je te disais tantôt, tu es un âne, un vrai bourri. »

Après quelques instants d'hésitation, le père Thomas prit le chemin à droite au lieu de continuer droit devant lui comme l'avait dit Lucas. Ils marchèrent longtemps sans se reconnaître.

« Nous avons pris le mauvais chemin », dit le père Thomas.

Et il se mit à jurer contre lui-même, contre les routes, contre l'innocent Lucas qu'il n'avait pas voulu écouter.

« La génisse ne va pas pouvoir faire une si longue route, bien sûr; avec ça qu'elle veut toujours s'écarter à droite et à gauche, et qu'elle n'est pas commode à mener. »

Lucas en savait quelque chose ; il avait les poignets meurtris à force de tirer sur la bête, qui voulait toujours revenir à la Trappe. Et il fallait faire une bonne demi-lieue pour le moins avant de trouver une habitation quelconque où on pourrait se reposer.

« Allons ! il faut revenir sur nos pas, il n'y a pas à dire. Pourvu que nous retombions dans la bonne route », dit le père Thomas.

Lucas ne manquait pas d'énergie ; il était grand et vigoureux pour son âge ; et, quoiqu'il eût un peu perdu l'habitude de l'exercice et de la fatigue depuis qu'il passait ses journées à l'école, il suivit résolument son père pour retourner sur leurs pas, bien décidé à marcher tant qu'il pourrait mettre un pied devant l'autre.

Ils arrivèrent enfin au chemin qu'ils avaient quitté, et ils le continuèrent jusqu'à ce qu'ils fussent arrivés à un bois qu'ils connaissaient et qui se trouvait à une lieue et demie de leur ferme.

« Ah ! nous voici enfin dans un pays dont j'ai connaissance. Il était temps, car il se fait tard, et il y a plus de quatre heures que nous marchons, et d'un bon pas. Ma foi, je suis rendu, et je vais prendre un temps de repos. Attache la génisse tout au bout de la corde, pour qu'elle puisse paître. »

Lucas déroula la corde qui était tournée autour des cornes de la bête; pendant qu'elle paissait et se reposait, Lucas, qui tenait la corde, s'endormit; le père Thomas dormit aussi, de sorte que, lorsqu'ils s'éveillèrent, la nuit commençait à tomber.

Le père Thomas sauta sur ses pieds.

« Lucas, Lucas, lève-toi ! Vite, en route; nous avons encore une heure et demie de marche, et la nuit vient. »

Lucas fut sur pied avant que son père eût fini de parler. Il le suivit tout endormi, éreinté et ne pensant plus à la génisse ni à la corde, qui n'était plus au bout de son bras.

La route qui restait à faire fut pénible et longue. Lucas se traînait avec peine derrière son père, qui hâtait le pas tant qu'il pouvait. La nuit était venue depuis une heure lorsqu'ils rentrèrent dans la ferme, harassés de fatigue.

« Te voilà donc enfin, Thomas ! Comme tu as été longtemps ! Voilà votre souper qui vous attend; nous avons tous fini il y a plus d'une heure. Je m'en vais prendre la génisse et en avoir soin pendant que vous mangerez. »

A ce mot de génisse, la mémoire revint à Thomas et à Lucas. Elle était restée oubliée dans les bois.

« La génisse ! la génisse ! s'écria le père Thomas consterné. Qu'en as-tu fait, Lucas ? »

Lucas, effrayé, ne répondit pas.

LA MÈRE.

Il est tout endormi et ahuri. Laissez-le se reprendre.

LE PÈRE THOMAS.

Il a perdu la génisse! Il a lâché la corde!

LA MÈRE.

Perdu la génisse! Ce n'est pas lui qui la conduisait, je pense bien.

THOMAS.

C'est lui, bien sûr.

LA MÈRE.

Et tu as laissé cet enfant mener une bête qui se débat, qui s'agite pour retourner à l'étable!

THOMAS.

S'il n'a pas assez de force pour mener une génisse, il n'est donc bon à rien!

LA MÈRE.

Pendant une heure, je ne dis pas, mais pendant quatre ou cinq heures! Thomas, tu es devenu bien dur pour lui : tu exiges qu'il passe ses journées à l'école : au retour, tu l'éreintes de travail....

THOMAS.

As-tu bientôt fini? il s'agit bien de Lucas; il s'agit de la génisse que cet animal a perdue, et qu'il payera cher si elle ne se retrouve pas. C'est que me voilà bien embarrassé! Je ne sais que faire. La chercher en pleine nuit n'est pas possible. Attendre jusqu'au jour, c'est qu'elle pourrait bien s'en aller au loin, et je perdrais les deux cent quatre-vingts francs que je l'ai payée. Imbécile, animal, continua-t-il en se retournant vers Lucas, si je ne la retrouve pas demain, je te ferai faire une visite à l'étable. »

Le pauvre Lucas frémit ; il savait ce que voulait dire une visite à l'étable ; au lieu d'une verge, c'était une corde qui servait aux corrections vigoureuses du père Thomas ; Lucas, jadis aimé de son père, ne l'avait jamais sentie qu'une fois, mais le souvenir lui en était resté. Et puis, il avait vu le pauvre Gaspard souffrir des semaines entières à la suite de visites à l'étable.

« Qu'ai-je donc fait? se dit le pauvre Lucas en entendant la menace de son père. J'ai traîné la génisse quatre heures durant ; que j'en ai les mains toutes meurtries. Quand nous nous sommes remis en route, je n'y ai pas pensé il est vrai, mais mon père n'y a pas pensé, non plus. Et puis j'étais si fatigué, si endormi, que je n'ai songé à rien. Mon père en a fait autant. S'il me bat pour cela, il faut qu'on le batte aussi. »

La mère le fit asseoir à table pour souper, le servit copieusement, et laissa son mari se tirer d'affaire tout seul ; elle lui en voulait de son injuste colère contre Lucas et de sa négligence au sujet de la génisse, qu'il aurait dû mener lui-même, pensa-t-elle.

Quand elle envoya Lucas se coucher, elle lui dit à l'oreille :

« N'aie pas peur, mon ami, il ne te touchera pas; je t'en réponds. Et la génisse se retrouvera demain. Tu n'es pas fautif, mon pauvre garçon, et tu n'auras pas de mal; dors bien et sans crainte. »

Lucas remercia sa mère et gagna son lit; il y était à peine qu'il s'endormit; le lendemain, tout le monde avait déjeuné, la génisse était retrouvée, Gaspard travaillait à l'école, que Lucas dormait encore.

VIII

AMENDE HONORABLE DU PÈRE THOMAS

La mère Thomas profita de la joie de son mari quand il eut retrouvé et ramené la génisse, pour lui reprocher l'injustice de sa conduite envers ses deux enfants.

« Tu n'aimais pas Gaspard, tu le grondais, tu le battais, parce qu'il aimait l'école et qu'il voulait toujours y aller; et, à présent, tu bourres Lucas, tu le menaces sans cesse de la corde ou du bâton, parce qu'il n'aime pas l'école, que le travail de la ferme lui plaît : tu l'accuses de paresse, lorsque tu sais tout comme moi qu'il n'y en a pas de plus actif, de plus laborieux, de plus empressé à faire le travail qui répugne aux autres ou qui les fatigue. Tu l'accuses depuis longtemps de t'avoir fait manquer la vache bringée pour n'avoir pas pu lire la lettre, et tu sais pourtant que c'est toi-même qui le détournais de l'école, qui l'encourageais à travailler aux champs ; tu lui as fait saigner le cœur bien des fois avec tes injustes reproches ; il a tout supporté avec courage, avec douceur. Hier, tu l'emmènes pour une course qui t'a fatigué, toi, homme vigoureux ; tu lui fais traîner la génisse quatre ou cinq heures durant, qu'il en a les mains toutes meurtries, et, pour sa récompense, tu le menaces de la corde ! Et tu crois que je te laisserai faire ? que je te laisserai maltraiter mon pauvre Lucas sans mot dire ? que je te laisserai te livrer à tes brutalités et à tes injustices, sans oser prendre la défense de mon enfant ? »

Le père Thomas l'avait interrompue plus d'une fois, tantôt pour s'excuser, tantôt pour la faire taire. Mais la mère Thomas était montée ; elle avait le cœur trop plein, elle voulait défiler son chapelet, et elle ne s'arrêta que lorsqu'elle eut tout dit, et que le père Thomas, réduit forcément au silence, lui parut vaincu et repentant.

THOMAS.

Eh bien ! oui, je te dis que tu as raison, que j'ai tort ! Es-tu contente ? Est-ce ça que tu veux ?

LA MÈRE.

Non, je veux mieux que ça : je veux que tu rassures Lucas, que tu lui mettes du baume dans le cœur par quelques bonnes paroles, que tu ne l'obliges pas à aller à l'école dès le matin, et que tu lui fasses entendre que la vache bringée n'est pas de sa faute, mais de la tienne.

THOMAS.

Diantre! ce n'est pas agréable ce que tu veux me faire faire! S'humilier devant son garçon, un enfant de douze ans!

LA MÈRE.

Ce n'est pas s'humilier que reconnaître ses torts; au contraire, c'est se relever. C'est d'être mauvais et injuste qui vous met à terre; c'est d'être bon et juste qui vous grandit. Fais ce que je te dis, va; tu te sentiras toi-même le cœur léger et tranquille.

THOMAS.

Je verrai, je verrai; je ne dis pas non; c'est la manière de s'y prendre qui n'est pas facile.

LA MÈRE.

Pas facile? Attends, je vais t'aider. Tout juste, voici Lucas. Lucas, mon garçon, ton père est bien fâché....

THOMAS.

Qu'est-ce que tu dis donc? Comment, fâché?

LA MÈRE.

Tais-toi, tu n'y entends rien; laisse-moi dire.... Ton père est bien fâché d'avoir été si injuste et si méchant pour toi depuis bientôt huit mois; il convient que la vache bringée n'est pas de ta faute, que c'est pour avoir été paresseux dans sa jeunesse, qu'il n'a pas su lire la lettre de Guillaume. Il sait....

THOMAS.

Ah çà! mais, auras-tu bientôt fini, toi? Laisse-moi parler tout seul. Mon Lucas, tu es un brave garçon et tu l'as toujours été, tu es travailleur, obéissant; et moi, j'ai été pour toi un mauvais père, un vrai gredin, et je t'ai chagriné, tourmenté. Mon pauvre garçon, j'en suis tout désolé; je me battrais volontiers; tiens, donne à ta mère la corde neuve, et dis-lui de me mener à l'étable. »

La mère Thomas, désarmée à son tour par l'humble aveu de son mari, se mit à rire.

« Non, dit-elle, tu n'iras à l'étable que pour faire la litière de la génisse. Regarde donc l'air étonné de Lucas. Tu ne dis rien, mon ami; c'est pourtant vrai, ce que te dit ton père. Il a reconnu qu'il t'avait accusé, grondé, maltraité injustement.

LUCAS.

Oh! mon père, vous êtes trop bon! Certainement que j'ai été paresseux pour l'école; mais voici que je m'y mets un peu. J'espère bien savoir lire dans un an et écrire aussi; mais si vous me permettiez de travailler un petit peu à la ferme, je serais bien content.

THOMAS.

Tu travailleras tant que tu voudras à la ferme, mon ami, et tu iras à l'école quand tu voudras. Je ne t'y oblige plus, entends-tu bien? Tu feras comme tu voudras.

— Merci, mon père, merci! s'écria Lucas tout joyeux. Soyez tranquille, je comprends qu'il est bon de savoir lire, écrire et compter, et j'irai à

Lucas reprit sa gaieté; Gaspard resta sérieux. (Page 150.)

l'école toutes les fois que vous n'aurez pas d'ouvrage pressé. »

La paix fut ainsi conclue, et Thomas, se sentant pardonné par sa femme et ses enfants, perdit son air bourru, reprit sa bonne humeur, but moins de cidre, n'entra plus si souvent en colère à propos de rien, rendit un peu de calme à toute la ferme, et ne se vit plus toujours entouré de visages craintifs et mécontents. Lucas reprit sa gaieté; Gaspard resta sérieux, car il l'était par nature, mais il perdit une partie de la crainte que lui inspirait son père.

IX

LA FOIRE

La foire de la ville voisine approchait. Lucas se hasarda d'engager son père à mener vendre la génisse nouvellement achetée.

THOMAS.

La vendre! Mais où as-tu la tête, de vouloir me faire vendre une bête que j'ai achetée il y a un mois à peine?

LUCAS.

Mon père, croyez-moi, elle n'est pas bonne, elle ne sera pas bonne laitière; vendez-la avant qu'elle soit connue dans le pays. Vous direz qu'elle vient de la Trappe : cela vous la fera bien vendre comme génisse, car on sait que les vaches sont belles à la Trappe.

THOMAS.

Mais à quoi vois-tu qu'elle ne sera pas bonne laittière? »

Lucas lui fit voir ses défauts et les signes auxquels on pouvait reconnaître qu'elle ne serait pas bonne laitière. Le père hésita; il avait confiance dans le coup d'œil de Lucas, mais il avait de la peine à se défaire d'une bête venue de la Trappe. Pourtant, il s'y décida la veille de la foire.

THOMAS.

Lucas, nous irons demain à la foire, tu mèneras la génisse; je la vends.

LUCAS.

Vous faites bien, mon père : vous verrez que vous ne la regretterez pas. »

Lucas se leva le lendemain de bonne heure, il partit avec son père; ils se placèrent dans le champ de foire, ils louèrent un poteau, y attachèrent la génisse et ils attendirent les acheteurs.

« Une génisse qui vient de la Trappe, dit Lucas à un homme qui paraissait être un régisseur.

LE RÉGISSEUR.

De la Trappe? Ah! leurs vaches ont de la réputation.

— Et elles la méritent bien. La mère de cette génisse est de toute beauté. »

Lucas ne mentait pas, il l'avait vue à la Trappe.

Le régisseur continua l'examen de la génisse. Lucas devina bientôt qu'il n'y connaissait rien.

LUCAS.

Voyez, M'sieur, le beau poil, la jolie tête!

LE RÉGISSEUR.

Oui, oui ; mais les cornes ne sont pas bien posées.

LUCAS.

Cela dépend de la race, Monsieur ; c'est une cotentine.

LE RÉGISSEUR.

Ah ! une cotentine ?

LUCAS.

Oui, M'sieur ; la race la plus estimée.

LE RÉGISSEUR.

Combien la faites-vous ?

LUCAS.

Mon père va vous le dire, M'sieur. Mon père, voici, un M'sieur qui demande le prix de la cotentine. »

Le père regarda Lucas d'un air surpris.

LUCAS.

La cotentine de la Trappe ; Monsieur est au courant des belles vaches de la Trappe ; il sait bien que la cotentine est l'espèce la plus estimée. »

Le père Thomas entra en négociations avec ce monsieur, qui était régisseur dans un château voisin. Après un long débat, le régisseur finit par acheter la génisse quatre-vingt-dix francs de plus qu'elle n'avait été payée à la Trappe. Le régisseur paya trois cent quatre-vingts francs, appela son valet de ferme, et emmena la bête, enchanté d'avoir *une cotentine de la Trappe*, pendant que le père

Thomas était enchanté d'avoir vendu sa prétendue cotentine.

Avant de quitter le champ de foire, il voulut faire avec Lucas le tour du champ, pour voir s'il ne trouverait pas à remplacer la génisse qu'il avait vendue. En regardant de droite et de gauche, il aperçut une vache qui lui fit battre le cœur : elle était toute pareille à la bringée tant regrettée.

THOMAS.

Lucas, vois-tu cette vache là-bas?

LUCAS, *vivement*.

C'est la bringée!

THOMAS.

C'en est une qui lui ressemble, mais ce n'est pas la bringée; le père Camus n'est pas si bête que de se défaire d'une bête pareille.

LUCAS.

Allons toujours voir ; je crois bien que c'est elle. »

Ils s'approchèrent, et, sans autre examen, ils virent bien que c'était la bringée.

THOMAS.

Lucas, va donc voir si c'est Camus qui la vend ; mais ne lui dis rien : je ne veux pas avoir l'air de courir après sa vache. »

Au moment où Lucas allait partir, Camus arriva.

CAMUS.

Bonjour, Thomas; tu cherches une vache à acheter; moi, j'en ai une à vendre.

THOMAS.

J'avais aussi une bête à vendre, mais c'est fini ; je m'en suis défait, et je me promène avec Lucas.

CAMUS.

Tu ne veux pas de cette bringée? Fameuse bête! Une livre de beurre par jour! Un lait crémeux, magnifique, une bête qui ne tarit jamais.

LUCAS.

Oh! que si, elle tarit, car je l'ai vu tarir chez le voisin Guillaume.

CAMUS.

Ne te mêle pas de notre marché, gamin. Ton père sait bien faire ses affaires lui-même.

LUCAS.

C'est que nous la connaissons, votre bringée. Mon père n'en a pas voulu il y a un an.

CAMUS.

C'est-y vrai, Thomas? Tu n'es donc pas connaisseur?

THOMAS.

Écoute donc. Puisque tu la revends au bout d'un an, c'est que tu n'en es déjà pas si content.

CAMUS.

Au contraire, c'est parce que c'est la meilleure vache de mon étable. Je n'achète des vaches que pour les revendre et gagner dessus.

THOMAS.

Combien la fais-tu, ta bringée?

CAMUS.

Ah! je ne la donnerai pas pour un liard moins de trente pistoles, trois cents francs.

THOMAS.

Tiens, tu ne te gênes pas : tu l'as payée cinquante francs de moins il y a un an.

CAMUS.

C'est qu'elle n'était pas en état.

THOMAS.

Si fait, si fait, elle était en état; je ne t'en donnerai pas ce prix.

CAMUS.

Combien que tu en offres?

THOMAS.

Ma foi, je n'en sais trop rien; si j'en avais besoin, je ne dis pas; mais tu en demandes trop cher.

CAMUS.

Ecoute donc, c'est la meilleure vache du marché. Pour toi, vois-tu, je rabattrai une pièce de cinq francs, mais c'est tout au juste.

THOMAS.

Cinq francs! Si tu disais quarante, je ne dis pas que je ne ferais pas marché.

CAMUS.

Je le crois bien! Une bête pareille! En te la donnant pour deux cent quatre-vingt-dix francs, j'y perds; vrai, j'y perds.

THOMAS.

Et moi, en te donnant deux cent soixante-cinq

Ils allèrent s'attabler dans un café avec Lucas, qui écoutait. (Page 115.)

francs de ta vache, je ne fais déjà pas une belle affaire. »

A force de causer, de discuter, ils se sentirent le gosier sec, et, chacun espérant gagner quelques francs en faisant boire son ami, ils allèrent s'attabler dans un café avec Lucas, qui écoutait, sans boire autre chose que du petit cidre.

Après des discussions sans fin, ils convinrent que Thomas prendrait la bringée pour deux cent soixante-quinze francs, et qu'il payerait au café la consommation, qui se montait à trois francs vingt-cinq centimes. Camus devait donner le pourboire, qui se montait à dix centimes : ce dernier article fut débattu longtemps.

Enfin, Thomas était possesseur de la vache bringée tant regrettée. Quand il l'eut payée et qu'il tint la corde, il ne dissimula plus sa joie, et avoua à Camus combien il avait été désolé d'avoir manqué la bringée l'année d'avant, et qu'il ne l'aurait pas laissé aller pour trois cents francs. Camus était désespéré.

« Faut-il que je ne t'aie pas deviné! Tu me fais perdre vingt-cinq francs! Et ce Lucas qui en dit du mal! Ce n'est pas gentil, ça, Lucas. A ton âge, être si futé! »

Camus eut beau se désoler, Thomas triomphant emmena sa vache.

THOMAS.

Cours vite en avant, mon Lucas, pour dire à ta

mère que nous avons la bringée. C'est bien à toi que je la dois, car si tu ne m'avais pas fait vendre la cotentine de la Trappe, je n'aurais pas eu d'argent pour avoir ma bringée. »

Lucas partit en courant; le père Thomas suivit de loin, traînant sa vache. Il n'était pas à deux kilomètres de la ville, que Lucas avait disparu courant toujours.

« Il va se tuer, ce pauvre garçon, se disait le père Thomas. Et faut-il que je l'aie malmené, humilié, injurié et battu lui-même pendant plus d'un an! Et lui qui supportait tout ça sans seulement riposter. Et de penser qu'au bout de ces mauvais traitements il me fait avoir la bringée! Gueux que je suis! Pauvre Lucas! Je ne veux plus le faire aller à l'école du tout. »

Le père Thomas, qui était toujours dans les extrêmes, ou trop indulgent ou trop sévère, hâta le pas pour rejoindre Lucas et lui porter cette bonne nouvelle. Mais quand il arriva à la ferme, Lucas y était depuis longtemps, et la mère Thomas attendait à la barrière le père Thomas et la vache bringée.

« Lucas, Lucas, criait le père Thomas du plus loin qu'il les aperçut, je me dépêche d'arriver pour te dire que tu n'iras plus à l'école, que tu emploieras ton temps comme tu le voudras tous les jours, toute la journée.

LUCAS.

Je vous remercie, mon père, mais j'aime mieux,

si vous voulez bien me le permettre, aller à l'école la demi-journée. De cette façon je pourrai me rendre utile à la ferme et avoir assez de connaissances pour savoir lire et écrire.

THOMAS.

Tiens, tiens! Comment, voilà que tu veux savoir lire, à présent?

LUCAS.

Certainement, mon père; si j'avais su lire, vous auriez la bringée depuis un an, et nous ne nous serions pas perdus en revenant de la Trappe l'autre jour.

THOMAS.

Comme tu voudras, mon garçon; il y a quelque raison dans ce que tu dis. »

X

LUTTE POUR AVOIR GASPARD

Les choses allèrent donc comme d'habitude; Gaspard passait ses journées à l'école et à étudier. Lucas travaillait à la ferme le matin, et allait passer deux heures à l'école après le dîner.

Gaspard avait quinze ans. Son désir d'apprendre et d'arriver n'avait fait qu'augmenter. La gaieté de son âge l'avait déjà abandonné. A peine prenait-il part aux amusements et aux jeux de ses camarades : silencieux et pensif il se tenait à l'écart et se laissait aller à ses pensées ambitieuses. Bien souvent les propositions que son père avait si nettement refusées lui revenaient à l'esprit. Cependant il n'avait plus entendu parler du grand Allemand roux ni du vieux M. Féréor. Une nouvelle distribution de prix devait avoir lieu sous peu de jours.

L'avant-veille, pendant que Gaspard aidait le maître d'école à arranger la salle et à étiqueter les livres de prix, la porte s'ouvrit, et on vit apparaître la tête rouge et le long cou de M. Frölichein.

M. FRÖLICHEIN.

Eh bien, mon cheune ami, afez-fous révlégi à mes ovres? Foici le moment te tous téciter. Quel âche fous afez cède année?

GASPARD, *souriant*.

Un an de plus que l'année dernière, Monsieur : quinze ans.

M. FRÖLICHEIN.

Prafo! C'est un pon âche, ça. Gué tit fotre bère?

GASPARD.

Il ne dit rien, Monsieur, mais il me laisse faire, il ne m'empêche plus de travailler.

M. FRÖLICHEIN.

Monsieur le maître d'égole, gué drafaille fotre cheune élèfe cède année?

LE MAÎTRE D'ÉCOLE.

Beaucoup de choses, Monsieur : l'arpentage, les différentes mesures, les droits et les obligations des propriétés et des propriétaires, les mathématiques, et bien d'autres choses encore.

M. FRÖLICHEIN.

C'est pon, c'est pon, tout ça. Ché foudrais pien fous afoir, mon cheune ami. Ché fais foir fotre bère. Quinze ans, mein Gott! C'est qu'il est pien temps. »

La tête disparut; le maître d'école se mit à rire.

LE MAÎTRE D'ÉCOLE.

Ce baragouin allemand ne me revient pas beaucoup. Si ton père accepte les offres de ce M. Frölichein, je n'en serai guère content.

GASPARD.

Oh! moi, ça m'est égal, pourvu que je commence.

LE MAÎTRE D'ÉCOLE.

Il faut que tu quittes la maison et le pays pour commencer.

GASPARD.

Pas le pays, si j'entre chez M. Féréor. Quant à la maison, ça ne me fait pas grand'chose. Lucas est toujours dans les champs; ma mère est occupée à sa ferme; mon père dit tantôt oui, tantôt non; un jour il vous contrarie, vous dit des injures, vous bat; le lendemain, sans savoir pourquoi, il vous laisse faire ce qui l'a mis en colère la veille. Lucas en sait quelque chose, tout comme moi.

LE MAÎTRE D'ÉCOLE.

De façon que tu n'aimes et que tu ne regretteras personne ici?

GASPARD.

Ma foi non, pas grand'chose.

LE MAÎTRE D'ÉCOLE.

Au fait, ce n'est pas le cœur qui t'étouffe.

Du reste, Gaspard, puisque nous en sommes sur

ce chapitre, voilà déjà longtemps que je t'observe, et, à te parler franchement, je ne suis pas content de toi. Personne, sans doute, n'est plus exact que toi à la classe et n'a mieux profité des enseignements que j'y ai donnés. Tu en sais beaucoup plus long que les autres, et cependant tu n'es pas aussi satisfait qu'eux. Tu penses trop au but que tu veux atteindre et tu oublies les moyens par lesquels tu y arriveras. Songe bien qu'il ne suffit pas de parvenir à la fortune, il faut avant tout marcher droit son chemin. Sois plus soumis à tes parents, pardonne-leur les torts qu'ils peuvent avoir envers toi, sois respectueux et reconnaissant pour tes supérieurs et tous ceux qui te portent de l'intérêt, montre-toi affectueux et bon camarade avec les enfants de ton âge, souviens-toi surtout que l'amour de Dieu et la charité sont tes premiers devoirs : sans cela, fusses-tu riche comme M. Féréor, tu ne seras pas plus heureux que lui, tu sentiras sans cesse que quelque chose te manque : ton cœur restera sec ; tu n'aimeras personne et personne ne t'aimera. Tu chercheras toujours le véritable bonheur, sans le trouver jamais. Tu dois sentir que tout cela est juste ; réfléchis-y bien. »

Pendant que Gaspard causait avec le maître d'école et le mécontentait par son manque de reconnaissance et d'affection pour les soins qu'il avait donnés à son éducation, M. Frölichein trottait de toute la vitesse de ses longues jambes pour causer avec le père Thomas et lui enlever son fils.

Thomas était chez lui : il ne trouvait pas son compte dans un marché qu'il avait fait; il lui manquait dix francs qu'il ne retrouvait pas. Il était donc de fort mauvaise humeur, lorsque la porte s'ouvrit et que M. Frölichein se montra.

« Encore ce grand Allemand », murmura entre ses dents le père Thomas.

M. FRÖLICHEIN.

Pien le ponchour, bère Dômas. Ché fiens fous tire que je foudrais pien afoir fotre carçon.

LE PÈRE THOMAS.

Je vous l'ai déjà refusé deux fois, Monsieur; laissez-moi mes garçons : cela ne vous regarde pas.

M. FRÖLICHEIN.

Mais, mon pon bère Dômas, fotre carçon a quinze ans. C'est le pon âche, ça. Ché fous bayerai pien; le carçon sera gontent.

— Je ne vends pas mes enfants, répondit le père Thomas d'un ton bourru.

M. FRÖLICHEIN.

Mon pon Tieu, faut pas fous fâcher, mon pon bère Dômas. Ché ne fous vais bas te mal. Ché feux, au gontraire, fous faire peaucoup de bien. Fous ferrez ce qué ché ferai te fotre carçon. Il sera riche gomme le chuif t'ici brès.

LE PÈRE THOMAS.

Nous n'avons pas de juif ici.

M. FRÖLICHEIN.

Le chuif, ché tis bour rire; c'est le betit fioux, M. Véréor. Eh! eh! eh!

LE PÈRE THOMAS, *en colère*.

M. Féréor n'est pas plus juif qu'un autre. Je ne veux pas qu'un étranger vienne chez moi insulter un Français, un homme qui fait vivre tout le pays.

M. FRÖLICHEIN.

Allons, foyons, mon pon bère Dômas, fous fous médez en vureur! Ce n'est bas chendit. Gu'est-ce gue ché fous tis? Ché foudrais pien afoir fotre carçon. Foilà dout. Rien bour fous vâcher, ché grois. Et che fous tis qué jé fous tonnerai guadre cents vrancs bar an, et gue si le carçon fa pien, je fous tonnerai tant teux ans cinq cents vrancs; et le carçon sera habillé, nourri, planchi, etc. »

Le père Thomas, ébranlé par ces conditions avantageuses, s'adoucit, et, après quelques pourparlers, il dit qu'il réfléchirait, qu'il verrait M. Féréor avant de se décider.

M. FRÖLICHEIN.

Tiaple! il ne vaut pas foir ce chuif,... ché feux tire, ce prafe homme. Il fous bromédra et il ne fera rien tu dout.

LE PÈRE THOMAS.

C'est mon affaire, ça; je ne déciderai rien sans l'avoir vu.

M. FRÖLICHEIN.

Fous afez dort! Fous afez dort, mon bère Dômas.

« Pieu le ponchour, bère Dômas. » (Page 123.)

Moi qui foudrais pien afoir fotre carçon, ché fais dout rontement; mais lui, il vous endortillera, fous ferrez.

LE PÈRE THOMAS.

Ah bien! s'il m'entortille, je saurai bien me détortiller. Bien le bonsoir, Monsieur. J'ai une affaire pour le moment, et je ne peux pas perdre mon temps à causer. »

M. Frölichein sortit mécontent et inquiet; il désirait vivement avoir Gaspard. L'intelligence, la persévérance et la volonté de ce garçon devaient en faire un homme hors ligne, et qui serait, en trois ou quatre ans, très utile à sa fabrique commençante. Il voulait le souffler à M. Féréor, contre lequel il osait lutter pour la fabrication des fers et des cuivres.

Le père Thomas, qui était fin, vit bien le parti qu'il pouvait tirer de cette lutte.

« Je donnerai Gaspard à celui qui m'en offrira le plus, se dit-il. Les deux fabriques se valent; il y a du bon et beaucoup de mauvais. J'aimerais mieux le voir rester avec nous, comme Lucas, que d'entrer dans ces fabriques qui vous rendent mauvais sujet et ces mécaniques qui vous mettent en pièces avec leurs rouages et leurs engrenages, si on n'y prend garde. Mais, puisqu'il le veut absolument.... »

La distribution se passa comme les deux années précédentes, avec la différence qu'avant de commencer, le maître d'école annonça que l'aptitude, l'intelligence et l'application extraordinaires de Gaspard Thomas le mettaient hors du concours, et qu'en remplacement de tous les premiers prix qu'il avait mérités, il lui était adjugé un prix exceptionnel et unique, qui était le *Dictionnaire des sciences et des arts* de BOUILLET, et un beau volume de *Mathématiques spéciales.*

Tout le monde fut content, parce que les premiers prix se trouvaient gagnés par plusieurs enfants, au lieu d'être tous, et tous les ans, adjugés à Gaspard. Et Gaspard fut au comble de la joie des deux beaux et excellents ouvrages qui lui seraient si utiles pour les études qu'il devait faire à l'avenir.

Il y avait, comme toujours, beaucoup de monde; on applaudit la comédie, on couronna les jeunes savants, on causa; les parents des seconds prix furent jaloux des premiers; les parents des accessits furent jaloux des seconds prix; les derniers accessits jalousèrent les premiers. Le pauvre maître d'école, qui s'était exténué toute l'année à instruire et à corriger les enfants, fut blâmé par les parents et les curieux. On l'accusa de partialité, d'injustice, de méchanceté même; on alla jusqu'à lui reprocher de battre les élèves.

LA MÈRE D'UN DERNIER ACCESSIT.

N'est-ce pas, Victor, qu'il t'a battu?

VICTOR.

Je crois bien, que j'en avais des bleus dans le dos et sur les épaules.

Le pauvre maître d'école fut blâmé par les parents et les curieux.

LA MÈRE D'UN SECOND PRIX.

Et le pauvre André, faut voir comme il le tapait!

ANDRÉ.

Je crois bien; il n'avait rien à attendre de nous!

LA MÈRE D'UN SIXIÈME ACCESSIT.

Si j'avais eu seulement une barattée de pommes à lui donner, mon Georges aurait eu le premier prix en place d'un méchant accessit.

LA MÈRE D'UN HUITIÈME ACCESSIT.

Et ma petite Liline! Si elle lui avait apporté un carré de côtelettes, elle aurait reçu bien des prix, au lieu qu'elle n'a eu rien qu'un pauvre petit livre de rien du tout.

LA TANTE D'UN IMBÉCILE.

As-tu vu les livres du petit sacristain? En a-t-il eu! Et les plus beaux!

LA MÈRE D'UN PARESSEUX.

C'est qu'il est favorisé par le château.

LA TANTE DE L'IMBÉCILE.

Pourquoi ça? Qu'a-t-il de plus que les autres?

LA GRAND'MÈRE D'UN MAUVAIS GARNEMENT.

Est-ce qu'on sait? Ils disent comme ça qu'il est poli, bien élevé, studieux, ambitieux de bien faire; comme si les nôtres n'en feraient pas autant. »

Petit à petit les groupes s'éloignèrent; il ne resta que quelques braves gens qui se félicitaient les uns les autres des premiers et seconds prix de leurs enfants.

M. Frölichein se glissa tout doucement dans le groupe du père Thomas.

M. FRÖLICHEIN.

Mon prafe bère Dômas, ché feux gomblimenter fotre cheune homme et lui tonner un betit soufenir de ce peau chour.

THOMAS, *sèchement.*

Merci, Monsieur; Gaspard est parti avec son frère et ses camarades.

M. FRÖLICHEIN.

Ché recrette t'ètre fenu drop dard. Ché fous brie te lui remeddre te ma bart ce bétit soufenir. »

Et il voulut glisser dans la main du père Thomas un petit paquet.

THOMAS.

Qu'est-ce que c'est que ça?

M. FRÖLICHEIN.

C'est une borte-monnaie; un bétit soufenir afèc quelque chose tetans.

THOMAS, *d'un air moqueur*.

Donnez-le vous-même, Monsieur, si vous y tenez; quant à moi, je n'ai rien gagné à l'école, je n'ai rien à recevoir. »

Le père Thomas s'éloigna en riant avec ses amis de l'air attrapé de M. Frölichein.

Il fut arrêté en chemin par le premier commis de M. Féréor.

LE COMMIS.

Bien le bonjour, mon brave père Thomas. »

Il lui donne une vigoureuse poignée de main.

LE COMMIS.

Eh bien, votre garçon a joliment dépassé tous les autres. Et quels prix honorables il a remportés !

THOMAS.

Oui, oui, M'sieur ; il ne s'est pas trop mal comporté. Ah ! il a une bibliothèque bien montée.

LE COMMIS.

Et vous décidez-vous à le placer, à tirer parti de l'intelligence étonnante de ce garçon ? Quel âge a-t-il donc ?

THOMAS.

Quinze ans depuis deux mois, M'sieur.

LE COMMIS.

Bon âge ! Tout juste l'âge de commencer la mécanique, les mathématiques, la géométrie, etc.

THOMAS.

Peut-être bien ; nous ne sommes pas pressés, ma femme et moi, de nous en séparer. Ma femme surtout tient beaucoup à ne pas le laisser partir. Et moi, vous sentez que je ne veux pas la chagriner.

LE COMMIS.

Et comment va-t-elle, cette bonne mère Thomas ?

THOMAS.

Très bien, grand merci ; elle est partie en avant avec Lucas et Gaspard. Je vais la rejoindre.

LE COMMIS.

Vous voudrez bien que je vous accompagne ?

THOMAS.

Certainement ; vous souperez avec nous.

LE COMMIS.

Merci ; je suis attendu chez M. Féréor.... Ses affaires marchent joliment ! Bonne fabrication ; les ouvriers bien payés ; les jeunes gens capables y font bien leur chemin ; j'en connais qui se font une fortune magnifique ! »

Le père Thomas n'avait garde de répondre : il comprenait bien que le commis de M. Féréor voulait arriver à se faire demander une place pour Gaspard ; mais il ne voulait pas déprécier sa marchandise, et il attendait ; lui, de son côté, voulut ruser.

THOMAS.

Voilà une autre manufacture qui vous fait rivalité ; ça marche bien, dit-on.

LE COMMIS.

Ça ne marche pas du tout, mon cher. Comment ça marcherait-il avec ce grand Allemand à la tête ?

THOMAS.

Il paraît content, pourtant ; il vous offre des cinq cents francs comme vous offririez des centimes.

LE COMMIS.

Ah ! il offre des cinq cents francs !... Il est donc venu vous voir ?

THOMAS.

Certainement ; il vient quelquefois. C'est un bon homme.

LE COMMIS.

Pas déjà si bon ! Méfiez-vous-en. Prenez garde à cet arabe ! C'est un fourbe, il vous mettra dedans. Je sais qu'il veut avoir Gaspard. Mais gardez-vous de le lui donner, il lui ferait une vie misérable.

THOMAS.

Pas plus qu'un autre. Ces fabriques, c'est toujours la même chose.

LE COMMIS.

Ne croyez pas cela. Voyez la nôtre ! Comme c'est tenu ! C'est là que Gaspard serait heureux !

THOMAS.

Je ne sais pas. Vous ne payez guère vos ouvriers.

LE COMMIS.

Cela dépend; les gens ordinaires ne sont pas très payés, mais un garçon intelligent, qui a de l'avenir comme Gaspard, nous le payons bien.

THOMAS.

Combien donneriez-vous à Gaspard ?

LE COMMIS.

Mais... cinq cents francs.

THOMAS.

Ma foi non ! L'Allemand les offrait ; j'ai refusé.

LE COMMIS.

Eh bien, six cents ? Le donneriez-vous pour six ?

THOMAS.

Je verrai ; j'y penserai. Il faut, avant de dire oui ou non, que je voie Frölichein ; il m'a dit qu'il reviendrait.

LE COMMIS.

Ne décidez rien avant de me prévenir.

THOMAS.

Oui, oui, je vous ferai savoir ce qu'il m'aura offert.

LE COMMIS.

Je compte sur votre promesse, père Thomas.

THOMAS.

Soyez tranquille, je n'ai qu'une parole.

LE COMMIS.

Sans adieu donc. Je reviendrai bientôt. »

Le commis sortit ; le père Thomas se mit à rire.

« Je les tiens ; Gaspard aura une bonne place. Et j'en profiterai tant qu'il n'aura pas vingt et un ans. C'est juste ; j'ai dépensé de l'argent pour l'élever, il va rembourser mes frais. Quant à Lucas, je le garderai à la ferme ; il vaut un homme maintenant. C'est qu'il commence à labourer pas mal. J'en fais ce que je veux. Avec ça, il n'a pas de volonté. Quoi que je lui dise, il le fait. Il n'y a qu'une chose que je n'obtiens pas, c'est de travailler le dimanche. Quant à ça, j'ai beau dire et beau faire, il laissera plutôt perdre une moisson que travailler un dimanche. »

Pendant qu'il se reposait, en réfléchissant, les coudes sur la table, la tête dans les mains, la porte s'ouvrit et M. Frölichein entra sans bruit. Le père Thomas réfléchissait toujours ; M. Frölichein s'assit, décidé à attendre le réveil de Thomas, qu'il croyait endormi.

LUTTE POUR AVOIR GASPARD

Enfin le père Thomas se leva.

THOMAS.

Tiens ! c'est vous, monsieur Frölichein ? Depuis quand êtes-vous là ?

M. FRÖLICHEIN.

Debuis guelgues minudes zeulement. Ché fénais fous tire gue ché foudrais pien afoir fotre carçon.

THOMAS.

Êtes-vous obstiné ! Je viens de voir M. Férey, le premier commis de M. Féréor, et il m'a fait de si belles offres, que je pense bien lui donner Gaspard.

M. FRÖLICHEIN.

Oh ! mein Gott ! Mon pon bère Dômas, ché fous tonnerai blus gue ced homme tu tiaple. Foyez, ché fous bromets te suite six cents vrancs.

THOMAS.

M. Féréor m'en offre autant.

M. FRÖLICHEIN.

Autant ? mein Gott ! Eh pien ! ch'offre six cent cinquante. Ché ne beux bas vaire tafantage. Foyez tonc ! six cent cinquante bour un cheune homme te quinze ans. Foyons, bère Dômas, soyez raisonnaple et técitez-fous.

THOMAS.

Je ne me déciderai que lorsque j'aurai vu M. Féréor ou son commis.

M. FRÖLICHEIN.

Que tiaple ! bère Dômas, cé chuif ne fous tonnera bas dant gue ché tonne, moi. Et ché tonne drop, che fous azure.

THOMAS.

C'est bon, c'est bon, Monsieur, je verrai ça.

M. FRÖLICHEIN.

Gand me tonnerez-fous une réponse dout à vait bositive ?

THOMAS.

Oh ! il n'y a pas tant de presse. Dans quelques jours je vous ferai savoir chez le maître d'école ce que j'aurai décidé.

M. FRÖLICHEIN.

Pien le ponsoir, bère Dômas. Brenez carde au chuif ! Ché né tis que ça. »

M. Frölichein ne s'en alla pas content. Outre qu'il tenait à finir l'éducation mécanique d'un jeune homme aussi intelligent et travailleur que Gaspard, il savait combien y tenait son rival Féréor, et il ne voulait pas lui donner le triomphe de l'avoir emporté sur lui.

Le lendemain, le père Thomas raconta à Gaspard ce qui s'était passé entre lui et M. Frölichein.

« Le commis de M. Féréor va venir aujourd'hui, dit-il ; il va falloir se décider ; à prix égal, chez lequel des deux aimes-tu mieux entrer ?

GASPARD.

Je préférerais M. Féréor : il est du pays, on le connaît ; je connaîtrai tous les camarades. J'aime mieux entrer chez lui, d'autant que sa fortune est faite ; celle de M. Frölichein n'est pas encore très assurée…. Vous voyez bien, mon père, que j'avais raison de travailler comme je l'ai fait, même malgré vous. Voici que je vais gagner quatre fois ce que gagne Lucas.

THOMAS.

Oui, oui, tu n'as pas eu tort ; mais Lucas n'a pas eu tort non plus, car la ferme…. »

Il fut interrompu par l'entrée de M. Féréor lui-même. Tous se levèrent et ôtèrent leurs chapeaux.

M. FÉRÉOR.

Père Thomas, on dit que vous hésitez à me donner votre garçon. Vous avez tort ; il a de la capacité, il aime le travail, il a envie d'arriver ; chez moi, il sera mieux que partout ailleurs, et il arrivera plus sûrement qu'ailleurs.

THOMAS.

Monsieur, c'est que M. Frölichein….

M. FÉRÉOR.

Ne me parlez pas de ce Frölichein ; c'est un drôle, un animal qui ne sait rien, qui sera en prison pour dettes d'ici à peu d'années. Je prends votre garçon pour cinq cents francs, et je promets de l'augmenter dès qu'il pourra m'être utile. Je me charge de son entretien ; vous n'avez besoin de vous occuper de rien. Bien le bonsoir, père Thomas ; bonsoir à la compagnie. Toi, Gaspard, suis-moi, je vais te présenter à mon premier commis, Férey. »

Gaspard regarda son père, qui, n'osa pas le retenir, et il suivit son nouveau maître.

« Tiens, lui dit M. Féréor, voilà une pièce de cinq francs pour toi; c'est ton pourboire. Es-tu content ou fâché que je t'aie enlevé comme je l'ai fait?

GASPARD.

Très content, Monsieur; mon père ne se serait jamais décidé. Monsieur lui fait peur; il n'ose pas résister en face de Monsieur.

M. FÉRÉOR.

On me craint donc dans le pays?

GASPARD.

Ah! je crois bien, M'sieur. Quand on vous attend à l'usine, M'sieur, chacun est à son affaire; pas de danger qu'on se détourne de l'ouvrage.

M. FÉRÉOR.

Et quand je suis absent?

GASPARD.

Oh! M'sieur, c'est tout autre chose! On travaille, mais on rit, on cause, on quitte parfois les outils, les bobines, et ça ne fait pas bien. M'sieur sait qu'il faut être tout à son affaire pour bien réussir, et que celui qui veut rire ne travaille pas comme il faut travailler.

M. FÉRÉOR.

Mais les contremaîtres ne surveillent donc pas?

GASPARD.

Si fait, M'sieur, mais pas comme Monsieur lui-même. Et puis ils se promènent; ils chassent parfois, et cela ne va pas.

M. FÉRÉOR.

Comment sais-tu tout cela?

GASPARD.

Je le vois bien quand j'y vais pour une commission. Il ne faut guère de temps, M'sieur, pour observer ces choses et la manière de faire de chacun. »

« Il a du coup d'œil et d'excellentes idées, pensa M. Féréor; il pourra m'être très utile.... Tiens, Soivrier, voici le petit Thomas que je t'amène. C'est à soigner; il faut qu'il travaille chez Férey, et tu lui feras faire de tout dans l'usine; qu'il soit par lui-même au courant de tout. Tu le logeras près de chez toi, et tu lui donneras ce qu'il lui faut pour son entretien.

SOIVRIER.

Oui, M'sieur; c'est à soigner, comme dit Monsieur, et à pousser.

M. FÉRÉOR.

Oui, oui, il me sera utile; le plus tôt sera le mieux. Au revoir. »

Et M. Féréor sortit. Gaspard resta seul avec M. Soivrier.

SOIVRIER.

Voyons, mon ami, installons-nous de suite. Où sont tes effets?

GASPARD.

M. Féréor ne m'a donné le temps de rien emporter, M'sieur; je vais aller à la ferme et rapporter le plus pressé.

SOIVRIER.

Non, je ne veux pas que tu y ailles; ils te retiendront. J'y vais moi-même et je te rapporterai tes effets. Pendant que je n'y suis pas, va travailler aux fils de fer à détirer. Tu feras tous les métiers l'un après l'autre. Quand on a mis soi-même la main aux mécaniques, on sait ce qu'elles peuvent faire et ce qu'un ouvrier peut faire. »

Soivrier mena Gaspard au détirage des fils de fer, fit atteler la carriole et alla à la ferme Thomas.

XI

FUREUR DE FRÖLICHEIN
GASPARD REND UN SERVICE IMPORTANT

Lucas attendait le retour de Gaspard pour savoir quand il entrait chez M. Féréor; il fut surpris et peiné de voir arriver M. Soivrier tout seul. Le père et la mère Thomas furent très mécontents de l'enlèvement de Gaspard.

THOMAS.

Nous ne lui avons seulement pas dit adieu!

LA MÈRE.

Il n'a pas seulement une chemise de rechange!

THOMAS.

Je ne sais seulement pas si la position lui plaît.

SOIVRIER.

Soyez donc tranquilles, il viendra vous voir dimanche; vous lui direz adieu à votre aise jusqu'au dimanche suivant. Je viens chercher ses effets. Faites-en un paquet, mère Thomas, et mettez-y ses livres; il en aura besoin.

LA MÈRE.

Je ne les connais pas, moi, je n'y ai jamais regardé.

LUCAS.

Je les reconnaîtrai bien; d'ailleurs, s'il en reste, il viendra les querir dimanche. »

Le paquet fut bientôt fait, et Soivrier n'eut pas de peine à le placer dans sa carriole. Chacun à la ferme resta étonné de la promptitude de ce départ.

LE CHARRETIER.

C'est comme ça que M. Féréor fait ses affaires; c'est pour ça que tout marche chez lui.

THOMAS.

Il a raison, je crois. Vois-tu, femme, j'aurais attendu, hésité entre les deux, et peut-être me serais-je décidé pour le moins bon. M. Féréor venant lui-même, il n'y avait pas à lui résister ni à lui poser des conditions. A-t-il enlevé ça ! Aucun de nous n'avait soufflé mot que Gaspard était parti.

LA MÈRE.

Et je ne l'ai seulement pas embrassé, tout de même.

THOMAS.

Tu l'embrasseras dimanche; d'ailleurs, il n'y tient déjà pas tant, je crois. »

Le lendemain de ce brusque départ, M. Frölichein, plein d'espoir et décidé à l'emporter à tout prix sur M. Féréor, son rival détesté, entra tout doucement chez le père Thomas comme on finissait de dîner.

« Ne fous téranchez bas, mes pons amis, dit-il, voyant qu'on se levait de table.

THOMAS.

Nous finissons, Monsieur : il n'y a pas de dérangement.

M. FRÖLICHEIN.

Ché fiens engore bour fous vaire safoir que ché foudrais pien afoir fotre carçon.

THOMAS.

Je le sais bien, Monsieur, je le vois bien ; mais, voyez-vous, M'sieur, M. Féréor en a bonne envie aussi, et vous savez, M'sieur, qu'il n'est pas disposé à céder ; quand il veut quelque chose, il faut qu'il l'ait.

M. FRÖLICHEIN.

Mais, mon pon bère Dômas, il ne faut bas qu'il ait fotre carçon. Ça ne lui fa bas ; fous safez, il est chanchant ; fotre carçon sera mis à la borte en guelgues mois.

THOMAS.

Pourtant, M'sieur, hier encore, M. Féréor me disait....

M. FRÖLICHEIN.

Gomment ! gomment ! Véréor est venu ici hier ?

THOMAS.

Oui, M'sieur, lui-même. Il me disait....

M. FRÖLICHEIN, *effrayé*.

Mein Gott ! mais il fa fous endordiller ; il fa fous enlefer ce carçon.

THOMAS.

C'est déjà fait, M'sieur; il l'a emmené.

M. FRÖLICHEIN, *de même*.

Emmené! et fous l'afez laissé aller! bauvre impécile! Et fous n'allez pas le rafoir! Ne fa-d-il bas refenir?

THOMAS.

Non, M'sieur. Il est entré tout à fait. Le premier commis est venu chercher ses effets.

M. FRÖLICHEIN, *en colère*.

Miséraple! Bourguoi fous ne m'afez bas adendu? Ché fous aurai tonné blus que ce foleur, ce pricand. Et bourguoi fous me faites bertre mon temps à vous brier.

THOMAS.

Laissez-moi donc tranquille, Monsieur l'Allemand. Est-ce moi qui vous ai appelé? Vous m'avez assez ennuyé de vos visites que je ne vous demandais pas. Je vous ai toujours refusé Gaspard. Est-ce ma faute si vous avez fait le câlin pour l'avoir? Bien le bonjour, M'sieur, j'ai affaire.

M. FRÖLICHEIN.

Crossier baysan, fa! Ché ne feux bas de don Gaspard, gand même tu me temanderais à chenoux de le brendre. Ché le laisse bourrir gé don voleur, ton pantit.

THOMAS.

Eh! M'sieur, laissez-moi tranquille et allez vous promener. Est-ce que je vous demande quelque chose pour Gaspard? Je me moque pas mal de votre colère. M. Féréor vous écraserait comme une puce si vous le gêniez.

M. FRÖLICHEIN, *hors de lui*.

Une buse! une buse! Du me le bayeras, credin, pricand. »

M. Frölichein montra le poing et sortit. Il put entendre les éclats de rire de Thomas et de sa maison.

« Le mauvais garnement! le méchant homme! »

THOMAS.

Est-ce de la chance que M. Féréor soit venu nous enlever Gaspard?

LA MÈRE.

Et quand je pense qu'il n'a tenu à rien que Gaspard entrât chez ce grand brutal! »

Quand Gaspard vint les voir le dimanche suivant, chacun lui adressa des questions sur ce qu'il faisait, sur ses camarades, sur les contremaîtres, sur M. Féréor lui-même.

GASPARD.

Je suis très bien, très heureux; les camarades ne sont pas mauvais, les contremaîtres ne sont pas trop regardants, pas assez même, à mon gré; ils laissent faire des choses qui ne devraient pas se faire. M. Féréor vient souvent, mais il ne reste pas; il voit le plus gros, mais pas le détail. »

Après leur avoir raconté quelques histoires des usines, il sortit avec Lucas et son père pour aller se promener. En longeant un petit bois taillis, Gaspard remarqua que le voisin avait planté des arbres au bord du fossé qui bordait le bois.

GASPARD.

Mon père, vous avez laissé planter des arbres sur votre terrain. Le voisin Basile n'a pas le droit de planter là.

THOMAS.

Si fait, mon ami; c'est lui qui me borne.

GASPARD.

Mais la loi défend qu'un voisin plante des arbres plus près que six pieds (deux mètres) d'un terrain qui ne lui appartient pas.

THOMAS.

Es-tu sûr de ce que tu dis?

GASPARD.

Très sûr; j'ai étudié tout ça avant d'entrer chez M. Féréor. Vous voyez bien que, lorsque les arbres grandiront, ils feront tort au bois et surtout à la haie, et que vous perdrez votre fossé et le terrain pour le réparer.

THOMAS.

Tu as raison; et moi qui ai laissé faire!

GASPARD.

Il n'y a pas de mal; vous pouvez les lui faire arracher et replanter plus loin.

THOMAS.

Ce coquin de Basile! Voyez-vous ça! il m'avait chipé six pieds de terrain tout le long du bois! Dis

« Tu me le bayeras, crediu, pricand. » (Page 117.)

donc, mon Gaspard, toi qui connais la chose, va parler à Basile, et dis-lui qu'il ait à arracher ses arbres et à les planter plus loin. »

Le père Thomas fut enchanté de la découverte de Gaspard, qui partit de suite pour faire la commission de son père.

THOMAS.

Hé, hé, Lucas, il est pourtant bon d'être savant! Si Gaspard n'avait pas étudié, j'aurais perdu six pieds de terrain tout le long de ma pièce, et ma haie et mon fossé. Toi, tu n'as jamais aimé à étudier, et tu as eu tort.

LUCAS.

Non, père, je ne le pense pas. Ne vous faut-il pas quelqu'un pour vous aider à la ferme, qui prenne intérêt à vos affaires, qui vous serve fidèlement, qui vous remplace quand vous êtes malade ou absent?

THOMAS.

Je ne dis pas non; mais vois ce que gagne Gaspard à seize ans. Il a cinq cents francs maintenant; dans dix ans il en aura peut-être six mille.

LUCAS.

C'est possible; mais, si j'avais fait comme Gaspard, qui est-ce qui resterait près de vous dans vos vieux jours? Qui est-ce qui ferait marcher la ferme? Qui est-ce qui habiterait cette terre où vous êtes né, où est né mon grand-père? Non, je ne regrette pas de vous avoir servi comme je l'ai fait, et je compte bien ne jamais vous quitter et mourir chez vous.

THOMAS.

Ou chez toi, car tu penses bien que c'est toi qui auras la ferme après nous.

LUCAS.

A partager avec Gaspard.

THOMAS.

Non, non. Gaspard aura sa part en argent; j'en ai pas mal de placé et j'en place tous les ans; l'argent lui fera plus de profit que de la terre. »

En rentrant, ils trouvèrent le père Guillaume qui venait au-devant d'eux.

GUILLAUME.

Dis donc, Thomas, je te cherche pour te demander un service. Peux-tu me prêter cinq cents francs ? Je suis dans une mauvaise passe, grâce à ce petit drôle de Guillaume. Tu sais que j'avais acheté l'an dernier le bout de terre qui touche à ma cour.

THOMAS.

Oui, je me souviens bien; pour cinq cents francs à payer au bout de l'année.

GUILLAUME.

Tout juste! C'est le mois dernier qu'il fallait payer. Je vais chez le voisin une fois, deux fois, trois fois; toujours sorti. Il vient chez moi à son tour. J'étais allé à la foire de chevaux, à Mortagne; et voilà qu'il me fait dire que j'aie à le payer, que le délai est passé, et je ne sais quoi encore. Je mesurais des pommes, je ne pouvais y aller. Alors je dis à Guillaume : « Tiens, voici cinq cents « francs; va les porter à Basile, et surtout, que je « lui dis, prends un reçu ». Il part et revient avec le reçu, qu'il me donne. J'étais pressé par le marchand de pommes; avec ça que je ne lis pas facilement l'écriture. J'ouvre; je vois en grosses lettres cinq cents francs, en bas la signature; je dis à Guillaume de serrer le papier avec les autres, et je ne m'en occupe plus. Mais ne voilà-t-il pas que je reçois ce matin une assignation par huissier pour payer ces cinq cents francs! Je cours chez Basile, qui nie les avoir reçus; je retourne chez moi pour demander des explications à Guillaume, qui me dit les avoir remis à Basile lui-même. Je cherche le reçu; j'ouvre, je vois cinq cents francs et la signature de Basile. J'y retourne; il me dit que ce n'est pas un reçu, mais un consentement d'attendre le payement des cinq cents francs à la première sommation.

« Comme je te disais, je ne suis pas fort sur la lecture et surtout pour lire l'écriture. Je ne pouvais croire à une pareille filouterie; je cours chez le maître d'école, il me dit que c'était bien ça, pas un reçu, mais un délai jusqu'à première réquisition. Je retourne chez Basile plus mort que vif : je lui parle doucement d'abord, puis je m'emporte, je l'agonise d'injures, et finalement je lui donne une roulée qui pourra compter.

« Il envoie chez le maire pour porter plainte et dire qu'il est hors d'état de bouger. M. le maire arrive, cause avec lui, vient chez moi; je lui raconte la chose; il me dit que Basile est un fripon, mais qu'il faut payer, et, de plus, que je serai traduit devant le juge de paix pour avoir battu Basile. Nous allons chez ce brigand; le maire arrange l'affaire; Basile renonce à porter plainte, moyennant que je paye une seconde fois ces cinq cents francs dans les quarante-huit heures; et pour éviter les friponneries, c'est le maire qui se charge de les recevoir et de faire l'acte. Voilà pourquoi je viens te demander cinq cents francs que je n'ai pas et que je ne te rendrai que dans un mois, à la foire Saint-Martin.

THOMAS.

Ah bien! voilà une belle affaire! Cinq cents francs! Le gredin, le brigand! C'est comme pour moi. Il était en train de me voler six pieds de terrain tout le long de mon bois taillis et tout le fossé avec. Heureusement que Gaspard est savant et qu'il m'a prévenu; il y est dans ce moment pour lui signifier d'avoir à arracher ses arbres.

LE PÈRE GUILLAUME.

Mais peux-tu me prêter les cinq cents francs?

THOMAS.

Oui, je te les prêterai, quoique ça me gêne un brin. Je vais te les compter, et Gaspard nous fera le reçu. »

Gaspard ne tarda pas à rentrer; il écrivit un reçu bien en règle. Guillaume le signa et partit pour remettre l'argent à M. le maire.

THOMAS.

Eh bien, Gaspard, et les arbres?

GASPARD.

Je lui ai fait signer un papier comme quoi il s'engageait à arracher ses arbres et à les planter six pieds plus loin. J'ai été longtemps, parce qu'il ne voulait pas. Il n'y a consenti que lorsque je lui ai dit que vous alliez porter plainte au juge de paix; alors il a signé de suite. »

XII

PREMIÈRES HABILETÉS, PREMIERS SUCCÈS DE GASPARD

Lucas allait à l'école bien plus assidûment depuis que Gaspard avait quitté la ferme, car il n'y avait plus que lui pour lire une lettre, un acte, pour écrire les comptes, etc. Il commençait à bien lire, à pouvoir écrire nettement. Son père lui avait acheté quelques livres nécessaires pour se tenir en garde contre les voisins, toujours prêts à vous enlever un sillon de terre, une haie, des arbres, etc. Le père Thomas n'avait plus rien à lui reprocher, et à la ferme ils vivaient tous tranquilles et heureux.

A l'usine, Gaspard travaillait de toutes ses forces, de toute son intelligence. Ce n'était pas pour M. Féréor qu'il se donnait tant de mal, mais pour lui-même, pour son avancement. Il se rendait pourtant fort utile à M. Féréor en lui racontant ce qui se passait et ce qui se disait. M. Féréor aimait beaucoup à tout savoir, et personne ne le tenait au courant comme Gaspard : aussi l'emmenait-il souvent pour lui faire voir sur place les choses dont il voulait charger les contremaîtres.

« Comment se comporte Urbain? demanda un jour M. Féréor à Gaspard. Est-il bien actionné au travail?

GASPARD.

Oui, Monsieur, il se fera; il a eu l'autre jour une affaire avec M. Chrétien, le contremaître. Monsieur la connaît sans doute!

M. FÉRÉOR.

Non, Chrétien ne m'a rien dit.

GASPARD.

Comment! il n'en a pas fait son rapport à Monsieur? Il faut pourtant que Monsieur sache tout. Voilà ce que c'est, Monsieur. Urbain travaillait aux fils de fer pour clôtures; le soir il s'en va à son heure, et, au lieu de passer par la route que nous devons tous prendre, il escalade la barrière et passe au travers du bois. Une fois, deux fois, il recommence. Cela me paraît drôle qu'il ne fasse pas comme les autres, qu'il s'en aille seul de son côté. J'avertis M. Chrétien; il me dit qu'il le surveillera. Je guette à la lisière du bois, et je vois Urbain qui arrive en regardant de tous côtés; il tenait comme des baguettes à la main. Je sors du bois; il s'arrête, laisse tomber dans l'ornière ce qu'il tenait à la main, et continue son chemin.

Quand il me rejoint, car j'avais pris un sentier de traverse pour le rencontrer, je lui trouve l'air un peu embarrassé; je lui dis :

« — Pourquoi passes-tu par ici, Urbain? l'autre
« route est bien meilleure.

« — C'est le plus court, et c'est pour ça que j'y
« passe.

« — Tu sais que M. Féréor n'aime pas que chacun
« se fasse un chemin de sortie, et qu'il ordonne même
« de faire sortir tous les ouvriers par la route ferrée.

« — Je ne lui fais pas de tort en traversant ce
« bois et j'abrège mon chemin. »

« Je ne lui dis plus rien; il continue son chemin, et moi je reviens sur mes pas; j'arrive à l'ornière, je vois deux tringles en fer grosses comme le petit doigt; je les ramasse, je les porte chez M. Chrétien, et je lui raconte ce qui s'est passé.

« — C'est bon, me dit M. Chrétien, mets ça là;
« je ferai mon rapport. »

M. FÉRÉOR.

Chrétien ne m'en a pas dit un mot. Quand c'est-il arrivé?

GASPARD.

Il y a trois jours, Monsieur.

M. FÉRÉOR.

C'est singulier que Chrétien ne m'en ait pas parlé; c'est une chose grave, ça.

GASPARD.

C'est peut-être, Monsieur, parce que M. Chrétien

voit beaucoup les parents d'Urbain et qu'il veut épouser sa sœur. Alors il ne veut pas les mécontenter ni les mettre mal avec Monsieur.

M. FÉRÉOR.

Ferais-tu comme lui, à sa place?

GASPARD.

Pour cela, non, Monsieur. Il n'y a pas de parent, d'ami, de fiancée, qui m'empêcherait de faire mon devoir. C'est un poste de confiance que celui de M. Chrétien; et il doit s'en rendre digne en faisant passer l'intérêt de Monsieur avant tout et par-dessus tout.

M. FÉRÉOR.

Tu as de bons sentiments, Gaspard. Tu portes donc intérêt à mes affaires?

GASPARD.

Moi, Monsieur? Mais les affaires de Monsieur sont le plus grand intérêt de ma vie. Et puis, la reconnaissance que je dois à Monsieur me rend désireux de me consacrer tout entier aux intérêts de mon bienfaiteur.

M. FÉRÉOR.

C'est bien, Gaspard, je n'oublierai pas les services que tu me rends; trouve-toi tous les jeudis et les lundis, à une heure, près du pont d'arrivée; c'est l'heure du dîner des ouvriers; quand tu me verras venir, tu passeras par le bois et tu iras m'attendre à mon berceau de houx, dans lequel personne n'a droit d'entrer; ainsi nous pourrons causer

« Pourquoi passes-tu par ici, Urbain? » (Page 159.)

tranquillement, et tu me tiendras au courant de ce qui se passe.

GASPARD.

Merci bien, Monsieur; les moments que je suis avec Monsieur sont les plus heureux de ma journée; ils me font du bien au cœur. »

Gaspard disait vrai : M. Féréor était pour lui un moyen d'avancement, le plus commode, le seul pour arriver à la position et à la fortune qu'il voulait gagner à tout prix; et il était de la plus grande importance pour lui d'obtenir la confiance absolue de M. Féréor. Il pouvait, au moyen de ces conversations toutes confidentielles, empêcher que la faveur et la confiance de son maître ne se reportassent sur tout autre que sur lui-même; c'était le chemin de la fortune et du pouvoir; lui seul devait y marcher, tous les autres devaient en être évincés.

Il éprouvait bien quelques remords de se faire ainsi le dénonciateur de ses camarades; mais il les chassait promptement en se disant : « Je veux être riche et puissant; d'ailleurs je ne dis que la vérité; je remplis mon devoir près de M. Féréor, tant pis pour eux s'ils ne remplissent pas le leur. »

Le jour même de la confidence de Gaspard, M. Féréor rencontra Urbain qui rentrait à l'atelier et qui fumait. Il n'avait pas vu M. Féréor; quand il l'entendit venir et qu'il leva la tête, il était trop tard; M. Féréor l'avait aperçu.

« Quelle chance ! pensa M. Féréor. Il fume malgré ma défense : il va partir de suite, et personne ne pourra soupçonner Gaspard de m'avoir éclairé sur sa conduite. »

Quand M. Féréor se trouva en face d'Urbain, il s'arrêta et lui dit d'un ton froid et sévère :

« Je défends à mes ouvriers de fumer. Tu as fumé : tu vas prendre tes habits de travail à l'atelier, tu vas te faire payer à la caisse ce qu'on te doit, tu vas déguerpir et tu ne mettras plus le pied dans mes usines. Je passerai dans une demi-heure pour voir si je suis obéi. »

M. Féréor tira son portefeuille, l'ouvrit, en retira un papier et le remit à Urbain ; il y avait dessus, en grosses lettres :

BON POUR DÉPART ET RÈGLEMENT DE COMPTE IMMÉDIAT.

URBAIN.

Si Monsieur voulait bien me pardonner, je ne recommencerais pas ; je le jure à Monsieur.

M. FÉRÉOR.

Si dans une demi-heure tu n'es pas parti, tu ne seras pas payé de ce qu'on te doit. »

M. Féréor continua son chemin et se dirigea vers la demeure de Chrétien.

« Chrétien, dit-il en rentrant, je viens de rencontrer Urbain un cigare à la bouche. Tu lui donneras son compte et tu le feras partir sur-le-champ.

— Urbain! Monsieur renvoie Urbain! le meilleur de nos jeunes ouvriers.

— Je défends qu'on fume. Il m'a désobéi : il partira. »

Et M. Féréor sortit. Chrétien resta atterré.

« Que vont dire les parents? pensa-t-il à part lui. Pourvu qu'ils ne se figurent pas que c'est moi qui l'ai dénoncé. »

Il réfléchissait au moyen de le faire rentrer en grâce, quand Urbain entra.

URBAIN.

Monsieur Chrétien, voyez quel malheur! M. Féréor m'a vu fumer et il me renvoie. N'y aurait-il pas moyen d'avoir ma grâce? Si vous vouliez bien intercéder pour moi?

CHRÉTIEN.

Je l'ai déjà fait, mon ami; il n'a rien écouté. Tu sais combien il est dur pour l'ouvrier; il ne pardonne jamais! Pourquoi aussi vas-tu fumer dans le chemin qu'il suit toujours pour aller d'une usine à l'autre? Je te l'avais déjà dit; tu n'as pas voulu m'obéir. Que veux-tu que je fasse maintenant? Je ne peux pas te garder malgré lui.

URBAIN.

Céline va croire que c'est vous qui m'avez dénoncé.

CHRÉTIEN.

Céline ne le croira pas si tu lui racontes comment la chose est arrivée.

URBAIN.

Si vous me faisiez entrer dans un autre service, Monsieur?

CHRÉTIEN.

Ce n'est pas possible. Le patron met son nez partout; il ne tarderait pas à te découvrir, et je me perdrais sans te sauver.

URBAIN.

Mais vous savez qu'il a grande confiance en vous, qu'il a l'air d'avoir de l'affection pour vous.

CHRÉTIEN.

Affection, confiance! Il n'a d'affection pour personne; il n'a confiance en personne. Tiens, voici ton compte, mon ami; j'y ajoute trois journées de plus, je ne puis faire davantage. Pars vite. S'il vient à te rencontrer, il est capable de me mettre à la porte avec toi. »

Chrétien avait raison, Urbain le sentait; il prit donc son argent, serra la main du contremaître et partit, se proposant bien de dire tout le mal possible de M. Féréor, et de se plaindre de Chrétien à sa sœur.

Il était à peine parti que le patron rentra.

M. FÉRÉOR.

M'as-tu débarrassé de ce vaurien?

CHRÉTIEN.

Oui, Monsieur; il est parti, et il a eu bien du chagrin de vous quitter, Monsieur.

M. FÉRÉOR.

C'est bon! qu'on ne m'en parle plus! Fais-moi voir ton livre de comptes. »

Après l'avoir examiné :

« Pourquoi, dit-il, as-tu payé à Urbain trois journées de trop? »

Chrétien pâlit et balbutia. M. Féréor tira son carnet de sa poche.

« Je viens de faire le relevé des journées d'Urbain : il y en a trois de moins que ce que tu as payé. Il faut que demain tu sois parti, pour ne jamais revenir. »

M. Féréor sortit. Chrétien resta atterré. Il savait que les décisions de son maître étaient sans appel. Il fallait obéir : le lendemain, Chrétien n'y était plus.

Le lundi suivant, Gaspard, fidèle aux ordres de M. Féréor, se tint, à une heure, près du pont, croisa son maître sans avoir l'air de l'avoir attendu, entra dans le bois, gagna le berceau de houx et s'y installa. M. Féréor ne tarda pas à l'y rejoindre.

M. FÉRÉOR.

Eh bien, Gaspard, as-tu du nouveau? Sais-tu ce qu'ils disent du renvoi d'Urbain?

GASPARD.

Je crois bien, Monsieur. Il y en a qui sont effrayés....

M. FÉRÉOR.

C'est bon! Tout juste ce que je voulais.

GASPARD.

D'autres sont mécontents et trouvent Monsieur trop sévère.

M. FÉNÉON.

Ils en verront bien d'autres s'ils ne suivent pas mes ordres. Et Soivrier?

GASPARD.

M. Soivrier n'est pas trop content, Monsieur. Il aimait Urbain. Mais je ne me permettrai pas d'ennuyer Monsieur de ce que j'entends dire.

M. FÉNÉON.

Je t'ordonne de dire tout.

GASPARD

Puisque Monsieur l'ordonne, j'obéirai, comme c'est mon devoir pour tout ce que Monsieur veut bien me commander. M. Chrétien a causé avec M. Soivrier du renvoi d'Urbain ; ils ont beaucoup blâmé la dureté de Monsieur ; ils ont parlé de faire rentrer Urbain sans le faire savoir à Monsieur. M. Soivrier veut le mettre dans l'atelier des creusets, parce que Monsieur n'y entre jamais ; puis il le mettra dans l'atelier des barres de cuivre à détirer.

M. FÉNÉON.

Nous verrons bien! Comment Soivrier, qui avait ma confiance, a-t-il des sentiments aussi mauvais, aussi perfides?

GASPARD.

C'est probablement, Monsieur, pour contenter les parents d'Urbain ; M. Chrétien leur a demandé

Gaspard se tint, à une heure, près du pont. (Page 167.)

Mlle Céline, ils ont répondu : « Vous l'aurez quand
« vous aurez fait donner à Urbain une belle position
« dans les ateliers de M. Féréor. »

M. FÉRÉOR.

Mais Soivrier, qui ne demande pas Mlle Céline,
comment aide-t-il Chrétien à me tromper?

GASPARD.

Monsieur sait qu'ils sont amis d'enfance, que
c'est M. Soivrier qui a fait entrer M. Chrétien; alors
ils marchent d'ensemble. »

M. Féréor causa encore quelque temps avec Gaspard; il fut de plus en plus satisfait de son intelligence et de ses études, crut en son dévouement et en sa sincérité, et le quitta après lui avoir donné l'assurance qu'aussitôt qu'il aurait travaillé à tous les ateliers l'un après l'autre et qu'il serait arrivé à bien faire dans chacun des ateliers, il monterait en grade et aurait un poste de confiance. M. Féréor songea à faire partir Soivrier; pourtant, la difficulté de le remplacer pour toutes les affaires qu'il menait avec une activité et une intelligence rares, le décida à le conserver, mais avec une surveillance rigoureuse, qu'il confia à Gaspard, en lui recommandant la plus grande prudence vis-à-vis de Soivrier, qui resta ainsi à son poste.

Les choses allèrent leur train pendant deux ans environ. Gaspard mettait à profit ses conversations du jeudi et du lundi pour arrêter les faveurs naissantes, comme il l'avait fait pour Urbain, et surtout pour gagner de plus en plus la confiance, presque l'amitié de son maître. Il était espionné à son tour par deux contremaîtres, et il ne le savait pas. Ces espions n'eurent jamais que du bien à en dire. Jamais un manquement de service, jamais de relâchement dans son zèle, dans son activité; jamais une parole imprudente, jamais le plus léger blâme contre M. Féréor. Soumission parfaite, admiration profonde, dévouement absolu, respect constant, tels furent les sentiments que Gaspard faisait toujours paraître pour M. Féréor. Cet homme, qu'on trouvait dur, orgueilleux, égoïste, fut enfin touché des avantages que lui offraient l'intelligence et l'affection de Gaspard. Il n'avait jamais rencontré de véritable dévouement, d'affection vraie, de reconnaissance sincère. Ses bienfaits avaient toujours été payés d'ingratitude. Partout il avait vu l'intérêt personnel l'emporter sur le devoir. Cet égoïsme général l'avait rendu sévère jusqu'à la dureté, inexorable jusqu'à l'inhumanité, dédaigneux jusqu'à l'orgueil. La méfiance et l'égoïsme régnaient seuls dans son cœur, qui ne s'était jamais ouvert à aucun sentiment affectueux. Ce qu'il voyait de la conduite de Gaspard, ce qu'il savait de ses sentiments, le disposèrent favorablement en sa faveur. Il résolut de lui donner une position plus indépendante que celle de simple ouvrier : il le chargea de la direction d'un atelier de bobines, et d'une surveillance générale des ateliers de fils de fer et de laiton.

PREMIÈRES HABILETÉS

Gaspard, honnête, exact, actif et capable, mena ses ateliers de telle façon, que jamais M. Féréor n'y trouva rien à blâmer, rien à changer, rien à perfectionner. Tout y marchait avec une entente, un ordre, une économie merveilleux.

M. Féréor, généreux une fois dans sa longue vie, porta en quelques années les appointements de Gaspard à mille francs, puis à deux mille, et enfin à trois mille.

A chaque augmentation, Gaspard faisait paraître une reconnaissance et une joyeuse surprise qui flattaient l'amour-propre du vieux Féréor; il vantait sans cesse la générosité, la bonté de son excellent maître; ces paroles, rapportées par les espions, augmentaient sa faveur.

De temps à autre les paroles du maître d'école revenaient à l'esprit de Gaspard; sa conscience n'était pas tranquille. Il sentait bien qu'il n'avait pas assez d'affection pour ses parents et que M. Féréor n'était pour lui que le moyen d'arriver au but de ses désirs; malgré lui, son cœur sec et égoïste lui reprochait quelquefois sa conduite envers ses camarades. Chaque jour il faisait un nouveau progrès dans la confiance de son maître, mais l'ambition qui le dévorait ne lui laissait que la joie d'un succès qu'il sentait n'être pas à l'abri de tous blâme.

⁂

XIII

L'HÉRITAGE

Pendant que Gaspard avançait doucement, mais constamment, dans le chemin de la fortune, le père Thomas et Lucas continuaient leur vie utile et occupée. Gaspard ne venait pas les voir souvent; le dimanche était son seul jour de liberté; M. Féréor venait généralement passer le dimanche à son petit château de l'usine; il aimait à y trouver Gaspard, qui n'avait garde de perdre ces occasions de mieux s'emparer de l'esprit de son maître, et qui l'accompagnait partout, lui sacrifiant avec plaisir, disait-il, sa visite chez ses parents. Gaspard disait vrai; son but principal étant la fortune et la position, il était réellement plus satisfait d'être aux ordres du vieux Féréor, qu'il commençait à aimer réellement, et duquel dépendait son avenir, que d'aller voir ses parents qu'il n'aimait guère, et qui lui étaient devenus inutiles.

Lucas ne laissa pas tomber l'affaire des arbres du père Basile; il la poursuivit si bien que, huit jours après la découverte de Gaspard, Basile fut obligé de tout arracher et de planter six pieds plus loin.

L'absence de Gaspard fit mieux comprendre à Lucas la nécessité de savoir lire et écrire, et il continua ses leçons à l'école jusqu'à ce qu'il sût lire couramment et écrire sans difficulté.

Un jour, le père Thomas reçut une lettre cachetée en noir; Lucas était aux champs; il fallut attendre son retour pour savoir ce qu'elle contenait.

« Lucas! Lucas! cria Thomas du plus loin qu'il l'aperçut, revenant à pas lents comme un garçon harassé de fatigue. Viens vite, Lucas : il y a une lettre à lire. »

Lucas hâta le pas et eut bientôt rejoint son père.

« Tiens, Lucas, lis vite; je ne sais ce que c'est; une lettre encadrée de noir! »

Lucas ouvrit; c'était une lettre d'un notaire annonçant la mort d'une vieille cousine qui s'était mariée et avait quitté le pays depuis plus de quarante ans, à laquelle personne ne pensait, mais qui n'avait pas oublié sa famille et son pays, et qui, n'ayant pas d'enfant, léguait toute sa fortune à son cousin Thomas, qu'elle avait toujours aimé de préférence aux autres.

La surprise de Thomas fut grande.

« Tiens, cette bonne cousine! C'est que je me la rappelle très bien à présent; nous étions tou-

Un jour, le père Thomas reçut une lettre cachetée en noir.

jours bons amis; c'était toujours moi qui prenais sa défense quand on la tracassait. Et quand elle s'est mariée avec un négociant du Midi, je faisais toujours taire les mauvais plaisants qui la blâmaient de quitter le pays.... Et à combien se monte l'héritage? »

Lucas continua la lecture de la lettre; il y avait environ deux cent mille francs à recevoir, la plus grande partie en terres, le reste en argent. Le notaire ajoutait que l'héritier devait venir le plus tôt possible prendre possession du tout et payer les droits de succession.

THOMAS.

Comment veut-il que j'y aille? Est-ce que je puis abandonner ma ferme, mon chez-moi, pour courir après cette fortune? J'ai bonne envie de planter là le notaire et son héritage, et de lui faire savoir qu'il arrange le tout pour le mieux et sans moi.

LUCAS.

Attendez, mon père, ne vous pressez pas. Consultez Gaspard : il connaît tout ça, lui, il vous donnera un bon conseil.

THOMAS.

Si tu y allais, Lucas? Il vient si rarement; nous serons peut-être un mois sans le voir, si nous n'allons pas le chercher.

LUCAS.

Vous avez raison, mon père; tout juste, voici l'heure du dîner; il sera chez lui; j'y vais.

THOMAS.

Tu m'as l'air bien fatigué pour partir sans manger?

LUCAS.

C'est qu'il y avait beaucoup à faire; l'orge est si fournie que nous avons eu de la peine à finir la pièce commencée ce matin.

THOMAS.

Déjà finie? Ah bien! c'est une demi-journée de sauvée; je pensais bien en avoir pour la journée entière. Mais tu vas dîner avant de partir?

LUCAS.

Pour ça, non. Je laisserais passer l'heure pour Gaspard, et vous savez qu'une fois dans les ateliers, il est impossible de l'approcher.

THOMAS.

Oui, oui, je sais bien. M. Féréor, qui m'a rencontré l'autre jour, m'a fait compliment sur son exactitude, et m'a dit que je n'avais pas à m'inquiéter de son avenir, qu'il s'en chargeait.

LUCAS.

Je vais donc avaler bien vite une assiettée de soupe, et je pars. »

Lucas avala, comme il l'avait dit, plutôt qu'il ne la mangea, une petite assiettée de soupe, et courut à l'usine. Gaspard dînait seul dans sa chambre : il fut surpris de la visite de Lucas.

GASPARD.

Que veux-tu à cette heure-ci? Est-ce qu'il y a quelqu'un de malade à la maison?

LUCAS.

Non, non, tous en bon état; je viens te consulter pour une affaire.

GASPARD.

Est-ce que j'ai le temps? Adresse-toi au maître d'école : il en sait assez pour les affaires que tu as à traiter.

LUCAS.

Mais non; il s'agit d'un héritage de deux cent mille francs. Que veux-tu qu'il y fasse?

GASPARD.

Un héritage! Deux cent mille francs! De qui donc?

LUCAS.

Une vieille cousine Danet, morte à Bordeaux, et qui a tout laissé à mon père. Il ne sait comment faire.

GASPARD.

Deux cent mille francs! répéta Gaspard tout pensif. Écoute, laisse-moi la lettre; je la lirai, j'y réfléchirai, et peut-être pourrai-je éviter à mon père l'ennui d'y aller.

LUCAS.

Et quand pourrai-je venir chercher la réponse?

GASPARD.

Après-demain; demain peut-être. Je te le ferai savoir par le petit Henri, qui passe par chez vous tous les soirs en revenant de l'usine. Adieu, Lucas, adieu; va-t'en, je suis pressé.

LUCAS.

Au revoir, Gaspard; et dépêche-toi, car mon père est tout tracassé de cette lettre.

GASPARD.

Tracassé? Il n'y a pas de quoi. Deux cent mille francs! C'est un joli magot.

LUCAS.

Oui; mais s'il faut qu'il y aille, il aime mieux faire des sacrifices.

GASPARD.

Je te dirai tout ça. Va-t'en, il faut que je parte. »

Et, sans attendre l'adieu de Lucas, Gaspard partit en courant pour se rendre à l'atelier et constater l'heure du retour de chacun; les retardataires étaient marqués impitoyablement : aucune considération ne pouvait empêcher Gaspard de faire son devoir.

Lucas revint en courant à la ferme. On finissait de dîner comme il entrait. Les ouvriers retournaient au travail.

LA MÈRE.

Pauvre garçon, es-tu rouge et essoufflé! J'ai tenu ton dîner au chaud. Mets-toi à table, mon ami, et repose-toi; tu sembles rendu de fatigue.

LUCAS.

Je suis fatigué, mère, c'est vrai; mais, quand j'aurai mangé, il n'y paraîtra plus.... Gaspard était pressé; il n'a pas eu le temps de lire la lettre du notaire et de me donner son avis, mais il nous rendra réponse demain ou après-demain au plus tard. Il espère que vous pourrez vous dispenser de faire le voyage, mon père.

THOMAS.

S'il y arrive, il m'aura rendu un fier service, et je lui donnerai une bonne récompense. Quelle chance que cet héritage! Je ne pensais pas plus à la cousine que si elle n'avait jamais existé.... Tiens, voici le petit Guillaume. Que veux-tu, mon garçon? Tu nous trouves bien joyeux. La vieille cousine Danet vient de mourir.

GUILLAUME.

Et c'est cela qui vous réjouit?

THOMAS.

Cela et autre chose; tu m'as coupé la parole sans me donner le temps d'achever.

GUILLAUME.

Dame! ça paraît drôle de voir rire en parlant d'une parente morte.

THOMAS.

Mais tais-toi donc, et laisse-moi parler.

GUILLAUME.

Ma foi, j'en sais assez, je ne tiens pas à savoir le reste. Vous allez me faire oublier ma commission. Mon père vous fait demander de lui envoyer une pièce de cidre, parce qu'il a du monde et qu'il n'a plus de boisson à leur donner.

THOMAS.

Comment s'est-il laissé manquer de boisson? Je ne peux pas lui en envoyer aujourd'hui : je suis trop pressé par le travail.

GUILLAUME.

Il vous enverrait une voiture pour ramener la pièce. Il sait que vous en avez à vendre, c'est pour ça qu'il vous la fait demander.

THOMAS.

Dis-lui que s'il veut l'envoyer chercher, c'est bon; autrement il ne l'aura que demain.

GUILLAUME.

J'y vais et je reviens de suite.

— N'oublie pas la passe », lui cria le père Thomas.

Guillaume partit en courant.

THOMAS.

Quel drôle de garçon! Le voilà parti sans savoir que la cousine me laisse deux cent mille francs.

LUCAS.

Il n'y a pas de mal, mon père : il vaut mieux qu'on ne le sache pas au pays.

THOMAS.

Tiens, pourquoi ça?

LUCAS.

Parce que tout le monde vous tomberait sur le dos pour emprunter, l'un cent francs, l'autre cinq cents; d'autres plus, peut-être. Si vous les prêtez, vous risquez de tout perdre ou d'avoir des procès qui vous mangeront votre argent et qui vous ennuieront par-dessus le marché.

THOMAS.

Tu as raison, mon ami, tu as raison. Je n'en dirai mot à personne. »

Lucas avait fini son dîner ; il alla rejoindre les ouvriers avec le père Thomas.

THOMAS.

Quand Guillaume reviendra avec sa voiture, tu nous préviendras, femme ; nous sommes toujours dans la grande prairie au bout du bois.

LA MÈRE THOMAS.

Oui, sois tranquille ; je t'appellerai. »

Elle n'attendit pas longtemps ; avant une demi-heure, Guillaume arrivait avec la charrette ; la mère Thomas envoya chercher son mari et du monde pour livrer la pièce, et il repartit comme il était venu.

Une heure s'était à peine écoulée depuis le départ du petit Guillaume, que le père Guillaume accourait tout effaré à la ferme. La mère Thomas y était seule.

GUILLAUME.

La passe, mère Thomas, la passe ; les gendarmes demandent la passe ; Guillaume l'a perdue, je pense bien ; c'est cinquante francs d'amende si elle ne se retrouve pas.

LA MÈRE THOMAS.

Il n'y a rien ici, mon père Guillaume ; voyez vous-même. Comment se fait-il qu'il ait perdu la passe ?

GUILLAUME.

Il prétend l'avoir emportée ; il ne l'a plus, c'est donc qu'il l'a perdue.

LA MÈRE THOMAS.

Avez-vous bien cherché dans ses poches ?

GUILLAUME.

Pour ça, oui, c'est moi-même qui l'ai fouillé, et rudement, je vous assure. Il ne m'en fait pas d'autres, ce polisson. Il oublie tout, il brouille tout. Savez-vous ce qu'il présente aux gendarmes en guise de passe? un vieux reçu d'impositions d'il y a trois ans. Et c'est qu'il leur soutenait que c'était bien ça. On l'a mené chez le buraliste, qui n'y était pas; c'était la femme qui faisait le bureau, elle ne se souvenait de rien. Les gendarmes ont trouvé du louche dans l'affaire, et ils sont là à faire leur procès-verbal.... Cinquante francs d'amende! C'est-il du guignon!

LA MÈRE THOMAS.

Si votre garçon avait su lire, père Guillaume, il n'aurait pas pris un papier pour un autre.

GUILLAUME.

Ah! ne m'en parlez pas. Si c'était à recommencer, je l'obligerais bien à aller à l'école et à savoir lire; mais il est trop grand maintenant; sans compter qu'il a la tête dure et pas de mémoire. Allons, au revoir, mère Thomas. Suis-je vexé, mon Dieu! Ce mauvais drôle! il me les payera en détail, mes cinquante francs. »

Et le père Guillaume s'en alla plus lentement qu'il n'était venu.

XIV

PREMIÈRE AFFAIRE DE GASPARD

Le lendemain du jour où Gaspard avait reçu de Lucas la lettre du notaire de Bordeaux, il était à son poste, près du pont, attendant M. Féréor.

« Je ne puis rien faire sans lui, se disait-il ; et puis ça le flattera que je lui demande conseil.... Je suis fatigué, je n'ai guère dormi cette nuit. C'est qu'il s'agit d'une grosse affaire pour moi ; le commencement de mon avenir, de ma fortune. »

Il n'attendit pas longtemps, M. Féréor était l'exactitude même. Dès que la voiture parut, Gaspard se dirigea vers le bosquet de houx.

Quand ils furent installés, Gaspard se garda bien de parler de son affaire avant que tout l'interrogatoire de M. Féréor fût terminé.

M. FÉRÉOR.

Et toi, Gaspard, as-tu quelque chose de particulier à me dire ?

GASPARD.

Je n'aurais rien, Monsieur, si je ne vous savais si bienveillant, si bon pour moi et de si bon conseil. Il s'agit d'une somme de deux cent mille francs à recouvrer et voici comment, Monsieur. »

M. Féréor dressa les oreilles.

« Deux cent mille francs! C'est une somme, cela. Parle vite, je t'écoute. »

Gaspard lui lut la lettre du notaire. Quand il l'eut finie :

« Voici la difficulté, Monsieur. Il faudrait que mon père y allât, et il ne veut pas y aller, Monsieur; ça le dérange trop, et puis il n'entend rien aux affaires; on le mettrait dedans.

M. FÉRÉOR.

Et quelle est ton idée? Tu dois y avoir réfléchi depuis hier. »

M. Féréor le regardait de son coup d'œil perçant; Gaspard se sentit troublé; il pouvait se perdre comme il pouvait monter dans l'estime de son maître.

M. FÉRÉOR.

Tu as peur, Gaspard?... J'aime assez cela.... C'est un signe que tu entends *les affaires.* »

M. Féréor appuya sur ce mot.

GASPARD.

Monsieur devine juste. J'ai peur! J'ai peur de votre opinion, Monsieur, plus que de celle du monde entier.

« J'ai peur! J'ai peur de votre opinion, Monsieur. »

M. FÉRÉOR.

Voyons, mon ami, rassure-toi; parle sans crainte et bien franchement. Entends-tu? bien franchement.

GASPARD.

Je dirai tout, Monsieur.

M. FÉRÉOR.

Assieds-toi; je prévois que nous en aurons pour quelque temps; mets-toi là, en face de moi, que je te voie bien. »

Gaspard s'assit en face de M. Féréor.

GASPARD.

Monsieur, je veux faire une *affaire* de cet héritage de mon père, mais honnêtement, sans le tromper. »

M. Féréor sourit.

GASPARD.

Une affaire pour moi. Si mon père fait les choses par lui-même, il mangera la moitié de son héritage en notaires, avocats, hommes de lois et paperasses. Je veux lui proposer de me charger de tout, de faire tous les frais, qui se monteront à une cinquantaine de mille francs, à condition de m'abandonner le reste, estimé à deux cent mille francs. Il garderait cent cinquante mille francs, que je lui verserais entre les mains sans aucuns frais. Je resterais maître de l'héritage; si je gagne dessus, comme je l'espère, je vous demanderai de vouloir bien placer mon argent dans vos usines; il me rapporterait ainsi trente ou quarante mille francs par an; ce serait le commencement de ma fortune. »

Gaspard s'arrêta, regardant avec inquiétude M. Féréor qui ne l'avait pas quitté des yeux, et qui continuait son sourire.

Après quelques instants de silence, M. Féréor prit les doux mains de Gaspard et les serra dans les siennes.

« Tout juste ce que j'aurais fait moi-même. C'est tout ce qu'il y a de mieux; personne n'y perdra, et tout le monde y gagnera. »

Gaspard, dans sa joie, baisa la main de M. Féréor. Celui-ci sourit, mais cette fois avec bienveillance.

M. FÉRÉOR.

Encore une question. Dans quel délai t'engagerais-tu à payer cent cinquante mille francs à ton père ?

GASPARD.

Dans un délai de quinze jours, Monsieur.

M. FÉRÉOR.

Où et comment trouveras-tu cent cinquante mille francs ?

GASPARD.

Dans votre caisse, Monsieur; j'espère que vous voudrez bien me les prêter, ayant pour gage l'héritage entier que mon père m'abandonnera en touchant son argent.

M. FÉRÉOR.

Et si je ne te les prête pas?

GASPARD.

Je les emprunterai chez le notaire de Bordeaux, avec l'héritage pour gage de payement.

M. FÉRÉOR.

Bien, Gaspard; tu as tout prévu, tout arrangé; c'est une affaire, bien, très bien raisonnée. Tu auras les cent cinquante mille francs quand tu voudras, et je t'autorise à mettre dans mes usines ce qui te restera de l'héritage; tu gagneras trente ou quarante mille francs par an, comme tu l'as dit.

GASPARD.

Merci, Monsieur; cent fois et toujours merci. C'est vous qui m'avez recueilli, qui m'avez fait instruire, qui m'avez mis à même de me faire une position inespérée; et maintenant vous commencez ma fortune avec cette générosité, cette bonté qui ne se sont jamais démenties.

M. FÉRÉOR.

Je suis bien aise de te rendre service, Gaspard; toi, du moins, tu ne diras pas que je suis avare, dur.

GASPARD, *avec animation*.

Avare! dur! Le plus sagement généreux des hommes! le plus juste et le meilleur des maîtres! Qu'on vienne donc le dire en ma présence! et moi qui ne me suis jamais battu, je tomberais dessus avec toute la force que Dieu m'a donnée.

— Merci, mon ami, » répondit M. Féréor d'une voix presque douce, que Gaspard ne lui avait jamais entendue.

Et M. Féréor sortit après lui avoir encore serré la main.

Gaspard attendit quelques minutes pour laisser à son maître le temps de s'éloigner, puis il entra dans le bois, en sortit par le côté opposé, et revint à l'atelier pour recevoir les ouvriers et leur distribuer leur ouvrage. M. Féréor ne tarda pas à y entrer aussi; il examina le travail, approuva ce qui avait été fait, et dit tout haut à Gaspard :

« Tu vas aller chez ton père, Gaspard ; tu lui diras ce que je t'ai recommandé. Sois revenu dans une heure ; tu me rendras compte de ce qui aura été convenu avec lui.

GASPARD.

Où trouverai-je Monsieur ?

M. FÉRÉOR.

Ici, à côté, dans mon cabinet de travail. »

M. Féréor alla visiter les autres ateliers ; Gaspard se rendit chez son père d'après l'ordre donné.

UN OUVRIER.

Qu'est-ce qu'il y a donc entre le père Thomas et Monsieur ? Quelles affaires peuvent-ils avoir à traiter ensemble ?

DEUXIÈME OUVRIER.

Est-ce qu'on sait ? Monsieur a des affaires de toute espèce.

TROISIÈME OUVRIER.

Mais un fermier ne peut avoir rien à faire avec l'usine.

PREMIER OUVRIER.

Qui sait? Ce n'est pas à nous que Monsieur fera ses confidences.

DEUXIÈME OUVRIER.

Gaspard a de la chance. Monsieur l'a pris en amitié ; c'est lui qui commande à présent. »

Une tête apparut au judas qui donnait sur l'atelier. Tous les yeux se portèrent sur le judas ; chacun se tut et reprit son travail. On avait reconnu un contre-maître.

Gaspard, la joie dans le cœur, courut chez son père. Il était seul avec la mère et Lucas.

GASPARD.

Mon père, je viens vous apporter moi-même la réponse au sujet de la lettre du notaire. Mais je suis pressé, comme vous le savez. Je m'expliquerai en peu de mots. Voici ce que je vous propose. Il faut aller à Bordeaux : il faut y rester jusqu'à ce que l'héritage de la cousine Danet soit entre vos mains. Vous dépenserez beaucoup d'argent et vous perdrez du temps : quelques semaines, quelques mois, peut-être ; mais il vous restera cent cinquante mille francs environ ; ça vaut la peine de se déplacer. »

Le père Thomas était atterré.

THOMAS.

Aller à Bordeaux ! Y rester des semaines, des

mois! Mais je mourrais d'ennui et de tristesse!
Trouve-moi un autre moyen. Je ne veux pas de
celui-là.

GASPARD.

Il y aurait bien un moyen, mais vous refuserez
peut-être.

THOMAS.

C'est égal! dis toujours.

GASPARD.

Ce serait de vendre tous vos droits sur l'héritage, moyennant une somme qu'on vous remettrait
en signant l'acte.

THOMAS.

C'est mieux, ça. Combien faudrait-il demander?

GASPARD.

Cent cinquante mille francs : ce qui vous resterait probablement si vous alliez terminer l'affaire
à Bordeaux; car, l'héritage étant presque tout en
terres et maisons, il y a bien des chances à courir, bien du temps à perdre, bien des avances à
faire.

THOMAS.

Qui est-ce qui pourrait me donner de suite une
aussi forte somme?

GASPARD.

Je m'en charge. M. Féréor est bon et généreux;
il ne me refuserait pas d'en faire l'avance.

THOMAS.

M. Féréor? Bon, généreux! Tu plaisantes?

GASPARD.

Je parle très sérieusement. Je l'ai toujours vu bon et généreux.

THOMAS.

Écoute, si tu crois pouvoir réussir, je te donne mon consentement; arrange le tout pour le mieux.

LUCAS.

Mais, mon père, vous pourriez perdre moins que ce que vous dit Gaspard, si vous essayez d'arranger la chose vous-même.

THOMAS.

Que j'aille à Bordeaux! Pour y mourir? Merci bien. J'aime mieux tenir cent cinquante mille francs que risquer de perdre le tout.

LUCAS.

Mais vous pouvez donner une procuration, charger quelqu'un d'écrire ou d'aller à Bordeaux pour faire votre affaire.

GASPARD.

Tu ne sais pas ce que c'est qu'une affaire de ce genre, toi! Ça dure des années et des années. Sans compter que si on tombe sur un homme malhonnête, on perd tout; l'héritage tout entier y passe.

LUCAS.

Mais je connais des gens qui ont eu des héritages, et qui s'en sont tirés sans perte et sans se donner grand mal.

GASPARD.

Ah bien! arrange l'affaire toi-même alors. Ce

n'était pas la peine de me déranger, moi qui suis toujours si pressé, qui ai tant à faire. Adieu, mon père; adieu, ma mère; Lucas va vous enseigner ce que vous devez faire. Le beau conseiller! Ha! ha! ha!

THOMAS.

Gaspard, ne t'en va pas sans avoir terminé. Et toi, Lucas, tais-toi; tu n'y entends rien, et tu nous fais perdre notre temps. Fais comme tu disais, Gaspard. Fais-moi avoir cent cinquante mille francs, et j'abandonne tout l'héritage; le prendra qui voudra.

GASPARD.

C'est entendu; je vais m'occuper de trouver quelqu'un de sûr et d'honnête. Au revoir bientôt. »
Gaspard partit.

« J'ai eu un instant d'inquiétude, se dit-il. Ce Lucas allait faire tout manquer. Et pourtant l'affaire n'est pas mauvaise pour mon père, tout en étant bonne pour moi. »

L'heure avançait, il hâta le pas, et il eut encore le temps de faire une revue des ateliers avant de se rendre au cabinet de M. Féréor. Il s'aperçut qu'on avait plus causé que travaillé; il marqua le nom de quelques ouvriers dont l'ouvrage était en retard, et à l'heure exacte il alla attendre M. Féréor. Comme il arrivait, M. Féréor entrait aussi.

M. FÉRÉOR.

Voilà ce qui s'appelle être exact. Y a-t-il longtemps que tu es ici?

GASPARD.

J'arrive, Monsieur; j'ai pris le temps de faire une revue de mes ateliers.

M. FÉRÉOR.

Et as-tu été content?

GASPARD.

Pas tout à fait, Monsieur; on aurait pu faire mieux; il y a eu du temps de perdu, et le temps ne se retrouve pas, comme de l'argent ou des effets. J'ai marqué sept bobines qui n'ont pas marché comme il faut.

M. FÉRÉOR.

Le petit Dumas en est-il?

GASPARD.

Oui, Monsieur; il est en tête.

M. FÉRÉOR.

Ça me contrarie; il ne va pas bien, ce garçon. Toujours marqué! C'est dommage! Un garçon vif, intelligent. J'espérais faire quelque chose de lui.... »

M. Féréor resta pensif quelques instants.

M. FÉRÉOR.

Gaspard, quand tu seras retourné à l'atelier, envoie-moi le petit Dumas.

GASPARD.

Oui, Monsieur. »

Gaspard attendit que M. Féréor l'interrogeât.

M. FÉRÉOR.

Eh bien, que dit ton père?

GASPARD.

Il a fini par consentir, Monsieur.

M. FÉRÉOR.

Ah! Il y a donc eu de la résistance?

GASPARD.

Un peu, Monsieur. C'est Lucas qui craignait que mon père n'y perdît.

M. FÉRÉOR.

Raconte-moi comment les choses se sont passées. Et n'oublie rien, tes paroles tout comme celles des autres.

GASPARD.

J'obéirai, Monsieur. »

Et Gaspard commença le récit de sa conversation avec son père. Quand il arriva à sa défense de la bonté et de la générosité de M. Féréor, celui-ci fit un mouvement de satisfaction : il examina plus attentivement encore la physionomie de Gaspard. Lorsqu'il eut fini de parler :

M. FÉRÉOR.

Gaspard, penses-tu ce que tu as dit?

GASPARD.

En toute vérité, Monsieur.

M. FÉRÉOR.

C'est bien. Lucas n'est pas bête. Tu as bien arrangé ton affaire. Il faut la terminer au plus vite, pour ne pas leur donner le temps de consulter des amis... qui les tromperaient. Tu viendras ce soir à la ville chez moi et avec moi; tu m'amèneras mon notaire, il rédigera l'acte devant moi, il le copiera; demain tu le feras signer à ton père, et ce sera le commencement de ta fortune.

GASPARD.

Monsieur aura-t-il la bonté de faire mettre dans l'acte qu'après la mort de mon père, le bénéfice que j'aurai retiré de ces deux cent mille francs me sera compté comme héritage, et que mon frère Lucas reprendra la même somme dans la fortune de mon père?

M. FÉRÉOR.

Je le dirai au notaire. Ce que tu fais là est généreux; c'est plus qu'honnête. Je repars dans deux heures; sois prêt.

GASPARD.

A qui faudra-t-il laisser la surveillance de mes ateliers, Monsieur?

M. FÉRÉOR.

A Soivrier; il n'y a que lui d'à peu près sûr. »

M. Féréor congédia Gaspard d'un signe de la main.

Il resta quelques instants immobile et pensif.

« Est-ce qu'il m'aimerait, par hasard? se demandait-il. C'est impossible! Personne ne m'a jamais aimé, et je n'ai jamais aimé personne. C'est singulier, tout de même! Il y a six ans que je l'ai, et..., et... je ne me sens pas le même pour lui que pour les autres.... Si j'avais un fils comme lui!... Un fils!... Enfin! je verrai plus tard à me l'attacher, de manière que sa fortune dépende de moi seul... et que mes intérêts soient les siens. »

Il réfléchit longtemps, se leva et sortit.

XV

COMPLÉMENT DE L'AFFAIRE DE GASPARD
FUREUR DU PÈRE THOMAS

Quand Gaspard eut quitté ses parents, Lucas dit à son père qu'il n'aurait pas dû tant se presser de donner son consentement.

LUCAS.

Gaspard va trop vite, mon père. Vous auriez dû attendre avant de vous décider.

THOMAS.

Attendre quoi? Que je me fasse du mauvais sang à me rendre malade? Puisque je n'en dormais plus!

LUCAS.

J'aurais voulu porter au notaire de la ville la lettre de celui de Bordeaux, et vous auriez su au juste si vous pouviez avoir l'héritage sans y aller vous-même.

THOMAS, *sèchement*.

La chose est conclue avec Gaspard, il n'y a pas

à y revenir, et je toucherai mes cent cinquante mille francs sans m'occuper du reste. »

Lucas ne dit plus rien; comme disait son père, la chose était terminée.

En effet, deux jours après, pendant qu'on dînait, ils virent avec surprise entrer M. Féréor accompagné du notaire et de Gaspard.

M. FÉRÉOR.

Ne vous dérangez pas, mère Thomas. Restez tous à table; père Thomas, nous allons passer dans la chambre à côté pour l'affaire que vous savez. »

Le père Thomas, interdit, se leva, ouvrit la porte de la chambre et y introduisit M. Féréor et sa suite. Le notaire lut l'acte, auquel le père Thomas ne comprit pas un mot, et il lui passa la plume pour signer.

« Mais, Monsieur,... dit le père Thomas.

— Quoi? Qu'est-ce que c'est? reprit M. Féréor de ce ton sec et froid qui faisait peur à tout le monde; croyez-vous que moi et Gaspard nous voulions vous tromper? on vous a lu l'acte; voulez-vous, oui ou non, recevoir immédiatement cent cinquante mille francs et renoncer à l'héritage Danet?

— Oui, Monsieur; certainement, Monsieur, répondit le père Thomas terrifié; je voulais seulement savoir....

— Signez », dit M. Féréor en lui présentant la plume.

Le notaire.

Le père Thomas, tremblant, signa.

Gaspard signa à son tour, puis M. Féréor.

Le notaire tira de sa poche un paquet cacheté, qu'il présenta à M. Féréor.

M. Féréor reçut le paquet, déchira l'enveloppe, et compta cent cinquante billets de mille francs, qu'il présenta au père Thomas.

« Faites signer le reçu », dit M. Féréor au notaire.

Le notaire passa un papier au père Thomas, qui le signa sans savoir ce qu'il faisait. M. Féréor se leva, dit à Gaspard de le suivre, au notaire de rester, et sortit après avoir dit adieu de la main.

M. FÉRÉOR.

As-tu dit au notaire de faire les démarches nécessaires pour te faire livrer l'héritage ?

GASPARD.

Oui, Monsieur, tout est convenu.

M. FÉRÉOR.

Te voilà propriétaire ; reste à savoir de combien. Je veux être au courant de cette affaire ; il faut que cet argent soit le commencement de ta fortune ; j'ai commencé avec moitié moins, et, sans être aidé de personne, je suis arrivé en peu d'années à des millions. Il faut que tu fasses de même ; je suis là pour t'épauler, et je veux que ta fortune se fasse bien et vite. »

Gaspard savait que M. Féréor n'aimait pas les remerciements prolongés ni les élans de reconnaissance : il se borna donc à saisir la main de M. Féréor et à la baiser en disant :

« Mon généreux bienfaiteur ! »

M. Féréor fut plus flatté de ces trois paroles que de longues phrases de reconnaissance qui l'eussent ennuyé, et auxquelles il n'aurait pas cru. Avec ce que lui avait dit Gaspard, il se sentait très satisfait. Il avait été réellement généreux dans cette affaire, et il se reconnaissait le bienfaiteur de Gaspard.

Le notaire, qui était resté chez Thomas, devait lui expliquer l'acte, qu'il ne comprenait pas. Il en avait le double pour Thomas.

Lucas fut celui des trois qui comprit le mieux. Voyant que les explications du notaire restaient inutiles, il prit la parole.

LUCAS.

Voilà ce que c'est, mon père. C'est Gaspard qui fait l'affaire avec vous. Vous lui avez rendu ou cédé tout l'héritage de la cousine Danet, moyennant cent cinquante mille francs que Gaspard vous a payés, et dont vous avez signé le reçu. De plus, Gaspard s'engage à vous informer du chiffre net de l'héritage de la cousine, pour que moi, Lucas, je n'aie pas moins que lui après votre mort. Voilà tout.

LE NOTAIRE.

Très bien, Lucas ; tu as parfaitement expliqué l'affaire en peu de mots. Vous n'avez donc à vous tourmenter de rien, père Thomas ; rien à faire qu'à placer votre argent. Si vous en êtes embar-

Le notaire lut l'acte. (Page 204.)

rassé, je m'en charge; je vous ferai un placement sûr et avantageux.

THOMAS.

Faites pour le mieux, Monsieur; j'ai toute confiance en vous. Me voici débarrassé de cet héritage; je n'ai plus à m'en occuper que pour faire dire des messes pour la cousine décédée. »

Le notaire remit au père Thomas copie de l'acte et sortit.

LUCAS.

Mon père, laissez-moi lire l'acte; il y a à la fin quelque chose que je n'ai pas bien compris. »

Lucas lisait bien; il lut donc facilement, quoique l'écriture ne fût pas très lisible. Arrivé à la dernière phrase, il lut haut :

« Les frais d'enregistrement et de notaire seront à la charge du vendeur. »

« Qu'est-ce que cela veut dire?

THOMAS.

Tiens, je n'avais pas remarqué cet article.

LUCAS.

Je l'avais bien entendu, mais je ne m'en rendais pas bien compte. Vous auriez donc quelque chose à payer sur vos cent cinquante mille francs?

THOMAS.

Rien du tout; Gaspard me l'a bien dit et répété.

LUCAS.

Quand vous irez à la ville, parlez-en donc au notaire.

THOMAS.

Je veux bien, mais il ne peut pas dire autrement que Gaspard.

LUCAS.

Voyez toujours : ce sera plus sûr. »

Thomas, un peu inquiet, alla voir le notaire dès le lendemain.

THOMAS.

Monsieur, expliquez-moi donc la dernière phrase de notre contrat d'hier.

LE NOTAIRE.

Volontiers, père Thomas,... elle est très claire : vous aurez à payer les frais d'enregistrement et de notaire : dix-huit mille francs.

THOMAS.

Je ne les payerai pas. Gaspard m'avait dit que je n'aurais rien à payer.

LE NOTAIRE.

Pour la vente, non; mais pour l'héritage, c'est vous qui devez payer les frais : il y a droits d'héritage et droits de vente.

THOMAS.

Bah ! je n'entends pas tout ça, moi ; je ne payerai pas un liard.

LE NOTAIRE.

Il faudra bien que vous payiez, du moment que vous avez signé.

THOMAS.

Mais c'est une volerie, une coquinerie.

LE NOTAIRE.
Il fallait vous expliquer plus tôt.

THOMAS.
C'était tout expliqué, puisque Gaspard m'avait dit....

LE NOTAIRE.
Les paroles ne comptent pas en justice, ce sont les écrits qui font foi. »

Thomas eut beau crier, se mettre en colère, le notaire ne céda rien ; il consentit seulement à en reparler à Gaspard.

Thomas rentra fort en colère.

THOMAS.
Tu avais raison, mon Lucas. Ils m'ont friponné ; Gaspard me vole dix-huit mille francs, et M. Féréor le soutient, à ce qu'il paraît. Ah mais ! cela ne finira pas comme il l'entend. Je le déshériterai, je te laisserai tout ce que j'ai ; c'est toi qui auras la ferme, l'argent, les cent cinquante mille francs, tout enfin. Et ce gueux, ce voleur de Gaspard s'arrangera avec son Féréor, que je voudrais voir ruiné, cassant des pierres sur la grand'route. Les filous ! les voleurs ! les gredins !

LA MÈRE THOMAS.
Voyons, Thomas, calme-toi. A quoi ça sert de crier ?

THOMAS.
Ça sert à décharger son cœur et à se contenter. Qu'il vienne, ce drôle de Gaspard, et il verra

comme je le recevrai; il aura une raclée soignée, tout monsieur qu'il est. Et si son Féréor vient avec lui, je le mettrai à la porte à coups de pied. Le coquin ! »

Le notaire avait été voir M. Féréor pour lui raconter la colère de Thomas.

M. Féréor sonna.

« Faites venir Gaspard, dit-il à l'homme qui avait répondu à la sonnette.

LE NOTAIRE.

Que décidez-vous, Monsieur? Faut-il laisser les choses comme elles sont.

M. FÉRÉOR.

C'est Gaspard qui décidera; je n'ai rien à faire dans tout cela.

LE NOTAIRE.

Vous pourriez donner un bon conseil, Monsieur.

M. FÉRÉOR, *sèchement*.

Je ne donne jamais de conseil, Monsieur; je blâme ou j'approuve, j'ordonne ou je défends : je ne conseille jamais. »

Gaspard entra.

M. FÉRÉOR.

Parlez, Monsieur, racontez à ce jeune homme ce que vous venez de me dire. »

Le notaire commença le récit de la scène avec Thomas.

Gaspard fronça le sourcil, regarda M. Féréor qui ne le regardait pas, réfléchit un instant.

GASPARD.

Veuillez, Monsieur, effacer cette clause, ou bien, si effacer est impossible, portez à mon père un acte qui dise clairement que je me charge de ce payement.

M. FÉRÉOR.

Pourquoi renonces-tu à une somme aussi considérable ?

GASPARD.

Parce que votre nom figure dans l'acte, Monsieur, pour le versement des cent cinquante mille francs ; parce que vous avez bien voulu être présent à la lecture de l'acte ; parce que mon père est très violent ; que dans son emportement il pourrait mal parler de vous, Monsieur, et je veux que votre nom soit prononcé toujours et partout avec respect et reconnaissance. »

M. Féréor leva les yeux sur Gaspard ; son regard était presque affectueux.

M. FÉRÉOR.

Effacez, Monsieur, dit-il au notaire ; faites comme le veut Gaspard ; ayez l'obligeance d'aller voir le père ; dites-lui que cette clause nous a échappé à moi et à Gaspard, que c'est une erreur de formalité, et que Gaspard se charge de tout. Gaspard, ajouta-t-il en se tournant vers lui et en lui tendant la main, tu as bien fait et je t'approuve. »

Il se leva et sortit.

M. Féréor alla s'asseoir dans son bosquet de

houx. Il repassa dans sa mémoire les services que lui avait rendus Gaspard, l'attachement constant qu'il lui avait témoigné, l'entente parfaite de leurs idées ; il sentait naître dans son cœur, toujours sec et muet, un commencement d'affection et de confiance qui le surprit et le réjouit. Au lieu de se sentir seul dans le monde, sans intérêt autre que celui de s'enrichir et de se faire un nom connu, il entrevoyait un avenir d'affection. Seul, sans enfants, avec des parents éloignés qu'il n'aimait pas, il se demanda pour qui seraient ses richesses et sa gloire. Une vague idée de s'attacher Gaspard pour la vie par l'adoption se présenta à lui, mais il la repoussa.

« Il faut attendre, pensa-t-il. Je verrai plus tard. »

Le notaire fit l'acte demandé par Gaspard, le lui fit signer, et se dirigea vers la demeure du père Thomas. Quand il parut, la figure de Thomas se contracta.

THOMAS.

Que me voulez-vous encore, Monsieur le notaire? Me voler ce qui me reste? J'ai, pour me défendre contre les voleurs, des poings qui ont plus de force que les vôtres, et des gourdins qui vous couperont la parole avant que vous ayez commencé.

LE NOTAIRE.

Mais, père Thomas....

THOMAS.

Taisez-vous; je ne veux pas que vous prononciez mon nom : il est trop honnête pour passer par votre bouche.

LE NOTAIRE.

Mais écoutez-moi; vous verrez....

THOMAS.

Je n'ai plus rien à voir; je ne veux rien voir.

LE NOTAIRE.

Mais Gaspard vous envoie....

THOMAS.

Gaspard est un gueux, un voleur comme son maître. Je ne veux pas entendre parler de lui.

LE NOTAIRE.

Mais c'est pour vous garantir....

THOMAS.

Je ne veux pas de sa garantie. Aidé de son gredin de Féréor, il peut me voler les cent trente mille francs qu'il m'a laissés, mais dites-leur que Gaspard n'aura rien de mon héritage : je donnerai tout à Lucas, tout, ferme, argent, meubles, tout.

LE NOTAIRE.

Puisque Gaspard veut....

THOMAS.

Je ne m'occupe pas de ce qu'il veut, ni de ce que veut son maître, ni de ce que vous voulez, vous qui êtes leur conseil et leur ami.

LE NOTAIRE.

Ah çà! père Thomas, vous m'ennuyez à la fin....

THOMAS.

Ah! je t'ennuie, voleur, brigand. Attends, je vais te donner bien plus d'ennui avec mon gourdin. »

Le père Thomas se précipita dans la chambre à côté; quand il revint armé d'un formidable bâton, le notaire n'y était plus : il avait prudemment fui la colère insensée de son terrible client. Il retourna chez M. Féréor et lui rendit compte de ce qui s'était passé.

LE NOTAIRE.

Il m'a été impossible de m'expliquer, Monsieur : il m'interrompait dès les premiers mots pour m'agoniser de sottises en compagnie de Gaspard et... de vous-même, Monsieur. Je ne sais comment faire. C'est un enragé que cet homme. Je me suis sauvé pendant qu'il était allé chercher un gourdin pour m'assommer. »

M. Féréor fit plus que sourire, il rit franchement.

« Voilà une affaire qui n'est pas agréable pour vous, mon cher. Un notaire assommé dans l'exercice de ses fonctions, c'est à mourir de rire! »

Le notaire, qui avait eu une peur effroyable, fut très scandalisé que M. Féréor, au lieu de le plaindre et de le rassurer, tournât la chose en plaisanterie.

LE NOTAIRE.

A mourir de rire pour vous, Monsieur, mais pas pour moi, ni pour Gaspard.

M. FÉRÉOR.

Gaspard! je parie qu'il s'en tirera à merveille. »
M. Féréor sonna.

« Envoyez-moi Gaspard. Asseyez-vous, mon cher; vous êtes tout effrayé encore. Un notaire battu! ah! ah! ah! mais ça ne s'est jamais vu. »

Gaspard entra.

« Monsieur m'a demandé?

M. FÉRÉOR, *souriant*.

Oui, oui; voici Monsieur qui revient de chez ton père. Racontez vos aventures, Monsieur, racontez. »

Le notaire hésita entre le mécontentement que lui causait la gaieté de M. Féréor et la crainte de perdre un pareil client. La prudence l'emporta sur l'humeur, et il recommença le récit court, mais vif, de la réception du père Thomas. Gaspard parut fort contrarié.

GASPARD.

Je vous demande pardon pour mon père, Monsieur; quand il est en colère, il ne sait plus ce qu'il dit ni ce qu'il fait, surtout quand il a bu un coup de trop. Monsieur, ajouta-t-il en s'adressant à M. Féréor, puis-je m'absenter pendant l'heure du dîner?

M. FÉRÉOR.

T'absenter, mon ami? mais comment dîneras-tu?

GASPARD.

Oh! quant à cela, Monsieur, je mangerai un morceau en allant. L'atelier n'y perdra rien, Monsieur. Vos affaires ne doivent pas souffrir à cause des miennes.

M. FÉRÉOR.

Bien, bien, mon ami; va vite, pars.

GASPARD.

Pas encore, Monsieur; il s'en faut d'un bon quart d'heure que la cloche du dîner sonne, et Monsieur sait que si je m'absente, il y aura du temps de perdu et du désordre dans le départ.

— Tu as raison, tu as raison, sage Gaspard, dit en souriant M. Féréor, que l'exactitude de Gaspard prenait par son faible. Fais comme tu voudras. »

Gaspard attendit donc que tous les ouvriers fussent partis et que la porte de l'atelier fût fermée. Il prit un morceau de pain et se dépêcha d'arriver chez son père. Son entrée surprit et effraya sa mère et Lucas. Il ne donna pas à son père le temps de parler et de l'interrompre.

GASPARD.

Vous avez raison d'être en colère, mon père. Ces dix-huit mille francs sont une erreur, une sottise du notaire.

— Comment ça? demanda Thomas qui se méfiait encore.

GASPARD.

Parce qu'il y a en effet doubles droits à payer : les vôtres pour hériter et les miens pour acheter. Il n'en avait pas été question lorsqu'il nous a lu l'acte à M. Féréor et à moi; je m'engageais à payer le tout, sans faire la différence que font les notaires. Quand j'ai su votre réclamation, je l'ai trouvée très juste, et je vous ai envoyé de suite, par le notaire, un papier signé de moi, qui reconnaissait l'erreur. Au lieu de l'écouter, vous lui avez fait une peur épouvantable; vous avez voulu l'assommer; il est revenu de chez vous blanc comme un linge.

THOMAS.

Ah! ah! ah! c'est bien fait; ça lui apprendra à faire des erreurs. Il m'a mis dans une colère! Pour un rien je l'aurais assommé. Comment as-tu osé venir? Tu sais que lorsque je suis en colère, je n'y vais pas de main morte.

GASPARD.

Oui, oui, mon père, je m'en souviens; mon école m'a valu bien des coups; et plus d'une fois vous m'avez battu à me rendre malade pendant plusieurs jours. Je puis dire qu'il m'a fallu du courage pour arriver à la position que j'ai.

THOMAS.

C'est bon! c'est bon! Inutile de revenir sur le passé; si tu as eu des coups pour t'empêcher d'aimer l'école, Lucas en a eu quelques-uns aussi pour l'y faire aller. Le voilà qui lit bien maintenant; il y a plus d'un an que je ne l'ai battu.

GASPARD.

Comment, vous l'avez battu il y a un an encore?

THOMAS.

Mon Dieu, oui. Que veux-tu, j'étais en colère!

J'avais mal vendu mes petits cochons, et voilà Lucas qui, en les chargeant dans la voiture, en laisse tomber un, qui lui casse la patte. Ah! il a eu ce jour-là une fameuse raclée. J'étais hors de moi. Un petit cochon de vingt-cinq francs perdu; et j'avais déjà mal vendu!

GASPARD, *avec indignation.*

Pauvre Lucas!... battu à vingt ans! »

Personne ne répondit.

« Adieu, mon père, dit Gaspard après un moment de silence. Voici le papier qui vous laisse vos cent cinquante mille francs bien nets. »

Le père Thomas reçut le papier; il ne songea pas à lui proposer à dîner. Gaspard s'en alla après avoir dit adieu à ses parents et à Lucas. Il fut de retour quelques minutes avant la rentrée des ateliers; M. Féréor le vit revenir, car il partait comme Gaspard ouvrait la porte.

XVI

ADOPTION DE GASPARD

Un jour, M. Féréor amena à Gaspard un jeune homme de seize à dix-sept ans.

« Gaspard, dit-il, voici un garçon à former pour t'aider dans ta besogne; il est intelligent et travailleur; il nous sera utile dans deux ou trois ans d'ici. Tu vas le loger dans la chambre à côté de la tienne, pour le surveiller et l'aider dans son travail.

GASPARD.

Oui, Monsieur, je ferai de mon mieux. »

Quand M. Féréor fut parti, Gaspard fit voir à André le cabinet qu'il devait occuper, et lui dit de ranger ses effets.

« Je viendrai vous prendre dans une heure pour vous mener dans les ateliers. »

Il revint comme il le lui avait dit, et le trouva assis tristement sur la chaise unique qui meublait sa petite chambre.

GASPARD.

Qu'avez-vous donc, André? Pourquoi cette tristesse?

ANDRÉ.

J'ai du chagrin d'avoir quitté mes parents.

GASPARD.

Quelle niaiserie! Ah bien! si M. Féréor vous voyait pleurer pour cela, il serait content!

ANDRÉ.

Je me garderai bien de pleurer devant lui; je peux bien m'attrister quand je serai seul.

GASPARD.

Comme vous voudrez; seulement, je trouve que c'est bête. »

Gaspard l'emmena aux ateliers, qui parurent amuser et intéresser André. Il fit même à Gaspard quelques observations fort intelligentes sur les engrenages et sur la marche des bobines.

« Ce garçon a l'esprit de la mécanique, se dit Gaspard: j'en ferai mon profit. »

Quand M. Féréor demanda à Gaspard des nouvelles de son protégé:

« Il a l'air bon garçon et intelligent, dit Gaspard; il faudra seulement qu'il secoue son chagrin.

M. FÉRÉOR, *sèchement*.

Chagrin! Chagrin d'être entré chez moi?

GASPARD, *souriant*.

Que voulez-vous, Monsieur, ce jeune homme a des parents qu'il aime énormément, sans doute, puisqu'il pleure de les avoir quittés, et qu'il me promet de pleurer toutes les fois qu'il sera seul.

M. FÉRÉOR.

Jolie promesse. Qu'est-ce que tu lui as dit, toi?

GASPARD, *souriant*.

J'ai dit, Monsieur, que c'était bête. Que dire à un garçon de seize ans qui pleure pour avoir quitté petit père et petite mère? »

M. Féréor sourit pour toute réponse.

M. FÉRÉOR.

Qu'a-t-il dit des ateliers?

GASPARD.

Il les a trouvés superbes, Monsieur. Et à propos des ateliers, Monsieur, j'ai fait une remarque sur les bobines : nous pourrions gagner plus de force et user moins d'eau en ajoutant un engrenage.

M. FÉRÉOR.

Où donc? Je ne vois pas où on pourrait en ajouter un.

GASPARD.

Voici, Monsieur. »

Gaspard lui déroula un dessin de l'engrenage qu'il proposait, et dont il avait eu l'idée d'après l'observation d'André.

M. FÉRÉOR.

C'est toi qui as fait ça? Ton idée est, ma foi, très bonne, et nous l'exécuterons. Viens à l'atelier pour voir la chose sur place.

GASPARD, *timidement*.

Monsieur veut-il me permettre une observation?

M. FÉRÉOR.

Parle, mon ami, parle sans crainte

GASPARD.

Que Monsieur ne laisse pas voir que l'idée vient de moi. Si Monsieur vivait avec les ouvriers, comme moi, et les entendait causer librement, il verrait combien il est important de leur laisser croire que tout ce qui est bon, utile, vient de Monsieur seul; et que là où d'autres ne voient pas possibilité de perfectionner, Monsieur le voit et le trouve.... Que Monsieur me pardonne ma hardiesse et veuille bien s'approprier le dessin de l'engrenage.

M. FÉRÉOR.

Je l'accepte, mon ami, et je n'oublierai pas ton avis. Il est bon, et j'en serai plus à l'aise pour causer avec toi de mes idées et pour profiter des tiennes.

GASPARD.

Merci bien, Monsieur. »

En faisant croire qu'il était l'obligé de M. Féréor, Gaspard avait flatté l'amour-propre de son maître et il avait gagné dans son estime et sa confiance. Il le suivit à l'atelier. M. Féréor examina le mécanisme des bobines, trouva l'engrenage proposé par Gaspard utile et intelligent. Il en causa avec les contremaîtres, et donna à Gaspard l'ordre d'en faire l'essai.

Cette conduite habile de Gaspard augmenta

beaucoup la confiance et l'amitié de M. Féréor. Il le lui témoigna ; et Gaspard, de son côté, sentit se développer pour son maître une reconnaissance affectueuse qui le surprit, lui aussi, car depuis bien des années il n'avait travaillé que pour son propre intérêt en travaillant pour celui de M. Féréor.

« Est-ce que je l'aimerais tout de bon ? se demanda-t-il comme se l'était demandé son maître. Si je l'aime, c'est tant mieux ; je suis fatigué de vivre pour moi seul et de n'aimer personne. »

Sous peu de jours les bobines furent montées, et tous les ouvriers admirèrent le perfectionnement inventé par M. Féréor. Gaspard se garda bien de raconter à son maître les propos flatteurs des ouvriers, mais il engagea les contremaîtres à les redire.

« M. Féréor vous en saura gré, leur dit-il ; quand on a trouvé du nouveau pour un mécanisme, on est bien aise d'être approuvé par des connaisseurs et on leur en sait gré. »

De sorte que les contremaîtres ne se lassaient pas de complimenter M. Féréor sur son génie mécanique.

Trois années se passèrent ainsi ; M. Féréor et Gaspard s'attachaient de plus en plus l'un à l'autre ; André continuait à gémir sur sa séparation d'avec ses parents ; son travail s'en ressentait, et Gaspard ne perdait pas une occasion pour nuire habilement, sans s'écarter de la vérité, à ce concurrent qu'il redoutait. Il profitait des idées intelligentes mais incomplètes d'André, et les présentait à M. Féréor après les avoir travaillées et perfectionnées ; André ne s'en apercevait pas : il n'y pensait plus après en avoir causé avec Gaspard, qui semblait aussi n'en faire aucun cas.

Un jour qu'André avait été appelé à l'atelier, et que Gaspard travaillait chez lui, le facteur apporta une lettre à l'adresse d'André ; Gaspard la reçut et la posa sur la table ; il l'a donna à André quand il fut de retour.

ANDRÉ, *après avoir lu*.

Une singulière demande que me fait un couvreur de mon pays ! Il me dit qu'ayant su que M. Féréor fabriquait des planches de cuivre, il me demandait de lui en envoyer une demi-douzaine, de grandeurs différentes, comme échantillons pour des toitures. »

Gaspard rit avec André de cette bizarre commande.

ANDRÉ.

Je m'étonne que M. Féréor, qui fait tant de plaques de cuivre, ne fasse pas des feuilles pour couvreurs.

GASPARD.

Ce serait un tout autre travail que celui de nos usines : on ne travaille pas le cuivre comme de la toile goudronnée.

ANDRÉ.

C'est dommage qu'on ne puisse pas travailler ça comme de la pâte !

GASPARD.

Comment veux-tu que le cuivre, qui est un métal si dur, se roule comme une toile ou une pâte?

ANDRÉ.

On pourrait le détirer, comme on fait pour le fil de laiton. »

Gaspard et André plaisantèrent beaucoup de cette idée; mais Gaspard, qui avait compris qu'il pouvait y avoir quelque chose de bon à en tirer, poussa beaucoup André à développer sa pensée, tout en riant. Puis Gaspard, voulant la lui faire oublier, lui parla de ses parents, de sa famille, de sorte qu'André ne songea plus aux couvertures au mètre que comme à une bêtise impossible.

Gaspard y pensa si bien et si longtemps, que, deux mois après, il avait un plan de manufacture de cuivre et de zinc malléable et pouvant être roulé comme la toile.

M. Féréor arriva, fit sa tournée, approuva, comme toujours, ce qui s'était fait dans les ateliers de Gaspard, et se retira dans son cabinet; il ne tarda pas à demander Gaspard. Il commença son interrogatoire et fut content des réponses. A sa dernière question :

« Rien de nouveau, du reste? »

Gaspard répondit :

« Si fait, Monsieur, il y a du nouveau ; j'ai mis

à profit quelques anciennes idées de Monsieur, et voici le résultat. »

Gaspard plaça devant M. Féréor un plan de fabrique, puis un plan de la mécanique qu'il avait inventée; enfin, un plan de ses résultats, c'est-à-dire qu'au moyen d'un procédé chimique il donnait au cuivre et au zinc toute la souplesse de la toile, et qu'on pouvait fabriquer par jour des milliers de mètres de toile zinc ou cuivre.

M. FÉRÉOR.

Qu'est-ce que c'est?

GASPARD.

Une invention nouvelle, une source de gloire et de renommée pour Monsieur, de la toile cuivre et zinc ; Monsieur fabrique des planches de cuivre et de zinc; et Monsieur en fera de la toile à couvreur, sans frais et sans peine; des milliers de mètres par jour et coûtant peu. »

M. Féréor ne put dissimuler sa surprise et son admiration. Plus il examinait, plus sa satisfaction était visible. Pourtant il n'avait encore rien dit. Quand il eut bien examiné, bien questionné Gaspard, il se leva, le serra dans ses bras, et dit d'une voix émue :

« Mon fils! »

Jamais personne au monde n'avait vu M. Féréor ému et cédant à un mouvement de sensibilité. Il reprit son sang-froid et continua :

« Tu es mon fils à partir de ce jour. Il y a

Jamais personne au monde n'avait vu M. Féréor ému.

longtemps que j'y pense ; ta belle découverte me décide : nos intérêts seront communs et je t'aimerai sans crainte de te perdre. Veux-tu être mon fils, l'héritier de ma fortune, de par la loi? Tu as près de vingt-cinq ans, tu es maître de décider la question.

— Mon père, répondit Gaspard en ployant le genou devant M. Féréor, je vous aimerai comme le fils le plus dévoué. Je continuerai à vous obéir comme un fidèle serviteur, à vous servir comme un homme formé, instruit par vous, et qui sans vous ne serait rien.

— Relève-toi, mon fils, et viens me rejoindre ce soir chez le notaire ; nous conviendrons de tout. »

Gaspard, au comble du bonheur, baisa la main, toujours généreuse pour lui, qui venait de le récompenser si magnifiquement de son service fidèle et dévoué depuis huit années. Gaspard, entré à seize ans chez M. Féréor, en avait vingt-quatre.

M. FÉRÉOR.

Va voir ton père et ta mère, mon ami ; va demander leur consentement, et reviens de suite ; n'oublie pas les ateliers.

GASPARD.

Monsieur peut être tranquille ; tout mon temps sera, comme par le passé, dévoué à Monsieur. »

M. Féréor sourit avec bienveillance et continua sa tournée, interrompue par l'invention de Gaspard.

XVII

COLÈRE DU PÈRE THOMAS

Gaspard courut chez son père, qui était aux champs ; sa mère était à la ferme.

GASPARD.

Ma mère, je viens vous annoncer une grande et bien heureuse nouvelle : M. Féréor veut m'adopter, et je viens par son ordre vous demander votre consentement. »

La mère Thomas fut si surprise qu'elle ne put articuler une parole. Gaspard la regardait en souriant et attendait sa réponse.

LA MÈRE.

T'adopter! Devenir le fils de M. Féréor? Nous renier pour tes parents? Je ne veux pas, moi. Tu es assez riche par toi-même pour vivre honnêtement sans avoir les millions de M. Féréor. Je te tiens du bon Dieu et je ne céderai mes droits à personne.

GASPARD.

Mais, ma mère, je resterai tout de même votre fils; c'est pour m'avoir de droit chez lui pour faire ses affaires, qu'il m'adopte.

LA MÈRE.

Il peut bien te garder sans t'adopter.

GASPARD.

Certainement, mais il en est plus sûr en m'adoptant.

LA MÈRE.

Laisse-moi tranquille; je ne veux pas, moi, et je refuse. »

Gaspard fut bien près de s'emporter; mais, habitué à se vaincre et à se commander, il contint son irritation et dit avec froideur :

« Comme vous voudrez; la chose se fera tout de même, mais ce sera plus long, et vous m'aurez fait, ainsi qu'à M. Féréor, une offense grave. Où est mon père?

LA MÈRE.

Aux champs. Prends garde qu'il ne te reçoive à coups de bâton et qu'il ne te chasse à coups de pied. »

Gaspard leva les épaules et sortit, un peu inquiet de la réception que pourrait lui faire son père. Il le trouva en chemin, revenant à la maison.

THOMAS.

Ah! te voilà, enfin? Il y a plus d'un mois que je ne t'ai aperçu.

GASPARD.

Je viens vous annoncer une bonne nouvelle, mon père. M. Féréor, toujours bon et indulgent pour moi, désire m'adopter, et je viens vous demander votre consentement.

THOMAS.

Très bien; tu es en âge de faire à ton idée. Il me restera Lucas, qui a toujours été un bon fils. Quant à toi, tu n'as jamais été ce que je voulais. Voici ta fortune assurée; tu auras les millions auxquels tu voulais arriver. Adieu, Gaspard; tu n'as plus besoin de moi, je n'ai pas besoin de toi; va-t'en chez ton Féréor, et moi je vais m'arranger pour laisser à Lucas toute ma fortune.

GASPARD.

Faites comme vous voudrez, mon père; j'abandonne très volontiers à Lucas mes droits sur votre fortune, et je suis enchanté qu'il profite ainsi des intentions généreuses de M. Féréor. »

Le père Thomas s'adoucit devant ces paroles de Gaspard; il s'attendait à de la résistance, de la colère, et il ne trouvait que douceur et respect.

THOMAS.

Écoute, Gaspard, je ne m'oppose pas à ce que tu te laisses adopter par M. Féréor; tu le considères comme ton bienfaiteur, sois son fils. Moi, je le regarde comme un voleur qui m'a enlevé le fils que Dieu m'avait donné, et je ne l'aime pas; et je ne veux le voir que lorsque je ne pourrai faire autrement. Va donc rejoindre ton nouveau père, et abandonne pour lui les vieux parents qui ne te sont plus bons à rien. Adieu, Gaspard, va-t'en ; ta vue me met en colère.

GASPARD.

Mon père, avant de vous quitter, je demande votre bénédiction.

THOMAS.

Je te la donne très volontiers. Vis longtemps, sois heureux ; entasse millions sur millions, et laisse-nous vivre tranquillement comme de bons paysans, sans t'inquiéter de nous. Va voir ta mère.

GASPARD.

Je l'ai vue, mon père ; elle refuse son consentement.

THOMAS.

Elle refuse ; attends, je la ferai bien consentir. Suis-moi et ne dis rien, quoi que je dise. »

Gaspard suivit son père ; ils entrèrent à la ferme.

THOMAS.

Femme, tu as perdu l'esprit. Pourquoi refuses-tu à Gaspard la permission de nous quitter pour toujours ; de choisir un autre père ; de vivre à son gré, dans l'or jusqu'au cou ; de nous dédaigner, de renoncer à nous ? Il est indigne d'un regret ; il nous plante là : plante-le aussi, loin de ton cœur et de ton souvenir.

LA MÈRE, *pleurant*.

Je ne peux pas, Thomas; c'est mon fils.

THOMAS.

Ton vrai, ton seul fils est Lucas; Gaspard a toujours travaillé à nous quitter. Consens vite et laisse-le aller. »

La mère Thomas hésitait. Le père Thomas reprit avec colère :

« Donne ton consentement, je te dis, et dépêche-toi.... Ah çà! veux-tu avoir une scène bien soignée? Ce ne sera pas la première fois, tu sais. Vite, dis oui, et que ça finisse.

— Oui, dit la mère en pleurant. Va, mon pauvre enfant, et sois heureux.

— Je reviendrai plus souvent que jadis, dit Gaspard en l'embrassant. Adieu, ma mère; je vous aime, vous le savez bien. Adieu, mon père.

THOMAS.

Adieu, et va-t'en. »

A peine fut-il parti que Lucas entra.

LUCAS.

Qu'avez-vous, ma mère? Vous pleurez! Et vous, mon père, vous avez l'air contrarié et mécontent.

THOMAS.

Ta mère est une sotte de pleurer; et moi je suis un imbécile d'être contrarié. Qu'est-ce que ça nous fait que Gaspard nous renie? Il ne nous a déjà pas tant gâtés depuis des années!

LUCAS.

Gaspard? Qu'a-t-il donc fait? Est-il venu?

THOMAS.

Oui, il est venu tout courant, tout joyeux, pour nous dire, sais-tu quoi? Devine.

LUCAS.

Il a gagné de l'argent?

THOMAS.

Oui, beaucoup. Mais il y a mieux que ça.

LUCAS.

Quoi donc? Je ne devine pas.... Ah! il se marie.

THOMAS.

Pas du tout; il n'y songe pas.

LUCAS.

Mais dites-moi ce que c'est, mon père. Je n'y suis pas du tout.

THOMAS.

Il a choisi un autre père. Il a trouvé que j'étais trop brute, trop paysan, trop gueux.

LUCAS.

Ah! je comprends : M. Féréor l'adopte.

THOMAS.

Tout juste. A-t-on vu chose pareille?

LUCAS.

Ah bien, tant mieux pour lui; c'est ce qui peut lui arriver de plus heureux.

THOMAS.

Comment, animal, tu l'approuves, tu le trouves heureux?

LUCAS.

Certainement, mon père. Depuis son enfance,

Gaspard a aimé à étudier; il a désiré entrer dans la mécanique; vous savez vous-même que, malgré vos efforts, il n'a jamais aimé que l'étude, que l'école

THOMAS.

Ça, c'est vrai.

LUCAS.

A seize ans il a la bonne chance d'entrer chez M. Féréor avec votre consentement. Il y fait son chemin par son application, son intelligence extraordinaire, son zèle, son exactitude, son dévouement à M. Féréor. Il recueille le fruit de son travail, de sa persévérance. Et vous lui en voulez? Et vous êtes fâchés? Mon père et ma mère, permettez que je vous dise que ce n'est pas juste, que ce n'est pas bien.

LA MÈRE.

Je crois que tu as raison, mon Lucas. Thomas tu as été méchant pour Gaspard et pour moi.

THOMAS.

Et toi donc, qui ne voulais pas donner ton consentement, que j'ai dû te menacer d'une scène!

LUCAS.

Le pauvre Gaspard a dû être bien triste d'avoir été si mal reçu quand il accourait vous apporter une bonne nouvelle, qu'il croyait devoir vous réjouir.

THOMAS.

Au fait, ça ne change rien à sa position vis-à-vis de nous.

LUCAS.

Et ça lui assure une position superbe et que personne ne peut lui enlever.

THOMAS.

C'est pourtant vrai.... Animal que je suis! Ce pauvre Gaspard! Et quand il m'a demandé ma bénédiction, quelle bénédiction je lui ai donnée! Chaque mot était une injure. Que faire, Lucas? Toi qui as de la raison, conseille-nous.

LUCAS.

Voulez-vous que j'aille le féliciter et lui dire que ni vous ni ma mère vous n'aviez songé que cela ne changeait rien à sa position vis-à-vis de vous, et que vous m'avez chargé tous deux de lui apporter votre bénédiction, mais une vraie, bonne bénédiction, bien paternelle, bien maternelle? Ce pauvre Gaspard serait bien content, j'en suis sûr.

THOMAS.

C'est ça, mon Lucas! C'est bien ça? Va vite, et ajoute que je lui fais bien mes excuses, que je me suis conduit comme un misérable, et qu'il a tout à fait raison de préférer M. Féréor à une brute comme moi. Cours vite, mon garçon; je serai plus tranquille quand il m'aura envoyé son pardon.

LA MÈRE.

Tu l'embrasseras pour moi, Lucas; tu lui diras que je l'aime bien, que je suis contente de son bonheur.

LUCAS.

Merci, mon père; merci, ma mère. Je pars. »

Et Lucas partit en courant.

Il arriva tout essoufflé chez Gaspard; il entra précipitamment et se jeta au cou de son frère, qui était debout près de la porte, et qui lui dit à l'oreille en l'embrassant :

« Prends garde! Monsieur est ici. »

Lucas se retourna et vit M. Féréor qui parut étonné de cette brusque entrée.

LUCAS.

Monsieur! pardon, Monsieur! Je viens seulement embrasser mon frère et lui faire la commission de mon père et de ma mère. Me permettez-vous, Monsieur, de la faire devant vous et de la faire bien franchement?

M. FÉRÉOR.

Parle, mon ami, et bien sincèrement; j'aime la franchise. »

Lucas remercia et fit tout au long la commission de ses parents, sans omettre les injures que s'était dites le père Thomas et les bénédictions du père et de la mère.

GASPARD.

Monsieur me permet-il de faire la réponse devant lui?

M. FÉRÉOR.

Oui, mon fils; je suis bien aise même de l'entendre.

GASPARD.

Dis à nos parents que je les remercie, que je les

aime, que je serai toujours leur fils respectueux; mais que rien au monde ne me fera oublier le bienfaiteur généreux qui veut bien mettre le comble à ses bienfaits et à mon bonheur en me donnant le droit de lui consacrer ma vie et mon intelligence. Sa volonté sera la mienne; ses désirs seront ma loi. Va, mon bon Lucas, je t'aime bien. Embrasse nos parents pour moi. »

Lucas embrassa son frère, salua respectueusement M. Féréor et sortit.

M. FÉRÉOR.

Il est bien, ce jeune homme; sa physionomie me plaît. Voyons, mon ami, continuons notre affaire; il faut tâcher de mettre ton idée à exécution le plus tôt possible. »

Ils se mirent au travail.

La nouvelle usine que fit bâtir M. Féréor pour les cuivres et zincs malléables de Gaspard fut modeste, mais jolie.

« Nous ne sommes pas encore bien sûrs de notre invention, dit-il à Gaspard : allons doucement, modestement. Si les premières expériences réussissent, nous ferons quelque chose de convenable, en rapport avec la grandeur de l'invention. »

Gaspard fut chargé de tout diriger dans cette nouvelle entreprise; il demanda à M. Féréor de prendre pour aide André, auquel Gaspard avait reconnu une intelligence toute particulière pour tout ce qui concernait la mécanique. Il ne redoutait plus sa concurrence, depuis que M. Féréor avait si magnifiquement récompensé son zèle et son dévouement.

XVIII

M. FRÖLICHEIN REPARAIT

M. Féréor suivait avec un vif intérêt les travaux de Gaspard et les perfectionnements de son invention. Il attendait avec impatience l'ouverture de l'usine, où on devait faire les premiers essais publics le jour de l'adoption de Gaspard, après s'être assuré qu'ils feraient honneur à l'inventeur. Les actes étaient prêts; toutes les formalités de la loi avaient été remplies.

« Gaspard, dit un jour M. Féréor, as-tu prévenu ton père et ta mère? il faut qu'ils soient là le jour de ton adoption légale, pour signer les actes.

GASPARD.

J'attendais les ordres de Monsieur.

M. FÉRÉOR.

Va leur dire que ce sera pour mercredi prochain, et que tu les engages à dîner ce jour-là.

GASPARD.

Pas moi, Monsieur, c'est vous qui invitez.

M. FÉRÉOR.

C'est toi, mon ami; tout devient commun entre nous; tu es mon seul héritier; tu as toute ma confiance, toute mon amitié, et nous fêtons le premier jour de ton autorité. Pendant que je vais jeter un coup d'œil sur les produits de notre dernière invention, va chez ton père.

GASPARD.

Je me ferai remplacer à l'atelier par André, Monsieur?

M. FÉRÉOR.

Oui, fais-lui prendre ta place toutes les fois que tu es obligé de t'absenter. S'il mène bien l'atelier, il faudra lui en abandonner la direction complète, comme je l'ai fait pour toi.

GASPARD.

Oui, Monsieur, j'exécuterai vos ordres. »

Gaspard partit pour aller prévenir ses parents. M. Féréor lui avait dit de prendre son temps; mais, toujours exact et empressé, il ne prit que celui strictement nécessaire pour faire sa commission.

THOMAS.

Eh bien, Gaspard, à quand la signature définitive?

GASPARD.

Je viens tout juste vous en parler de la part de

M. Féréor. Ce sera pour mercredi prochain, à l'usine; il y aura un grand repas après la première expérience; vous êtes invité à y assister, ainsi que Lucas. Les usines ont congé ce jour-là. Viendrez-vous, mon père, avec ma mère et Lucas ?

THOMAS.

Oui, oui, mon ami, nous irons tous les trois.

Ah! j'oubliais de te dire que j'ai reçu hier la visite de M. Frölichein. Il a quelque chose de très important à te communiquer.

GASPARD.

Que peut-il avoir à me dire? Sa maison est ennemie de la nôtre; nous cherchons à nous faire tout le mal possible. S'il veut me parler, qu'il vienne chez moi, à l'usine. Je ne veux pas le voir hors des usines, comme en cachette de M. Féréor. »

A peine avait-il fini de parler que la porte s'entr'ouvrit, et que la tête de M. Frölichein parut. Gaspard se leva pour sortir.

M. FRÖLICHEIN.

Arrêdez, arrêdez, mon cheune ami; ché une ponne jose à fous offrir.

GASPARD.

Merci, Monsieur, je suis chez M. Féréor.

M. FRÖLICHEIN.

Ché sais pien! Ché sais pien! Fous affez une rébutation, à brésent. Et ché foudrais fous afoir jé moi.

GASPARD, *impatienté*.

C'est impossible, Monsieur; je suis chez M. Féréor.

M. FRÖLICHEIN.

Mais ché lé sais pien; seulement, ché fous tonnerai si blus que M. Féréor, gué fous serez drès gondent.

GASPARD, *se contenant*.

Je suis très content comme je suis, Monsieur, et je ne veux pas changer.

M. FRÖLICHEIN.

Fous aimez mieux berdre ce que ché fous tonnerai, et resder jé ce fieux cricou de Véréor.

GASPARD, *éclatant*.

Allez-vous-en, mauvais drôle! Je vous apprendrai à insulter M. Féréor; hors d'ici, et n'y mettez plus les pieds. »

M. Frölichein, stupéfait, voulut répondre, mais Gaspard ne lui en donna pas le temps; il le saisit par les épaules et le mit dehors.

M. Frölichein resta à la porte, ne sachant trop ce qu'il devait faire. Il voulait à tout prix avoir Gaspard, dont tout le monde parlait comme du principal directeur des usines Féréor. Après quelques instants d'incertitude il se dit :

« Ce cheune homme a pien vait; il a téfendu son maîdre. C'est drès pien; il me téfendra aussi. Ché foudrais bien l'afoir et ché l'aurai. »

M. Frölichein entr'ouvrit encore la porte.

Il le saisit par les épaules et le mit dehors.

« Mon cheune ami, ché fous brobose une chose suberpe : ché fous tonnerai ma fille Mina en mariache; une cholie fille, pien chentille. »

La proposition était si ridicule, que Gaspard ne put s'empêcher de rire. M. Frölichein rentra riant aussi :

« Fous foulez pien; bas frai? Mein Gott, elle est si chendille! Elle vous irait comme un gant.

GASPARD.

Je vous prie, Monsieur, si vous avez à me parler, de venir me parler chez moi, à l'usine. J'ai à causer avec mon père. »

M. Frölichein ne bougeait pas.

« Quel assommant imbécile! » dit Gaspard à mi-voix.

Et, faisant signe à ses parents, il entra dans la chambre à côté; ils l'y suivirent. Ils arrangèrent toute la journée du mercredi.

LA MÈRE THOMAS.

Il n'y a qu'une chose qui me chagrine dans tout ça, Gaspard. C'est qu'en ce jour si important pour toi, il ne soit pas question du bon Dieu. Je voudrais qu'on allât à la messe, tous en corps, de suite après l'adoption.

GASPARD.

Vous avez raison, ma mère; j'en parlerai à M. Féréor. Je vous ferai savoir ce qui aura été convenu; envoyez-moi Lucas, que je le voie un peu. »

Gaspard retourna à l'usine; arrivé à peu près à moitié chemin, il entendit des pas précipités qui semblaient le poursuivre. Il se retourna et il vit M. Frölichein qui faisait des enjambées énormes et qui cherchait visiblement à l'atteindre Gaspard hâta le pas, Frölichein accéléra le sien; Gaspard courut, et, malgré la poursuite acharnée de M. Frölichein, il parvint à la grille de l'usine avant lui, entra vivement et ferma la porte.

Mais M. Frölichein, qui se disait toujours qu'il voulait avoir ce jeune homme, ne se découragea pas encore; il sonna; la porte s'ouvrit; le portier se présenta.

« Ché feux barler à mon cheune ami, herr Gaspard.

— Bien, Monsieur, je vais prévenir. Au reste, voici monsieur lui-même qui arrive. »

M. Frölichein se retourna et vit avec effroi M. Féréor lui-même.

« Ah! mein Gott! que fais-je devenir? Mon blus mortel ennemi! mein Gott! »

Il chercha à ouvrir la porte, elle était fermée; M. Féréor approchait et l'avait déjà reconnu.

« Ce drôle chez moi! par quel hasard?

— Mein Gott! mein lieber Gott! » répétait M. Frölichein, courant de droite et de gauche, et ne trouvant ni trou ni fente pour sortir de l'enceinte des ateliers.

M. Féréor était entré; il regardait son ennemi

Il sonna; la porte s'ouvrit.

avec des yeux flamboyants, tout en s'amusant de son embarras.

M. FÉRÉOR, *d'un ton sec.*

Que venez-vous faire chez moi, Monsieur? Comment avez-vous osé entrer ici?

M. FRÖLICHEIN.

Mon resbecdaple seigneur, che suis entré bour temander fotre resbecdaple ami M. Gaspard.

M. FÉRÉOR.

Qu'avez-vous à démêler avec M. Gaspard?

M. FRÖLICHEIN.

Mon fénéraple seigneur, ché fenais..., ché fiens..., ché suis fenu bour..., bour lui broboser ma fille Mina en mariache, une drès chendille temoiselle.

M. FÉRÉOR.

Vous êtes fou! Est-ce que vous croyez que je laisserai Gaspard épouser votre fille?

M. FRÖLICHEIN.

Parton, parton, estimable Monsieur Féréor. Ché foulais afoir la paix afec tous et les fôtres.

M. FÉRÉOR.

Sortez d'ici, Monsieur. Vous m'avez déjà volé, par surprise ou en corrompant mes ouvriers, plusieurs de mes inventions mécaniques : je ne veux pas que vous mettiez les pieds chez moi. Sortez, vous dis-je.

M. FRÖLICHEIN.

Resbectaple Monsieur, ché foudrais pien sordir, mais ché ne beux bas. La borte, il est fermé; ché ne buis bas l'oufrir. »

M. Féréor appela le portier, qui accourait après avoir été avertir Gaspard qu'un Allemand le demandait. Gaspard, devinant que l'Allemand était son poursuivant, défendit au portier de le laisser entrer. Quand le portier revint, il trouva M. Féréor en discussion avec M. Frölichein.

M. FÉRÉOR.

Pourquoi avez-vous laissé entrer cet homme? Vous savez que je défends qu'on laisse entrer aucun étranger dans l'enceinte des ateliers.

LE PORTIER.

Monsieur a demandé M. Gaspard, Monsieur; je croyais qu'il fallait le laisser entrer.

M. FÉRÉOR.

Faites vos paquets; allez recevoir vos gages chez Soivrier, et partez. »

LE PORTIER.

Monsieur,... veuillez excuser....

M. FÉRÉOR.

Taisez-vous et partez. »

M. Frölichein tremblait. Le bruit du colloque avait attiré Gaspard, qui croyait reconnaître la voix de M. Féréor. Il approcha.

« Monsieur reçoit M. Frölichein? dit-il avec surprise.

M. FÉRÉOR.

Je le chasse, au contraire. Le portier l'a laissé entrer; il t'avait demandé.

GASPARD.

—Monsieur Frölichein, comment avez-vous osé me

poursuivre jusqu'ici? je vous avais défendu de me continuer vos ignobles propositions.

M. FÉRÉOR.

Où l'as-tu vu?

GASPARD.

Chez mon père, Monsieur, où il m'a trouvé, et d'où je l'avais chassé par les épaules, parce qu'il avait parlé de vous avec un manque de respect que je ne souffrirai chez personne.

M. FÉRÉOR.

Fais-le sortir; chasse-le.

— Sortez, Monsieur, dit Gaspard en lui ouvrant la grille.

M. FRÖLICHEIN.

Mein Gott! ché ne foulais bas faire te mal à personne : seulement, tonner Mina à M. Gaspard. Et buisque fous ne foulez bas et vos me draidez si mal, ché fais embloyer fotre segret bour les guivres et les zingues, et ché le fapriquerai et ché fous ruinerai. »

M. Frölichein était passé déjà de l'autre côté de la grille; il se sentait en sûreté, et il partit enfonçant son chapeau sur sa tête.

M. FÉRÉOR.

As-tu entendu ce qu'il a dit, Gaspard?

GASPARD.

Oui, Monsieur : un de nos gens nous a trahis.

M. FÉRÉOR.

Qui soupçonnes-tu?

GASPARD.

Soivrier, Monsieur, qui nous a aidés dans nos préparations chimiques, et qui en a vu le résultat. Il est le seul qui ait pu le connaître et nous trahir.

M. FÉRÉOR.

Va le chercher, et amène-le-moi dans mon cabinet; ne lui dis rien. »

M. Féréor, tout ému, alla dans son cabinet et y attendit Gaspard et Soivrier.

Quand ils entrèrent, Soivrier prit son air riant.

« Monsieur me demande? dit-il.

M. FÉRÉOR, *sèchement.*

Oui, je vous ai fait venir. Êtes-vous content de votre position ici?

SOIVRIER.

Très content, Monsieur.

M. FÉRÉOR, *de même.*

Comment vous ai-je traité?

SOIVRIER, *inquiet.*

Avec beaucoup de bonté, Monsieur.

M. FÉRÉOR, *sévèrement.*

Pourquoi avez-vous trahi ma confiance?

SOIVRIER, *pâlissant.*

Moi, Monsieur? Jamais.

M. FÉRÉOR, *de même.*

Je répète : Pourquoi avez-vous trahi ma confiance?

SOIVRIER.

Je... ne.. comprends pas, Monsieur.

M. FÉRÉOR.

Je viens de voir M. Frölichein. Comprenez-vous maintenant ? »

Soivrier parut atterré et ne répondit pas.

M. FÉRÉOR.

Gaspard, va me chercher André et Georges. »

Soivrier tremblait ; il était prêt à se trouver mal.

Gaspard rentra avec André et Georges.

M. FÉRÉOR.

Prenez cet homme, menez-le dans sa chambre, aidez-le à faire son paquet, menez-le jusqu'à la grille, et chassez-le pour ne le jamais laisser rentrer chez moi. André, veille bien à ce qu'il n'emporte aucun plan, aucun papier, aucun compte. Et toi, Gaspard, reviens recevoir mes ordres. »

Gaspard ne tarda pas à revenir.

M. FÉRÉOR.

Gaspard, mon enfant, écris des lettres d'invitation pour tous les environs, châteaux, mairies, fabriques ; envoie des exprès partout. Écris aujourd'hui même pour hâter l'affaire du brevet d'invention. Ensuite fais préparer un grand banquet dans les magasins pour tous les invités. Que tout soit bien. Qu'on suspende le travail des ateliers ; prends le monde dont tu as besoin.

— Vos ordres seront exécutés, Monsieur.

A partir de mercredi, plus de Monsieur, mon ami,... ton père ! Je le serai de droit, comme je le suis de cœur. »

XIX

FÊTE POUR L'ADOPTION DE GASPARD

Gaspard exécuta fidèlement les ordres de M. Féréor. Les lettres d'invitation furent prêtes en deux heures, grâce à la presse, qui fit la besogne de vingt personnes. Gaspard et André mirent les adresses; les lettres furent distribuées entre six hommes intelligents qui partirent à cheval dans toutes les directions pour porter les invitations dans un rayon de vingt à vingt-cinq kilomètres. La poste emporta les lettres à destination plus lointaine. Le banquet fut commandé à Paris, chez un grand restaurateur qui s'engagea à tout fournir et à envoyer du monde pour le service de la table. Les ateliers, débarrassés de leurs machines, furent transformés en vastes salles de festin; des guirlandes de fleurs, entremêlées de couronnes de chêne et de laurier, entouraient des inscriptions à la louange de M. Féréor. A chaque atelier on avait mis au-dessus de la porte son buste couronné, avec les inscriptions les plus flatteuses. De tous côtés on voyait écrit en fleurs ou en feuilles de chêne et de laurier : A NOTRE PÈRE! A NOTRE BIENFAITEUR! AU SOLEIL BIENFAISANT DU PAYS! AU ROI DES CŒURS! AU GÉNIE! etc. M. Féréor avait surveillé et dirigé l'arrangement et les inscriptions des ateliers qui ne devaient être ouverts qu'au moment du banquet.

L'usine des cuivres et des zincs fut particulièrement soignée et ornée.

Le jour de la fête, il fit un temps magnifique; on était à la fin de mai. Avant l'arrivée des invités pour l'expérience des toiles cuivre et zinc, tous les ouvriers et fournisseurs des usines se rassemblèrent dans la grande prairie devant les ateliers. Un coup de canon annonça l'arrivée de M. Féréor accompagné de Gaspard. La voiture s'arrêta au milieu de la prairie. M. Féréor descendit lestement, malgré ses soixante-dix ans; Gaspard se plaça à sa droite. Les cris et les vivats des ouvriers furent arrêtés par un signe de M. Féréor, qui annonça qu'il voulait parler.

« Mes amis, mes enfants et messieurs! Je vous remercie des témoignages d'affection que vous me prodiguez. Si je vous ai été assez utile dans ma vie pour que vous me regardiez comme votre bienfaiteur, j'ai le droit de vous demander de reporter une partie de votre reconnaissance sur ce jeune homme

Le jour de la fête il fit un temps magnifique.

qui se tient modestement à mes côtés et qui m'a si bien servi ; il reçoit aujourd'hui la récompense de son zèle, de son dévouement et de son intelligence. Il est devenu mon fils, l'héritier de ma fortune et de ma gloire. C'est le fils de mon cœur aussi bien que de mon esprit. Il partagera à l'avenir mon autorité, et vous lui devez tous respect et obéissance. »

M. Féréor ouvrit les bras : Gaspard s'y précipita et y fut longtemps retenu par son père adoptif. Après cette étreinte, M. Féréor le prit par la main et le conduisit dans tous les rangs des ouvriers, qui applaudissaient, qui battaient des mains et qui riaient en dessous de l'exhibition théâtrale que subissait Gaspard.

« Voilà mon fils ! Je vous présente mon fils ! » répétait M. Féréor.

Quand tous les rangs furent parcourus, quand l'acte d'adoption présenté par le notaire fut signé, M. Féréor, donnant le bras à Gaspard, se dirigea vers la grande route, suivi de tous les ouvriers, et alla à l'église, où l'attendaient le curé, le clergé des environs et une nombreuse réunion de chantres ; ces derniers entonnèrent un *Te Deum* retentissant, pendant lequel le curé, escorté du clergé, mena MM. Féréor père et fils dans le chœur, où on leur avait préparé un prie-Dieu et des fauteuils velours et or.

La foule avait déjà envahi l'église ; au premier rang on avait placé le père et la mère Thomas et

Lucas. Une messe basse commença et fut écoutée avec respect et recueillement par tous les assistants. Gaspard, en présence de Dieu, bon et miséricordieux, qui l'avait protégé et amené à la gloire qu'il ambitionnait, fut vivement touché. Il pria et se sentit le cœur ému de reconnaissance et de joie.

Après la messe, le curé fit une quête pour les pauvres, afin, dit-il, qu'eux aussi pussent participer à la joie générale. M. Féréor mit dans la bourse un billet de mille francs ; le curé faillit tomber à la renverse à la vue de cette générosité inattendue. Gaspard donna cent francs. Les pauvres profitèrent ainsi de l'adoption de Gaspard, et, pour la première fois, vantèrent la générosité de M. Féréor.

Après la messe on retourna aux usines ; le notaire se plaça devant une grande table qu'on avait préparée dans la prairie, et là chacun put signer comme témoin l'acte déjà signé par M. Féréor, Gaspard, le père et la mère Thomas et Lucas.

Un premier déjeuner fut servi sur les tables qui avaient été préparées tout le long de la prairie ; il y avait une collation abondante et pour tous les goûts.

A onze heures, les invités des environs étant arrivés, M. Féréor les engagea à se rendre à la nouvelle fabrique, pour assister à l'expérience du cuivre et du zinc rendus malléables comme la toile.

Quand chacun fut placé, on fit voir et toucher des feuilles de cuivre et de zinc. Ces feuilles, reconnues dures et raides comme le sont tous les métaux, furent trempées dans un bassin de pierre qui contenait la préparation chimique; la feuille fut ensuite placée dans une mécanique; elle fut saisie par des tenailles qui la tirèrent et la détirèrent si bien, que, peu de minutes après, elle formait une pièce de toile-cuivre qui fut roulée comme une étoffe et mise entre les mains de tous les assistants. On fit de même pour le zinc. Tout le monde fut dans une admiration sincère de cette belle et utile invention. Dans un moment de tumulte causé par l'empressement de ceux qui voulaient voir et toucher, M. Féréor serra la main de Gaspard et lui dit tout bas :

« Ta gloire est ma gloire ; ma gloire est la tienne. »

Gaspard lui répondit :

« Comme vous me récompensez, en m'accordant le droit de vous appeler mon père ! »

Le père et la mère Thomas pleuraient de joie et d'orgueil ; chacun leur faisait compliment sur le fils qu'ils avaient cédé à M. Féréor, mais qui restait toujours leur fils.

MICHEL

C'est vous, père Thomas, qui avez bien élevé vos garçons ! En voilà un dans une fameuse position ! Et votre Lucas ! quel brave garçon ! Et comme il est entendu pour les travaux de la terre ! Savez-vous bien que votre ferme a doublé de valeur par la manière dont il la cultive ? Car c'est lui qui dirige tout maintenant ?

THOMAS.

Ma foi oui ; je me fais vieux, j'ai de quoi vivre, et je lui ai dit : « Mon garçon, tu aimes la ferme, « prends-la à ton compte ; je te la donne, ce sera « ta dot »,

MICHEL.

Fameuse dot ! Et n'avez-vous pas eu un héritage de la cousine Danet ?

THOMAS.

Oui, et un fameux : j'en ai tiré cent cinquante mille francs ; je vis avec ça sans me gêner.

MICHEL.

Vous avez bien mené et bien calculé votre affaire, père Thomas : un garçon pour faire fortune, et l'autre pour faire marcher la ferme ! Faut-il que vous ayez poussé Gaspard à l'étude, pour qu'il soit devenu savant comme il est ! »

Thomas ne répondait pas ; il savait comment le pauvre Gaspard avait soutenu la lutte contre lui, combien il avait été grondé et battu pour sa constance au travail de l'école ! Il savait que Lucas aussi avait été maltraité à cause de son goût prononcé pour l'agriculture, et que si la ferme marchait si bien, c'était au courage et à l'excellent caractère de Lucas qu'il le devait. Le voisin Michel se mit à rire.

MICHEL.

Vous ne parlez pas, père Thomas! Je sais bien ce qui vous tient. Vous ne voulez pas avouer le nombre de coups que vous leur avez donnés pour les faire ce qu'ils sont. Dis donc, Lucas, les as-tu comptés?

LUCAS, *riant*.

Ce serait difficile; peut-être ne saurais-je pas compter si loin.

MICHEL.

C'est égal, il est arrivé à ses fins, tout de même. Voyez donc Gaspard, a-t-il l'air heureux, lui qui a toujours l'air sérieux et préoccupé! Et le vieux père Féréor, paraît-il content! Je ne l'ai jamais vu avec le visage réjoui qu'il a aujourd'hui! C'est qu'il a fait une belle découverte, avec ses drogues dans lesquelles il lave son cuivre et son zinc. Fameuse lessive! On pourrait s'en faire des habits et des blouses, tant c'est moelleux.

THOMAS.

Mais que va-t-il faire de ses toiles en métal?

MICHEL.

Ma foi, je n'en sais rien; demande à Gaspard qui est dans la boutique.

THOMAS.

Gaspard ne dit jamais rien; on ne peut en rien tirer. Et puis, il est tout à son affaire, on ne le voit pas.

MICHEL.

A quoi s'amuse-t-il donc? Car il faut bien qu'on s'amuse de temps à autre.

THOMAS.

Ma foi, je n'en sais rien. Son plaisir est de travailler aux ateliers, de surveiller les ouvriers, de causer avec Monsieur.

MICHEL.

Beau plaisir de causer avec ce vieux sournois! On ne le voit jamais sourire. Pauvre Gaspard! Dites donc, père Thomas, vous ne lui avez pas fait une belle vie, tout de même!

THOMAS.

Ah! c'est bien lui qui se l'est faite soi-même. Il l'a voulue, il l'a. Et, puisque ça lui plaît, personne n'a rien à y voir.

MICHEL.

C'est juste! Tiens, qu'est-ce qu'ils font donc? »

On entendit une musique à effet qui précédait tous les contremaîtres, marchant deux à deux. Arrivés devant MM. Féréor père et fils, ils leur présentèrent deux coupes en vermeil artistement travaillées, qui portaient les inscriptions d'usage : À NOTRE MAÎTRE VÉNÉRÉ, LA GLOIRE DE L'INDUSTRIE, SES OUVRIERS RECONNAISSANTS! À NOTRE JEUNE MAÎTRE, L'ESPOIR DE L'INDUSTRIE.

André lut, au nom des contremaîtres et des ouvriers, un petit discours bien fait et bien dit. M. Féréor accepta les coupes, remit à Gaspard celle qui lui était destinée, et dit :

« Mes amis, je suis très sensible à votre hommage, et je l'accepte pour moi et pour mon fils. A l'avenir, vous lui obéirez comme à moi-même; il est digne de vous commander. Nous allons nous rendre à la salle du banquet, et notre premier toast sera pour nos bons et laborieux ouvriers. Le vôtre sera pour mon fils et pour moi, qui resterai ce que j'ai toujours été, votre bienfaiteur et votre ami.

— Bravo! bravo! cria-t-on de toutes parts. »

Ces cris et bien d'autres se prolongèrent jusqu'à ce qu'on eût perdu de vue M. Féréor et l'héritier de sa gloire. Gaspard était si heureux, si ému, qu'il ne songea ni à son père, ni à son frère; il n'avait dans l'esprit que sa position actuelle, avec les avantages immenses qui dépassaient tout ce qu'il avait désiré et espéré.

XX

PREMIER ATTENDRISSEMENT DE MM. FÉRÉOR PÈRE ET FILS

Toute la journée fut une suite de triomphes et d'ovations. Vers le soir, M. Féréor paraissant fatigué, Gaspard lui proposa de se retirer. M. Féréor y consentit.

« Je suis, en effet, très fatigué, mon ami. Va dire qu'on attelle. »

Gaspard ne tarda pas à revenir et annonça que la voiture serait prête dans peu d'instants. Quand le cocher avança, Gaspard ouvrit la portière, aida M. Féréor à monter, et se plaça près de lui.

M. FÉRÉOR.

Que fais-tu donc, Gaspard? Va t'amuser encore ; on va tirer un superbe feu d'artifice.

GASPARD.

Permettez-moi, mon père, de vous accompagner. Vous savez que je me trouve plus heureux près de vous que partout ailleurs.

M. FÉRÉOR.

Viens alors, mon enfant. Moi aussi, je t'aime; moi qui n'ai jamais aimé personne, je me sens le cœur remué par ta tendresse et par tes soins. Je suis heureux de ton bonheur; j'aime à t'avoir près de moi; en un mot, je t'aime. »

M. Féréor, en disant ces mots, sentit ses yeux humides. Lui qui n'avait jamais versé une larme, il se sentit ému. Son attendrissement toucha Gaspard; il vit qu'un autre sentiment que l'ambition et l'intérêt personnel avait gagné son cœur. Sa reconnaissance était devenue une affection réelle et profonde. Cédant à cette émotion, il saisit la main de M. Féréor, et, se jetant dans ses bras, il l'embrassa à plusieurs reprises; tous deux versèrent des larmes dans les bras l'un de l'autre.

GASPARD.

Mon père, mon cher père, quelle journée vous venez de me faire passer!

M. FÉRÉOR.

Et quelle bonne fin d'une bonne journée, mon cher enfant!

GASPARD.

Quelle gloire vous avez acquise en ce jour, mon père!

M. FÉRÉOR.

Et c'est à toi que je la dois. Je le reconnais avec orgueil; jadis j'aurais été jaloux de ta découverte : aujourd'hui je m'en enorgueillis. Je m'applaudis de t'avoir choisi pour fils. Nous voici arrivés; viens prendre possession du logement que je t'ai fait préparer; tu y compléteras ce que j'aurai oublié. »

Le père et le fils s'installèrent chacun chez soi. Leurs chambres étaient près l'une de l'autre. Celle de Gaspard était bonne et ne manquait d'aucun meuble essentiel; il n'était pas difficile, du reste; le luxe était inconnu chez M. Féréor; un lit passable, une commode, une table, un fauteuil et deux chaises formaient tout l'ameublement du père comme du fils; M. Féréor avait de plus un grand bureau à cylindre et un meuble à tiroirs pour serrer ses papiers.

Gaspard se coucha si heureux qu'il fut longtemps sans dormir.

Après avoir repassé dans sa tête tous les événements de cette heureuse journée, il pensa qu'il était enfin arrivé à son but; les millions qu'il avait désirés dès son enfance lui étaient assurés; sa position dans les usines dépassait toutes ses espérances; les affaires l'occupaient et ne laissaient pas de place à l'ennui; il aimait bien réellement son père adoptif, mais il sentit avec peine que cette affection n'était pas encore le bonheur, que quelque chose manquait à sa complète satisfaction.

« Je ne sais pourquoi, pensait-il, ma vie ne me semble pas encore assez remplie....

« Je suis pourtant arrivé au but de mes constants efforts, je suis maître de mon avenir. Mon nouveau père m'aime bien réellement ; de moi seul dépend la solidité et même l'augmentation de l'amitié qu'il me porte. Comment reconnaîtrai-je toutes ses bontés ?

« Dans ces moments qui devraient être les plus heureux de ma vie, pourquoi mon cœur n'est-il pas encore rempli ? Où trouverai-je la satisfaction complète qui me manque ? Où est la tranquillité que donne le parfait bonheur ? Ma reconnaissance pour mon bienfaiteur me procure seule quelques instants de calme.... Ma vie jusqu'à présent n'a été remplie que par le travail : l'ambition, qui m'a poussé sans cesse vers le but que j'ai atteint, ne me laisse qu'un bonheur incomplet. Il me faut plus encore ! Les goûts, les idées et les habitudes de ma famille sont opposés aux miens ; elle me devient de plus en plus étrangère. Pouvait-il en être autrement ? Si là du moins j'avais un ami qui eût toute ma confiance, auquel je pourrais demander des consolations et des conseils ! Mais je ne connais pas l'amitié : une liaison dans les ateliers pouvait sinon me perdre, du moins me compromettre.... La messe de ce matin m'a laissé une singulière impression que je ne puis définir. Il me semble avoir mal employé mon temps jusqu'ici. Pourtant j'ai toujours été honnête ; mon assiduité au travail et mes services m'ont donné la situation à laquelle je suis parvenu. Que pouvais-je faire de plus que ce que j'ai fait? »

Enfin la fatigue finit par l'emporter sur l'agitation, et il dormit jusqu'au lendemain. Il attendit, pour aller chez M. Féréor, qu'on y fût rentré. Au premier bruit qui se fit entendre, Gaspard entra doucement et trouva M. Féréor éveillé et reposé.

M. FÉRÉOR.

Aussitôt que nous serons prêts et que nous aurons déjeuné, mon enfant, nous irons aux usines; il y aura bien à faire pour y remettre l'ordre et recommencer le travail. André et Bernard auront de quoi s'occuper. »

En attendant le moment du départ, Gaspard, d'après l'ordre de son père, dépouilla la correspondance, c'est-à-dire qu'il ouvrit toutes les lettres, mit de côté celles qui regardaient l'usine et les affaires, et remit à M. Féréor les lettres particulières.

« Mon père, nous lirons tout cela en voiture si vous voulez bien : ce sera du temps de gagné.

M. FÉRÉOR.

Très bien, mon ami; c'est ce que je fais toujours. Je vois avec plaisir que tu as les mêmes idées que moi.

GASPARD.

C'est que ce sont les meilleures, mon père, et qu'à force de vivre avec vous je prends un peu de vous. »

M. Féréor sourit; il n'était pas insensible à la louange.

Quand ils furent en voiture, chacun de son côté se mit à son travail. La lettre que Gaspard avait réservée pour la dernière excita son indignation.

« La lui lirai-je? se demanda-t-il, ou faut-il n'en pas parler? »

Après quelques minutes de réflexion :

« Il vaut mieux la lire à mon père, bien qu'elle me soit adressée. »

M. Féréor avait terminé sa correspondance particulière; il regarda Gaspard, et, de son coup d'œil perçant, il vit de suite que quelque chose le tracassait.

M. FÉRÉOR.

Qu'y a-t-il, Gaspard? Tu as l'air contrarié.

GASPARD.

Vous ne vous trompez pas, mon père; je le suis très fortement.

M. FÉRÉOR.

De quoi s'agit-il?

GASPARD.

La lettre que voici est de M. Frölichein.

M. FÉRÉOR.

Encore? Mais cet homme a le diable au corps! Comment, il ose écrire après avoir été renvoyé, chassé comme un chien?

GASPARD.

Il n'est pas fier; voici ce qu'il propose. »

Gaspard trouva M. Féréor réveillé et reposé. (Page 279.)

PREMIER ATTENDRISSEMENT

Gaspard lit :

« Mon cheune ami, Mina fous a fu à la pelle cérémonie t'auchourt'hui ; elle fous droufe drès à son cré. Ché fous brobose engore une fois de fous la tonner en mariache. Tites à fotre baba gue s'il me rebousse engore une fois, que ché ruinerai son industrie. Ché droufé mieux que fous pour le guifre et le singue ; ché cagne la moitié de la main l'œuvre. Si fous foulez Mina, not intusdrie marchera ensemple ; ché ne fous ferai pas de rifalité ; nous scrons ensemple et pons amis. Si fous revusez, ché fous ferai une querre enrachée. Répontez fite et pien ; alors, ch'irai parler avec fous tans teux chours. Pien le ponsoir, mon cheune ami, ché fous enfoie un éjantillon de ma doile-guifre et singue.

« Frölichein. »

Gaspard se tut ; M. Féréor était livide. Après avoir examiné l'échantillon, et après un assez long silence, il demanda à Gaspard de relire cette lettre.

M. FÉRÉOR.

C'est clair, il a perfectionné notre invention et il la coulera. Mon triomphe d'hier sera détruit par celui de ce misérable fourbe. Et comment parer le coup ?

GASPARD.

Il vous propose le moyen, mon père. »

M. Féréor regarda Gaspard avec étonnement.

M. FÉRÉOR.

Mais ce moyen est impossible, mon enfant.

Épouser la fille d'un gredin que tu méprises, que tu détestes, que tu as chassé de chez toi, chassé de chez moi; que ni toi ni moi ne pourrons regarder sans haine et sans mépris.

GASPARD.

Mais, mon père, votre renommée, votre gloire?

M. FÉRÉOR.

Écoute, Gaspard. J'aurais non seulement accepté, mais demandé ce sacrifice, il y a deux ou trois ans; maintenant il me serait trop dur, parce que, comme je te l'ai dit hier, tu as su réveiller mon cœur. Je t'aime et je serais malheureux de ton malheur. »

Il s'arrêta quelques instants.

« Si, du moins, la fille était bien! » murmura-t-il comme se parlant à lui-même.

Cette pensée, échappée à la préoccupation de M. Féréor, décida Gaspard à faire le sacrifice de son bonheur intérieur, du repos de sa vie, pour délivrer son père du malheur qui le menaçait. Il n'hésita plus.

GASPARD.

Mon père, il faut accepter la proposition de ce drôle.

M. FÉRÉOR.

Qu'est-ce que tu dis? Qu'est-ce que tu dis? Tu es fou!

GASPARD.

Non, mon père, je suis dans mon bon sens. Je prévois pour nous une série d'inquiétudes, de peines, de tourments, peut-être de malheurs, dont nous sommes menacés par ce misérable. Vos intérêts sont les miens : vous m'avez donné le droit de me sacrifier pour vous; je le ferai avec empressement, avec joie, car moi aussi, mon père, moi qui n'avais jamais aimé, je vous aime et je me sens malheureux et troublé à la pensée du mal que peut vous faire ce méchant homme. Croyez-moi, mon père, je serai plus heureux de vous donner ce témoignage d'affection pour conjurer les maux qui nous menacent, que je ne le serais en me conservant libre et indépendant, mais témoin continuel de vos inquiétudes et de vos chagrins. »

La surprise de M. Féréor fit place à l'attendrissement.

« Mon fils, mon cher, excellent fils! s'écria-t-il. Mon Dieu, qu'il est bon d'aimer et de se sentir aimé! Je n'avais aucune idée de ce bonheur. En vérité, mon cher enfant, je ne sais si je dois accepter ton généreux sacrifice. Pense donc au mépris que nous avons pour cet homme! à la répugnance que nous aurons de nous trouver sans cesse avec lui! en contact d'affaires avec ce fripon, ce voleur!

GASPARD.

Je le sais, mon père; je vous épargnerai le plus possible ce contact pénible et odieux. Vous me ferez connaître vos intentions, et je les lui transmettrai.

M. FÉRÉOR.

Et tu auras le courage d'appeler cet homme ton père?

GASPARD.

Non, ce serait trop fort! Je l'appellerai *mon-*

sieur. On n'est pas obligé de donner à un beau-père le titre de père.

M. FÉRÉOR.

Gaspard, mon pauvre Gaspard, j'aurai fait ton malheur en voulant te rendre heureux.

GASPARD, *souriant*.

Non, mon père ; je vous ai donné tout ce que j'ai de sensibilité dans mon cœur, et je serai plus contrarié que malheureux. Quand je me sentirai trop irrité, je viendrai me consoler près de vous. »

Gaspard serra la main de M. Féréor et dit :

« Je répondrai aujourd'hui même. Et, l'affaire une fois commencée, nous la dépêcherons le plus possible. Que le mois ne se termine pas avant que tout soit fini. »

M. Féréor ne répondit pas : il était préoccupé.

En arrivant à l'usine, ils furent surpris de l'ordre qui régnait déjà dans les ateliers. Les traces du festin et de toute la fête avaient disparu ; la prairie était débarrassée des tables, des pièces d'artifice, des tentes, de la salle de bal. Les seuls restes de la fête étaient les nombreux lampions, globes et verres de couleur, accrochés aux arbres, et qu'on n'avait pas eu le temps d'enlever.

M. Féréor et Gaspard firent compliment aux ouvriers et contremaîtres de leur promptitude à rétablir l'ordre. Dans les ateliers on avait également tout remis en place.

« Personne ne s'est donc couché? demanda Gaspard.

ANDRÉ.

Personne, Monsieur. Après le feu d'artifice on a recommencé à danser et à manger jusqu'à deux heures du matin. Voyant qu'il ne restait que peu de monde et qu'on en avait assez, j'ai proposé de nous mettre tous à ranger et à rétablir l'ordre; les gens du village nous ont donné un bon coup de main; on a travaillé à qui mieux mieux : nos usiniers dans les ateliers, où je n'ai voulu laisser entrer aucun étranger une fois les machines et les engrenages montés; les ouvriers terrassiers et les étrangers ont rangé en dehors, et si ces Messieurs étaient arrivés seulement une heure plus tard, ils auraient trouvé tout le monde à l'ouvrage. »

« Mon père, dit Gaspard, me permettez-vous d'annoncer que vous donnez une journée de repos qui sera payée comme si on avait travaillé?

— Très bien, mon ami; j'allais te le dire. C'est étonnant comme nos idées s'accordent. »

Gaspard sourit et chargea André de répandre cette bonne nouvelle parmi les ouvriers.

Quand M. Féréor et Gaspard eurent tout parcouru, tout inspecté, quand ils eurent encore admiré les toiles cuivre et zinc, M. Féréor dit à son fils :

« Gaspard, j'ai une proposition à te faire.

GASPARD.

Je vous écoute, mon père, et, à mon tour, je vous adresserai une demande.

M. FÉRÉOR.

Je crois convenable, mon fils, que nous allions tous deux voir tes parents. Hier nous n'avons guère pu nous en occuper; c'est à peine si tu as eu le temps de les embrasser. Notre visite leur fera plaisir.

GASPARD, *riant et baisant la main de M. Féréor.*

C'est incroyable comme nos idées se rencontrent! c'est tout juste ce que je voulais vous demander.

M. FÉRÉOR.

Partons, alors; fais avancer la voiture, mon ami. »

Ils montèrent dans le coupé, qui les amena en peu de minutes à la porte du père Thomas. Lucas était aux champs; mais le père et la mère étaient chez eux.

XXI

VISITE A LA FERME
ET GÉNÉROSITÉ DE M. FÉRÉOR

Au bruit de la voiture, le père Thomas sauta de dessus sa chaise et courut ouvrir la porte. M. Féréor et Gaspard descendirent de leur coupé.

Après quelques instants de conversation, de félicitations et de remercîments, M. Féréor dit à Thomas en souriant :

« Père Thomas, je vous ai amené votre fils et mon fils,... mon cher fils, qui désire vous voir et causer avec vous. Je vous le laisse pour vous donner plus de liberté. Gaspard, je te renverrai la voiture quand j'aurai besoin de toi ; ce ne sera pas avant quatre ou cinq heures d'ici ; dîne avec tes parents, mon ami ; il y a des années que tu n'as mangé chez eux ; il faut que tu aies aussi ton congé. »

M. Féréor remonta en voiture, aidé de Gaspard qui lui serra la main et le regarda partir.

« Excellent homme ! dit-il en rentrant.

THOMAS.

Tu l'aimes donc tout de bon, ce vieux bonhomme?

GASPARD.

Mon père, ce vieux bonhomme, comme vous l'appelez, est mon bienfaiteur, mon père. Jamais sa bonté ne s'est démentie à mon égard; jamais il ne m'a fait un reproche, jamais témoigné le moindre mécontentement. Depuis neuf années que je suis sous ses ordres, il m'a toujours bien traité, encouragé; il m'a payé plus largement qu'il ne l'avait promis, plus généreusement que je ne le méritais. Et enfin, il s'est attaché à moi, il m'a aimé, oui, aimé, et il a voulu devenir mon père. Voyez si je puis ne pas l'aimer aussi et lui être sincèrement dévoué.

THOMAS.

Diantre, comme tu en parles avec feu! Tu ne prendrais pas ma défense avec tant de chaleur. »

Gaspard sourit et voulut répondre. Mais, pendant qu'il hésitait, Lucas entra.

LUCAS, *se jetant au cou de Gaspard*.

Gaspard! Comment, voilà Gaspard! Quelle belle journée pour toi que celle d'hier! Je suis content de te voir et de causer avec toi un peu à l'aise.

GASPARD, *après l'avoir embrassé*.

Je dîne avec vous. J'ai congé aujourd'hui.

LUCAS.

Le premier depuis huit ans; c'est une grande joie pour nous. Où est donc ma mère?

Le père Thomas courut ouvrir la porte. (Page 289.)

THOMAS.

Elle ne tardera pas à revenir; elle est allée apprêter un poulet, dénicher des œufs, chercher du beurre, des légumes, des fruits, enfin ce qu'il faut pour bien traiter Gaspard. Tu es habitué à une bonne cuisine : la nôtre va te paraître bien misérable. Pas comme ton banquet d'hier!

GASPARD.

Mon père, je ne tiens guère à la cuisine, et je dînerai chez vous beaucoup mieux et plus abondamment que je ne dîne chez moi, où je suis sans cesse dérangé, pressé de travail. »

Lucas engagea son frère à venir faire avec lui un tour dans les champs; Gaspard admira les progrès et les améliorations de la culture de son frère.

« Y a-t-il longtemps, dit-il, que je ne me suis promené avec toi et que je n'ai revu ces champs que mon père me forçait à cultiver!

LUCAS.

Tu mènes une vie qui n'est pas bien agréable, ce me semble?

GASPARD.

Tout est agréable quand tout mène au but qu'on veut atteindre; j'ai, il est vrai, passé bien des nuits sans me coucher, bien des jours sans avoir le temps de manger; j'ai supporté des fatigues, des ennuis, des tracasseries sans cesse renouvelées, parce que j'avais le désir extrême d'arriver. J'ai dépassé mon but, grâce à l'amitié de M. Féréor.

Juge combien je lui dois de reconnaissance, et vois que de ménagements j'ai encore à garder pour ne pas perdre ce que j'ai si péniblement acquis.

LUCAS.

Quels ménagements? Personne ne peut t'empêcher de rester le fils adoptif de M. Féréor?

GASPARD.

Oui, sans doute, mais il peut faire de moi un fils déshérité, et je dois, pour éviter ce malheur, continuer à lui complaire en tout, à me rendre nécessaire, indispensable, à entretenir par la mienne l'affection très sincère qu'il a conçue pour moi, et qui m'a réellement, agréablement impressionné hier quand il me l'a enfin avouée. Ce pauvre homme! Il m'a dit que j'étais sa première affection, et je l'ai vu pleurer dans mes bras. Ce triomphe est pour moi aussi agréable qu'inattendu.

LUCAS.

Le fait est qu'il ne passe pas pour être tendre.

GASPARD.

Non, il ne l'est pas, et c'est pourquoi j'ai été attendri de le voir pleurer en m'embrassant et en m'avouant qu'il m'aimait. La joie, la surprise, la reconnaissance, et aussi une affection sincère, m'ont attendri à mon tour, et j'ai pleuré comme lui;... et je dois dire que ces larmes, les premières que j'aie versées depuis que je suis sorti de l'enfance, m'ont semblé douces; et il est très vrai que j'aime cet excellent homme qui a tant fait pour moi, et qui a, je ne l'oublie pas, le pouvoir de détruire en partie ce qu'il a fait.

LUCAS.

Pauvre Gaspard, je comprends ta vie; je n'en voudrais pas pour un empire.

GASPARD.

C'est que tu ne la comprends pas; compare ce que j'étais avec ce que je suis. Je me vois encore sortant d'ici en blouse, en sabots, timide, gauche, ne sachant rien.

LUCAS.

Comment, rien? Tu étais le plus savant de l'école!

GASPARD.

Pauvre science! Je ne savais rien auprès de ce que je sais maintenant. Et me voici fils d'un millionnaire, commandant à des milliers d'individus, salué, obéi et respecté dans tout le pays, roulant carrosse, arrivant chez toi dans un équipage superbe; attendu, et désiré chez moi (car j'ai un *chez-moi* maintenant), reçu avec un sourire amical et bienveillant qui m'annonce la solidité de mon pouvoir : tout cela, vois-tu, est mon paradis en ce monde.

LUCAS.

—Un nouveau venu intelligent peut gâter tout

cela, et venir te supplanter près de ton nouveau père.

GASPARD.

Non, j'y veille sans cesse et j'y veillerai toujours tant que M. Féréor vivra. Il a déjà eu plusieurs protégés intelligents que j'ai éloignés ou fait renvoyer.

LUCAS.

Comment as-tu fait?

GASPARD.

En les surveillant strictement; en faisant ressortir les erreurs, les négligences presque impossibles à éviter, en redisant des paroles arrachées à l'impatience, à l'ennui. J'y suis toujours promptement arrivé et sans jamais avoir eu recours au mensonge. Il y en a un en ce moment qui m'inquiète légèrement : il fait trop bien; mais il a un côté faible, c'est son cœur : il aime bêtement ses parents, il les regrette, il les pleure; il perd du temps à leur écrire : il veut demander à s'absenter pour un mois ; je ne l'en détourne pas, et c'est ce qui le perdra. M. Féréor n'aime pas qu'on aime autre chose que l'usine et lui-même.

LUCAS.

Tu ne nous aimes donc pas?

GASPARD.

Si fait, je vous aime bien, mais j'aime cent fois mieux mon usine.

LUCAS.

Ainsi, tu te trouves parfaitement heureux?

GASPARD.

Parfaitement, non : outre la crainte de tout perdre si l'affection de M. Féréor venait à diminuer ou même à s'éteindre, je me sens comme un vide que je ne puis remplir. Je me demande quel sera mon avenir? pour qui et pour quoi je dois continuer à travailler, à m'éreinter, à m'agiter? Quelque chose me manque et je ne sais ce que c'est.... Mais, ajouta Gaspard après quelques instants de silence, ne penses-tu pas qu'il serait temps de rentrer? Après dîner, je te parlerai de toi-même; jusqu'ici nous n'avons causé que de moi.

LUCAS.

Il n'y a pas grand'chose à dire de moi, c'est toujours la même vie; mon père la gâte un peu par ses colères; il ne me touche plus, mais quand il a trop bu de gros cidre, ce qui lui arrive souvent, tu sais, il gronde encore ma mère quelquefois. Du reste, il se laisse mener assez volontiers. »

Les deux frères rentrèrent à temps : la mère allait mettre le couvert, Lucas courut l'aider.

« Viens aussi, Gaspard; viens me donner un coup de main. »

Gaspard y alla en souriant; il aida gauchement et sans gaîté. Lucas s'en aperçut et soupira.

« Il n'est plus des nôtres, pensa-t-il; ce n'est plus un frère pour moi ni un fils pour mes parents. »

Gaspard réfléchissait de son côté.

« Quelle sotte vie ils mènent ici! Que je serais malheureux s'il me fallait vivre avec eux! Quelle différence avec mon usine! Quelle vie! Quelle activité! Quelle animation! Et combien je préfère M. Féréor à mes parents! Chez eux je me sens gêné, ennuyé! Et puis le souvenir de mon enfance, de la dureté de mon père, de l'indifférence de ma mère, me met mal à l'aise. Dans tout ça, Lucas est le seul qui me tienne un peu au cœur, et encore je m'en passe bien ; je n'y pense pas, tandis que si mon usine me manquait, je serais comme un corps sans âme. Et si mon père adoptif venait à me manquer, je me sentirais comme abandonné, comme un corps sans tête.

LA MÈRE.

Eh bien, Gaspard, à quoi penses-tu donc, les bras croisés, la tête penchée?

GASPARD.

Rien, rien, ma mère; je pensais à ma sortie de chez vous il y a neuf ans, et au chemin que j'ai fait.

LA MÈRE.

Tu as bien marché, mon ami, et tu as été loin. Voyons, mettons-nous à table. »

Le dîner fut bon, mais il n'y eut pas de gaîté. Gaspard avait perdu l'habitude de rire; Lucas se sentait gêné; les parents étaient mécontents de l'attitude un peu hautaine de Gaspard qui les dominait par son intelligence hors ligne, et par toute sa position de *monsieur* et de millionnaire, tandis qu'ils restaient cultivateurs simples et grossiers comme devant.

Après le dîner, Gaspard voulut encore sortir avec Lucas, mais la voiture vint le chercher. Il se hâta de faire ses adieux à ses parents et à son frère, et monta dans son coupé avec joie et empressement.

« Où est mon père? demanda Gaspard en descendant de voiture.

— Dans son cabinet, Monsieur. »

Gaspard monta l'escalier quatre à quatre, et sauta plutôt qu'il n'entra dans le cabinet; il prit la main de M. Féréor, qu'il baisa et serra dans les siennes.

GASPARD.

Me voilà enfin de retour, mon père! Le temps m'a paru long.

M. FÉRÉOR.

Vraiment? Tu me fais plaisir en me le disant, mon enfant. Je t'attendais avec impatience.

GASPARD.

Et pourquoi ne pas m'avoir envoyé chercher plus tôt, mon père?

M. FÉRÉOR.

Parce que je ne voulais pas te rogner ton congé, le premier depuis neuf ans, et que j'ai voulu te laisser jouir de la présence de tes parents.

GASPARD.

—Oh! quant à ça!... Mes parents, c'est vous! Ma

joie, mon bonheur, c'est vous ! Notre usine est ma femme ; nos machines sont mes enfants, et le tout réuni est ma vie ! Vous voyez bien, mon père, qu'il est inutile de me donner des congés. »

M. Féréor l'écouta avec un sourire si satisfait et le regarda d'un air si affectueux, que Gaspard fut enchanté d'avoir si bien parlé.

« Allons-nous écrire à notre mauvais drôle, mon père ? dit Gaspard en s'asseyant près de M. Féréor.

M. FÉRÉOR.

Gaspard, j'y ai longuement songé ; je n'ai, pour ainsi dire, pas pensé à autre chose depuis que je t'ai quitté. Je trouve que la chose n'est pas faisable. Tu as vingt-cinq ans ; tu as un long avenir devant toi. Cette femme et ce beau-père pèseront sur ton cœur, sur ton esprit, sur ton bonheur. C'est impossible ! Je le répète, c'est impossible ; ce serait pour moi un trouble dont ma santé même souffrirait. N'y pensons plus et tâchons de nous en tirer autrement.

GASPARD.

Mon père, ces gens-là ne pèseront pas sur mon cœur, car je n'en ai pas pour eux, je n'en ai que pour vous ; ils ne pèseront pas sur mon esprit, parce que je ne m'occuperai du père que pour les affaires de l'usine ; ils ne pèseront pas sur mon bonheur, car je compte sur votre bonté et votre générosité accoutumées pour donner à la femme de quoi me laisser tranquille, n'avoir rien à me demander, et n'avoir aucun contact avec moi. Le père sera pour nous un fripon comme un autre; nous serons en affaires avec lui; nous l'enverrons le plus possible dans les bureaux. Ce mariage nous donnera la sécurité que nous risquons de perdre. C'est un sacrifice que je vous ferai avec une véritable joie, et dont, au reste, je profiterai comme vous.

M. FÉRÉOR.

Mon fils, mon cher fils, pense donc que, lorsqu'on se marie, c'est pour la vie. Tu ne connais seulement pas cette femme; nous ne l'avons jamais vue; elle peut être laide, bête, méchante, maussade, bossue, peut-être! Qui sait?

GASPARD.

Tout cela ne m'effraye pas, mon père; si elle est laide, nous ne la regarderons pas; si elle est bête, nous ne lui parlerons pas; si elle est méchante et maussade, nous la mettrons à part et nous ne nous en occuperons pas. Vous remplacerez la femme que je n'aimerai pas, et l'usine remplacera les enfants que je n'aurai pas, j'espère. Vous voyez que nous continuerons à vivre très heureux entre nous deux.

M. FÉRÉOR.

Allons, puisque tu le veux, j'accepte ton sacrifice, mon cher fils; et je ne te dissimule pas que tu combles mes vœux en acceptant ce mariage, dans l'intérêt de notre invention et de notre repos. Je te donne pour dot la moitié de ce que je possède, en t'imposant pour seule condition que tu ne me quitteras pas et que nos affaires seront toujours en commun, sans que l'un de nous puisse faire une entreprise sans le consentement de l'autre.

GASPARD.

Merci, mille fois merci, mon père, mon bon et généreux père ! »

Gaspard lui baisa la main ; M. Féréor l'embrassa avec effusion.

M. FÉRÉOR.

Ecris, mon enfant ; écris, et dis-lui de venir vite et de terminer vite, afin que nous soyons débarrassés de tous ces gueux, et que nous reprenions notre vie tranquille. Moi, je vais écrire de suite au notaire de faire vite aussi mon acte de donation, pour que tu saches ce que tu as. Mais tu peux annoncer cinq millions pour le moins, dont deux en terres, forêts et maisons ; le reste dans les usines, et rapportant pour le moins vingt pour cent, c'est-à-dire six cent mille francs par an. »

La surprise de Gaspard amusa et réjouit M. Féréor.

M. FÉRÉOR.

Oui, mon cher fils, tu auras à toi six millions et autant après moi.

GASPARD.

Oh ! mon père, c'est trop ! trop de générosité ! trop de fortune pour moi !

M. FÉRÉOR.

Mon ami, tu sacrifies toute ta vie, et moi la moitié seulement de ma fortune : lequel de nous donne davantage ? »

Gaspard, vaincu par la joie, le saisissement, le bonheur, tomba à genoux devant son père, et, appuyant sa tête sur les genoux qu'il tenait embrassés, il versa des larmes qui enchantèrent celui qui les faisait couler.

M. FÉRÉOR.

Remets-toi, mon enfant, calme-toi et fais ta lettre. »

Gaspard essuya ses yeux, baisa encore la main généreuse qui consolidait sa fortune, et, se plaçant en face de son bienfaiteur, il écrivit la lettre suivante :

« Monsieur,

« Mon père, et moi nous acceptons votre proposition : j'épouserai votre fille. Je ne demande pas à la voir ni à la connaître ; je l'épouse ; vous savez comment et pourquoi. Vous serez notre associé au lieu d'être notre rival et notre ennemi. Grâce à la générosité de mon père, j'apporte en dot cinq millions, rapportant cinq à six cent mille francs. Nous vous attendons pour tout régler et pour fixer le jour du mariage. Le plus tôt sera le mieux.

« J'ai l'honneur de vous saluer,

« Gaspard Thomas-Féréor. »

GASPARD, *souriant*.

Voici, mon père ; voulez-vous lire la demande en mariage ? »

M. Féréor lut, sourit et la rendit à Gaspard.

« Très bien, mon ami ; cachète et fais partir. »

Gaspard cacheta ; sa main tremblait ; M. Féréor le regardait ; quand il vit la main trembler, il se troubla et il dit à mi-voix :

« Pauvre garçon ! »

Mais il laissa partir la lettre qui condamnait Gaspard à un mariage odieux.

« Va prendre l'air et faire un tour dans les ateliers, mon enfant ; vois si tout est en place, bien rangé. »

Gaspard sortit ; tout était prêt à recevoir les ouvriers. Il se promena dans le bois ; après avoir marché quelque temps, il s'assit dans le berceau de houx qui avait si bien servi à lui faire atteindre son but.

« Je le paye cher, dit-il, mais je le tiens ! Cinq millions ! et autant après lui ! Ce pauvre père ! Que Dieu me le conserve ; je l'aime réellement de plus en plus, et il est le seul être au monde que je puisse aimer. Cette créature que je vais épouser est sans doute laide, bête et maussade. Mon sacrifice est grand et cruel. Mais je le devais à mon père, cent fois plus paternel pour moi que ne l'a été mon propre père !... A vingt-cinq ans, être enchaîné pour la vie ! et n'avoir plus personne à

Gaspard s'assit dans le berceau de houx.

aimer qu'un père bien âgé, hélas! Le côté le plus pénible de ce mariage est le père! Un misérable que j'ai mis à la porte, et qui, après cela, a le sans-cœur de m'offrir encore sa fille.... Encore une illusion perdue, un appui de moins pour l'avenir. Ce bonheur que je ne trouvais pas complètement dans la fortune, j'espérais enfin le rencontrer dans les joies du ménage et de la famille. La satisfaction d'un grand devoir accompli peut seule en ce moment apporter un soulagement à ma tristesse; il fait naître en moi pour la première fois des émotions qui ne manquent pas d'un certain charme malgré l'amertume de mes autres pensées. »

Gaspard resta longtemps dans le berceau.

XXII

EFFET DE LA JOIE SUR LE PÈRE THOMAS

Pendant que Gaspard réfléchissait, M. Féréor s'applaudissait de la détermination de son fils.

« Cinq millions récompensent grandement son acte de dévouement, pensait-il. Il doit être bien heureux maintenant qu'il sait à un million près quelle est ma fortune. Ce bon garçon, je l'aime de tout mon cœur! Et comme il m'est attaché! C'est la première fois de ma vie que je me vois aimé, mais réellement aimé, sans aucun calcul, avec un entier dévouement. C'est la seule chose qui me manquait; je l'ai, je suis content.... Je voudrais que ce mariage fût déjà fait. Ce gredin de Frölichein ne pourra plus me faire de tort quand sa fille sera ma belle-fille. Pauvre Gaspard! »

Le surlendemain de la lettre, M. Frölichein arriva chez M. Féréor qui déjeunait avec Gaspard;

ce dernier se leva, le fit entrer, et referma soigneusement la porte.

M. FRÖLICHEIN.

Mon cheune ami....

GASPARD, *avec froideur*.

Voici mon père, Monsieur; c'est chez lui que vous vous trouvez.

M. FRÖLICHEIN.

Mon ger Monsieur, ché fiens...

M. FÉRÉOR.

Nous savons pourquoi vous venez ici. C'est une affaire à terminer vite. Mon fils épouse votre fille pour éviter la concurrence que vous pourriez faire à notre découverte. Les conditions seront : pour vous, une dot de cinq millions au moins!

M. FRÖLICHEIN.

Cinq millions! C'est tonc pien frai? Je ne boufais croire à un si crand ponheur, et ma fille....

M. FÉRÉOR.

Taisez-vous et laissez-moi finir. Votre fille sera logée chez moi. Vous vous engagerez, par le contrat de mariage, à ne nous faire aucune concurrence dans notre industrie, à ne rien établir ni entreprendre sans notre consentement, à ne faire aucun usage du vol que vous nous avez fait pour les toiles cuivre et zinc, et à nous livrer le secret du perfectionnement que vous avez trouvé pour la fabrication des toiles cuivre et zinc.

M. FRÖLICHEIN.
Oh! moin Gott! Ger Monsieur....

M. FÉRÉOR.
Je vous prie de ne pas m'appeler *cher monsieur*! Je ne vous suis pas cher, pas plus que vous ne m'êtes cher. Vous nous vendez votre fille pour être associé à ma maison, à mes affaires, et pour assurer votre fortune. Gaspard paye la vente de sa personne. Quand la marchandise sera encaissée, nous n'aurons de relations que celles des affaires industrielles.... Je me charge du contrat. Quand pourrons-nous signer?

M. FRÖLICHEIN.
Tans guinze chours, si monsieur fotre fils feut pien.

GASPARD.
Moi, ça m'est égal. Le plus tôt possible sera le mieux.

M. FRÖLICHEIN.
Foulez-vous fenir foir Mina?

GASPARD.
C'est inutile ; je la verrai le jour du mariage.

M. FRÖLICHEIN.
Mais c'est imbossible! Il faut pien gue fous fassiez connaissance et gue fous feniez foir fotre fudure.

GASPARD.
Je n'ai pas le temps : nos affaires nous occupent constamment.

M. FRÖLICHEIN.
Mais gue tira la famille?

GASPARD.

Elle dira ce qu'elle voudra ; cela ne me regarde pas.

M. FRÖLICHEIN.

Une vois, une seule, mon pon Monsieur, seulement pour le pon effet.

GASPARD.

Quand le contrat sera prêt à signer, Monsieur.

M. FRÖLICHEIN.

Fous ferrez comme Mina est cholie ; tout mon bordrait.

M. FÉRÉOR.

Gaspard, reconduis Monsieur : notre conférence est terminée. »

Gaspard ouvrit la porte et la referma dès que M. Frölichein fut sorti.

GASPARD, *riant*.

Mon père, avez-vous entendu ? Sa Mina lui ressemble.

M. FÉRÉOR, *souriant*.

Que veux-tu, mon ami, la chance est contre nous. Nous la laisserons dans son coin sans la regarder, comme tu disais. Et à présent, mon fils, il faut t'occuper de la loger. Tu feras venir de suite mon tapissier de Paris, et tu lui feras arranger et meubler richement l'appartement dans l'aile opposée au mien.

GASPARD.

Oui, mon père, mais accordez-moi une dernière faveur.

M. FÉRÉOR.

Tout ce que tu voudras, mon cher enfant. Demande.

GASPARD.

Mon père, laissez-moi la chambre que j'occupe près de vous. Je continuerai ainsi à être à votre portée le jour comme la nuit. Si vous êtes souffrant, je vous soignerai; et enfin, nous continuerons notre bonne vie en tête-à-tête.

M. FÉRÉOR.

Mon cher enfant, je te remercie et je t'accorde avec joie ta demande. Je n'aurais jamais voulu te retenir loin de ta femme, mais puisque tu le veux....

GASPARD.

Je vais écrire au tapissier, mon père.

M. FÉRÉOR.

Et quand tu auras fini, il serait bon d'aller demander le consentement de ton père et de ta mère, indispensable pour te marier.

GASPARD.

C'est vrai; rien ne peut se faire sans eux.

M. FÉRÉOR.

Pendant que je serai aux usines et que j'arrangerai le contrat avec le notaire que nous emmènerons, tu iras chez ton père; tu viendras me rejoindre quand tu voudras; je repartirai vers cinq heures.

GASPARD.

Oui, mon père. Et faut-il que j'aille prévenir le notaire?

M. FÉRÉOR.

Oui, mon ami, et dis qu'on attelle dans une heure. »

Deux heures après, Gaspard était chez son père. Il le trouva indisposé et n'ayant pu sortir.

THOMAS.

Comment, encore toi! Mais tu es donc rendu à la liberté, depuis que tu es M. Féréor fils?

GASPARD.

Non, mon père, je suis aussi tenu que jamais; mais j'ai une requête à vous adresser. Je viens vous demander votre consentement à mon mariage.

THOMAS, *surpris*.

Ton mariage! Mais il n'en était pas question l'autre jour. Et avec qui? »

Gaspard rougit.

« Avec Mlle Frölichein.

THOMAS.

Pas possible! La fille de ce grand Allemand que tu as mis à la porte dernièrement.

GASPARD.

Tout juste. Sa fille, Mlle Mina.

THOMAS.

Quel âge a-t-elle?

GASPARD.

Je n'en sais rien.

THOMAS.

Quelle fortune a-t-elle?

GASPARD.

Je n'en sais rien.

THOMAS.

C'est drôle, ça. Est-elle jolie?

GASPARD.

Je n'en sais rien; je ne l'ai jamais vue.

THOMAS.

Mais ce n'est pas possible. Comment, tu épouses une femme que tu n'as jamais vue?

GASPARD.

Oui, mon père; c'est un mariage d'affaires. C'est pour l'avantage des usines.

THOMAS.

Et si cette femme est laide, sotte et mauvaise?

GASPARD.

Il faudra bien que je la garde tout de même.

THOMAS.

Malheureux! Mais tu mèneras une vie de chien, une vie de galérien!

GASPARD.

Non, mon père. Je vivrai pour M. Féréor et pour ses usines.

THOMAS.

Et si tes enfants tiennent de ton affreuse femme?

GASPARD.

J'espère ne pas en avoir, et si j'en ai qui ressemblent à ma femme, je ne les regarderai pas.

THOMAS.

Et que te donne ton nouveau père pour conclure le marché?

GASPARD.

Cinq millions tout de suite et autant après lui.

— Cinq millions! » répéta trois fois le père Thomas.

Et il se tut.

LA MÈRE.

Miséricorde! Que vas-tu faire de tout ça? Et puisque tu es si riche, donne-moi une pièce de dix francs pour la pauvre femme Mathurin, la mère d'Henri : elle a été malade, son fils est à la ferme de Millard, elle doit son loyer, et on menace de la mettre dehors. »

Gaspard retira de sa poche deux pièces de vingt francs.

GASPARD.

Voilà, ma mère; ne vous gênez pas pour me demander de l'argent pour les pauvres : je vous donnerai toujours ce que vous voudrez.

LA MÈRE.

Merci, mon enfant; c'est un bon sentiment que tu as là; et je suis bien sûre que ta charité te vaudra la bénédiction du bon Dieu pour ton mariage. »

Gaspard soupira pour toute réponse.

LA MÈRE.

Et à quand la noce, mon ami?

GASPARD.

Le plus tôt possible, ma mère; dans une quinzaine.... Il faut que vous y veniez, ma mère, et mon père, et Lucas. »

Gaspard se retourna vers son père en disant ces mots, et il ne put s'empêcher de pousser un cri.

Le père Thomas était tombé la tête renversée sur son fauteuil, les yeux retournés, le visage violet, les mains crispées.

La mère répéta le cri de Gaspard et se précipita vers son mari, lui enleva sa cravate et demanda de l'eau fraîche. Gaspard en apportait; ils mouillèrent le front, la nuque, les tempes du père Thomas, mais il ne revenait pas.

« Lucas, Lucas! qu'on aille chercher Lucas! cria la mère.

GASPARD.

Je cours l'avertir, ma mère. Où est-il?

LA MÈRE.

Il laboure le champ des dix hectares. »

Gaspard y alla de toute la vitesse de ses jambes. Pendant que Lucas courut à la ferme, Gaspard alla chercher le médecin; il était chez lui, et il accompagna Gaspard chez le père Thomas, qui était toujours dans le même état. Il le saigna : le sang ne coula pas. Après avoir employé inutilement tous les moyens possibles pendant plus d'une heure, le médecin tâta le pouls : il ne battait plus; il écouta la respiration qui avait cessé.

« Il est mort, dit-il à l'oreille de Gaspard. Une apoplexie foudroyante l'aura frappé. »

Gaspard était consterné. C'était la joie des cinq millions qui avait tué le père Thomas. Lucas se précipita sur le corps de son père et sanglota. La mère poussa des cris lamentables. Après une heure de larmes et de sanglots, elle appela la fille de ferme et se mit à arranger convenablement le corps inanimé. Gaspard chercha à consoler Lucas qui pleurait amèrement.

GASPARD.

Reste près de ma mère, Lucas; je vais faire prévenir à la mairie qu'on vienne faire l'acte de décès. Je reviendrai. »

Lucas serra la main de Gaspard sans répondre. Avant d'aller à la mairie, Gaspard se rendit à l'usine, trouva M. Féréor dans son cabinet.

« Mon père, s'écria-t-il en entrant, mon pauvre père, celui que je tiens de Dieu, vient de mourir.

M. FÉRÉOR.

Mourir! mourir! Mais on ne t'avait pas dit qu'il fût malade.

GASPARD.

Il allait bien quand je suis entré, mon père; quelques instants après, il était frappé d'une attaque d'apoplexie foudroyante.

M. FÉRÉOR.

Et à propos de quoi, donc?

GASPARD.

A propos des cinq millions que je tiens de votre généreuse bonté, mon père. Il a été si saisi, qu'il n'a pu que répéter trois fois: *cinq millions!* Et puis il s'est affaissé sur sa chaise, et il n'a plus ni parlé ni bougé.

C'était la joie des cinq millions qui avait tué le père Thomas.

(Page 317)

M. FÉRÉON.

Et ton mariage? Frölichein va croire que nous n'en voulons plus.

GASPARD.

Non, mon père; ce sera, au contraire, une excellente raison pour éviter la noce, pour faire le mariage sans aucun étalage, n'avoir que les témoins nécessaires pour tous spectateurs.

M. FÉRÉON.

Mais le grand deuil?

GASPARD.

Le deuil n'empêche rien, du moment que nous ne faisons pas d'invitation et que nous n'y mettons aucun apparat. Ce deuil nous sera même très utile pour ne pas faire là-bas la visite obligée; et, sous prétexte de chagrin et d'affaires urgentes, faire amener la fille le jour du mariage, et nous marier à minuit.

M. FÉRÉON.

Et le contrat!

GASPARD.

On le leur portera à signer chez eux; ils auront une soirée s'ils le veulent, mais nous n'y serons pas.

M. FÉRÉON.

Très bien, très bien, mon cher enfant. Presse tout cela; écris à l'Allemand pour lui annoncer ce malheur, et tâche de dire un mot aimable pour la fille.

GASPARD.

Je tâcherai, mon père; mais je la déteste d'avance.

M. FÉRÉOR.

Déteste tant que tu voudras; mais vis-à-vis d'elle conserve les dehors.

GASPARD.

Je vous obéirai, mon père.... Avant d'écrire, il faut que j'aille à la mairie pour faire constater le décès et faire l'acte.

M. FÉRÉOR.

Envoies-y quelqu'un. Tu ne manques pas de monde pour faire tes commissions. Mon fils doit être obéi et servi comme moi-même.

GASPARD.

Merci, mon père, mais je ne ferai rien sans vous consulter.

M. FÉRÉOR.

Bien, mon enfant. Donne tes ordres, écris tes lettres, et retourne chez ta mère. Est-elle bien affligée?

GASPARD.

Je crois que oui, au premier moment; mais elle a Lucas, et mon père ne la rendait pas heureuse. Il ne la ménageait guère; je l'ai vu bien des fois frapper ma mère, et bien rudement. Elle sera plus tranquille seule avec Lucas.

M. FÉRÉOR.

Tant mieux, alors. Et toi? Parle franchement, est-ce un chagrin pour toi?

GASPARD.

C'est toujours douloureux de perdre un père,

mais le mien ne m'a jamais aimé; je ne puis donc le regretter très vivement : je ne l'avouerai à personne qu'à vous, car je n'aime au monde que vous, et je ne dis ce que je pense qu'à vous.

M. FÉRÉOR.

Et moi, mon fils, si je venais à mourir, aurais-tu du chagrin?

GASPARD.

Vous, mon cher père? Vous? Ce serait le malheur de toute ma vie. »

Et Gaspard, s'inclinant devant M. Féréor, lui baisa les mains avec émotion.

M. Féréor rayonnait; il le serra dans ses bras, regardant attentivement la belle figure de Gaspard.

M. FÉRÉOR.

Tu dis vrai, mon cher fils, tu m'aimes bien! Tu n'aimes que moi, et tu n'as jamais aimé personne que moi. Et c'est pourquoi je t'aime, et je n'ai jamais aimé personne que toi. Va, mon ami, et que Dieu te bénisse! »

XXIII

MARIAGE DE GASPARD

Gaspard écrivit à M. Frölichein une lettre très habile, polie quoique froide, afin de ne pas amener un changement trop subit entre l'impertinence de la veille et le langage convenable d'un futur gendre à un futur beau-père. Il termina par une phrase de politesse pour sa future, et par la prière instante de hâter le mariage comme dédommagement de l'absence forcée à laquelle le condamnait la mort de son pauvre père. Il avertit que M. Féréor et lui seraient prêts dans un mois. Il écrivit ensuite au tapissier, et lui recommanda de ne rien ménager et d'y mettre la plus grande promptitude. Tout devait être apporté et posé trois semaines après la réception de cette lettre.

Avant de faire partir sa correspondance, il la fit lire à M. Féréor, qui approuva et lui demanda de l'aider dans ses calculs pour le partage de sa fortune avec lui.

Gaspard avança la besogne; sa promptitude à calculer et à classer facilita beaucoup le travail qu'avait à faire M. Féréor. Ils firent ensuite un tour dans les ateliers; M. Féréor voulut accompagner Gaspard dans sa visite à la ferme : ils y allèrent en voiture, pour retourner ensemble à la ville.

La mère Thomas était revenue de la première et terrible impression de la mort de son mari; elle était calme et causait avec Lucas des changements qu'amènerait dans leur existence la mort de son mari. La visite de M. Féréor les flatta beaucoup; M. Féréor et Gaspard leur donnèrent de bons avis sur le règlement de l'héritage.

« Toi et ma mère, vous êtes seuls héritiers, dit Gaspard. Moi, j'abandonne tous mes droits et j'y ajoute les cent quarante mille francs que j'ai retirés de la vente des terres de l'héritage Danet. Grâce à la générosité de mon père adoptif, cet abar'on n'est même pas un sacrifice, et votre aisance en sera augmentée. »

La mère remercia et embrassa Gaspard; Lucas en fit autant. On régla ce qui concernait l'enterrement, qui devait avoir lieu le surlendemain à neuf heures du matin. M. Féréor dit qu'il voulait y assister. Après une visite de plus d'une heure, Gaspard et son père adoptif s'en allèrent. Le trajet fut silencieux. M. Féréor pensa que son tour viendrait bientôt; il se demanda pour la première fois ce qu'il avait fait pour les autres, et s'accusa presque d'égoïsme et de dureté. Ses yeux cependant se tournaient avec complaisance vers Gaspard : la pensée de la reconnaissance que lui témoignait son fils adoptif par le sacrifice de son bonheur intérieur lui donnait un sentiment de calme et de bonheur. En voyant toutes les joies et toutes les consolations que procure une bonne action, il songea au bien qu'il aurait pu faire autour de lui, à toutes les bénédictions qu'il aurait attirées sur sa tête, à la vénération et au respect qu'il aurait pu inspirer. Sa résolution fut prise; son âme, touchée par la grâce divine, comprit que dans la pratique seule du bien il devait trouver le bonheur au milieu des richesses.

Gaspard songeait à la différence de ses sentiments pour le père qu'il venait de perdre et pour celui qu'il priait Dieu de lui conserver; du premier il n'avait eu que des duretés, des réprimandes et des coups; du second il n'avait reçu que de l'affection, de la confiance et une position magnifique. De temps à autre, quand ces pensées revenaient plus vives, il serrait machinalement la main de M. Féréor, qu'il avait, sans y penser, prise et gardée dans la sienne. M. Féréor, d'abord surpris, devina les sentiments qui agitaient son fils, et il se laissa doucement aller au bonheur, nouveau pour lui, d'une affection vraie.

Le surlendemain fut encore une journée pénible pour Gaspard, fatigante pour M. Féréor, et cruelle pour Lucas et pour sa mère. Cette séparation absolue d'un père et d'un mari les impressionna fortement. L'assistance était nombreuse. Tous les ouvriers des usines avaient reçu la permission d'assister à l'enterrement du père de leur jeune maître, et aucun n'y avait manqué. La famille et les amis étaient aussi fort nombreux. Gaspard ramena en voiture sa mère et son frère, et passa avec eux une partie de l'après-midi. De retour dans le cabinet de M. Féréor, il lui trouva le visage fatigué.

« Mon père, laissez votre travail, vous êtes fatigué; permettez-moi de vous ramener chez nous. Nous dînerons, vous vous coucherez, et nous causerons de nos affaires, à moins que vous ne préfériez que je vous fasse la lecture.

M. FÉRÉOR.

J'ai encore à faire, mon ami; il me faut une heure pour finir mes comptes.

GASPARD.

Je vous les finirai, mon père. Vous avez besoin de repos, de sommeil. Laissez-moi vous soigner. Venez, mon père, venez. »

Gaspard entraîna M. Féréor, moitié de gré, moitié de force. M. Féréor, tout en opposant quelque résistance, se laissa entraîner avec une satisfaction visible. Il dîna avec appétit, se coucha avec plaisir et s'endormit avec calme, après avoir vu et entendu Gaspard, qui le croyait endormi, s'approcher de son lit, se mettre à genoux, lui baiser doucement les mains, et dire à voix basse :

« Dors, cher et excellent père. Dors, pendant que je veillerai pour toi. Que Dieu te conserve longtemps et en bonne santé ! Que deviendrait mon bonheur si je te perdais ? Cette femme détestable, que je dois prendre pour assurer ta tranquillité, ne sera jamais rien pour moi. Adieu, mon père et mon ami. Repose-toi de tes fatigues. »

Gaspard pria quelque temps encore, se releva doucement et quitta la chambre sans faire de bruit. Il travailla dans la sienne une grande partie de la nuit pour terminer les comptes de son père, et se coucha accablé de fatigue.

Les jours suivants se passèrent vite; Gaspard s'efforça de penser le moins possible à son mariage; M. Frölichein l'avait prévenu qu'il serait prêt, et qu'à moins de contre-ordre il arriverait à la ville de *** un mois après sa lettre; il demandait à Gaspard de lui faire retenir un petit appartement pour lui, pour sa fille et pour ses deux témoins, mais pour deux jours seulement, parce que ses affaires l'obligeaient à revenir chez lui.

Gaspard fit part de cette lettre à M. Féréor, qui donna l'ordre qu'on retînt dans un hôtel l'appartement demandé. Le contrat de mariage fut prêt au jour voulu; le notaire le porta lui-même à signer à M. et Mlle Frölichein la veille du mariage. Au retour, M. Féréor et Gaspard le questionnèrent sur la mariée; il ne put en rien dire, sinon qu'elle passait pour être bonne et très pieuse.

« Tant mieux, dit Gaspard; elle s'amusera à faire la charité, à aller voir des pauvres, à visiter des églises, et elle ne nous gênera pas.

— Du reste, ajouta le notaire, on ne lui laisse voir personne; les gens de la maison ne la voient même jamais; elle vit seule avec une bonne qui l'a élevée; elle ne sort que pour aller à l'église, chez les pauvres et chez les sœurs de charité. »

L'appartement était prêt et charmant; le tapissier n'avait rien oublié; il se composait d'une pièce d'entrée formant antichambre, d'un salon, de deux chambres à coucher avec dégagements, cabinets de toilette avec armoires, etc., et, au bout de l'appartement, une chambre de femme de chambre avec lingerie et escalier de service.

Le jour du mariage, M. Frölichein et sa fille arrivèrent après dîner seulement. Un de leurs témoins vint prévenir M. Féréor et Gaspard qu'ils se rendraient directement à la mairie, ensuite à l'église, et qu'on n'eût pas à s'inquiéter d'eux, qu'on ne se dérangeât pas pour venir les voir, parce que Mlle Mina serait à sa toilette et ne recevrait pas. Cet avertissement ne fut pas perdu pour M. Féréor. Gaspard envoya demander à quelle heure Made-

Gaspard pria quelque temps encore. (Page 329.)

moiselle voulait avoir sa voiture; qu'on devait être à la mairie à onze heures et demie.

« A l'heure qu'on voudra », fit-elle répondre.

Dans la soirée elle fit demander à M. Féréor s'il voulait bien permettre à sa bonne qui lui servait de femme de chambre, de porter ses effets dans l'appartement qu'elle devait occuper.

« Rien de plus juste, répondit M. Féréor. C'est bien, ce qu'elle a fait là, Gaspard. C'est poli, convenable, respectueux.

— Oui, elle a bien fait », répondit Gaspard froidement.

A onze heures un quart, Gaspard envoya à sa future la voiture qui devait être la sienne; lui et M. Féréor se rendirent dans la leur à la mairie.

GASPARD.

Votre voiture continuera à être la mienne, mon père; l'autre sera pour ma femme.... Mon père, que c'est dur de devoir dire : *Ma femme*, et d'avoir cette étrangère pour toujours en tiers entre nous, à tous nos repas.

M. FÉRÉOR.

Elle ne sera pas bien incommode, je pense; et, en tout cas, si elle est exigeante, ennuyeuse, tu la mettras à la raison.

GASPARD.

C'est égal, c'est fort ennuyeux d'avoir des femmes qui se mêleront de tout, qui voudront dominer dans la maison, qui ennuieront votre vieille femme de charge, Mme Bonjean.

M. FÉRÉOR.

Non, non, mon enfant; tu vois trop en noir. Cette enfant ne doit pas avoir de volonté; pense donc qu'elle a seize ans à peine. Tu lui donneras les habitudes que tu voudras.

GASPARD.

Et la bonne? Ces femmes qui ont élevé leur maîtresse sont insupportables.

M. FÉRÉOR.

Si elle t'ennuie trop, tu la feras partir.

GASPARD.

Nous voici arrivés, nous en recauserons. »

Gaspard aida son père à descendre, à peine leur voiture s'était-elle éloignée, que celle de la mariée arriva; M. Féréor et Gaspard furent obligés d'attendre M. Frölichein et sa fille. Gaspard salua le père, qui descendit le premier, et présenta la main à la fille pour l'aider à descendre. Elle était enveloppée d'un voile; il ne vit rien qu'un petit pied bien chaussé et une petite main qu'il sentit trembler dans la sienne; le père lui donna le bras.

Lorsqu'il la fit entrer dans la mairie et que Gaspard put la voir, il recula stupéfait. Il avait devant lui la plus jolie et la plus gracieuse figure qu'il fût possible d'imaginer. Taille au-dessus de la moyenne, tournure charmante, élégante et distinguée; tête ravissante, cheveux abondants, blond cendré, visage ovale, traits fins et réguliers, grands yeux

Mina Frölichein.

bleus, doux, intelligents, et qui devaient être riants quand ils n'étaient pas, comme à ce moment, rougis par des larmes récentes. La finesse de la peau, la blancheur et la fraîcheur du teint, complétaient la beauté remarquable de Mina ; elle quitta le bras de son père, s'approcha de M. Féréor, s'inclina devant lui et voulut lui baiser la main ; mais la beauté de cette future belle-fille, son air triste et candide, l'humilité de son action, touchèrent M. Féréor ; il retira sa main, et embrassa Mina sur ses deux joues fraîches et roses.

« Merci, mon père, dit Mina à voix basse ; ayez pitié de moi, et pardonnez-moi d'entrer de force dans votre famille. »

M. Féréor l'embrassa une seconde fois.

Gaspard ne pouvait revenir de son étonnement. Cette femme qu'il s'était représentée laide, commune, décidée comme un gendarme, se trouvait être une toute jeune fille de seize ans, jolie, belle, gracieuse, modeste, craintive ; elle devait être intelligente, d'après l'apparence de sa physionomie.

La surprise de Gaspard fut si évidente, que M. Féréor ne put s'empêcher de sourire. Le maire était arrivé, il était en place, il attendait ; Gaspard s'avança pour se mettre à côté de Mina. Quand le maire demanda à Gaspard s'il consentait à prendre pour épouse Mlle Mina Frölichein, il répondit oui d'une voix mal assurée ; et quand Mina dut donner aussi son consentement, les larmes lui coupèrent la parole; elle fut quelques instants avant de se remettre et pouvoir prononcer le oui qui devait l'enchaîner pour la vie, du moins d'après la loi, à un homme qu'elle ne connaissait pas, qui lui avait témoigné une indifférence et même une répugnance marquées, duquel elle ne pouvait espérer la moindre affection ni le moindre bonheur, et qui, en ce jour même de leur union, n'avait témoigné aucun désir de la voir, de lui parler.

Elle dit oui pourtant, car la terreur que lui inspirait son père ne lui permettait pas de reculer.

Quand la cérémonie fut achevée, Mina se retira sans même lever les yeux sur Gaspard, mais après avoir salué M. Féréor. Personne ne parlait; M. Féréor et Gaspard remontèrent dans leur voiture pour aller à l'église et y recevoir la mariée.

« Elle est charmante, dit M. Féréor.

— Charmante, répondit Gaspard. Je ne reviens pas de ma surprise.

M. FÉRÉOR.

Et quelle voix douce et suppliante, quand elle m'a demandé d'avoir pitié d'elle!

GASPARD.

Elle vous a demandé d'avoir pitié d'elle? Quand donc?

M. FÉRÉOR.

Quand je l'ai embrassée. Pauvre petite! Elle a

un air craintif qui annonce qu'elle n'est pas heureuse. Quel dommage qu'une si charmante créature soit vouée au malheur ! »

Gaspard ne répondit pas; sa conscience commençait à s'agiter; lui aussi avait pitié d'elle.

Le sentiment de dévouement et de reconnaissance qui l'avait fait consentir à accepter ce mariage pour assurer la tranquillité de son père, en assurant l'avenir de l'usine, l'avait un instant égaré. Il n'avait pas songé à la triste existence qu'il préparait à cette pauvre jeune fille sacrifiée par un père injuste, brutal, dont lui, Gaspard, devenait ainsi le complice. Cette pensée l'effrayait. Il se reprochait déjà les procédés qu'il avait eus à son égard et il songeait à réformer sa conduite et à réparer ses torts suivant les événements.

Le mariage, la messe, la signature de l'acte durèrent à peine trois quarts d'heure. M. Féréor fit monter Mina dans sa voiture avec lui-même et Gaspard. Mina pleurait toujours. Le trajet ne fut pas long. M. Féréor mena Mina dans l'appartement qui lui était destiné; sa bonne l'y attendait.

M. FÉRÉOR.

Vous voici chez vous, ma fille; j'espère que vous vous y trouverez bien.

MINA.

Merci de votre bonté, mon père; je suis sûre de m'y trouver bien, puisque je serai près de vous. »

En finissant ces mots, Mina fondit en larmes.

M. FÉRÉOR.

Pourquoi pleurez-vous, ma fille? Chacun ici s'efforcera de vous rendre la vie douce et heureuse.

MINA.

Il n'y a pas de bonheur pour moi en ce monde ; l'avenir sera comme le passé. Mais, mon père, accordez-moi une grâce : ne me séparez pas de ma bonne, ma pauvre bonne qui m'a élevée, le seul être qui m'aime et qui me console.

M. FÉRÉOR.

Ma pauvre enfant, personne ne vous enlèvera votre bonne ; vous êtes seule maîtresse en tout ce qui vous concerne. Soyez sans inquiétude, et reposez-vous de vos fatigues. Adieu, ma fille. N'oubliez pas que vous êtes ici chez vous et que tout y est à votre disposition. »

M. Féréor sortit ; Gaspard l'attendait chez lui.

« Eh bien, mon père, la bonne impression première a-t-elle duré ?

M. FÉRÉOR.

Non seulement duré, mais augmenté. Cette pauvre petite fait pitié. Je t'assure qu'elle m'a attendri. »

M. Féréor raconta à Gaspard le peu de mots qui s'étaient échangés entre eux.

« Tu vois qu'elle doit avoir été très malheureuse et que son père la traitait fort mal. Tu

Le trajet ne fut pas long. (Page 339.)

devrais y aller un instant, Gaspard ; elle ne connaît seulement pas ta voix.

GASPARD.

Mais, mon père, je n'ai rien à lui dire. Je ne peux pas entrer chez elle sans motif.

M. FÉRÉON.

Va lui demander si elle ne veut pas prendre quelque chose avant de se coucher ; ce sera convenable. »

Gaspard obéit avec répugnance et frappa à la porte.

« Entrez, » répondit une voix douce et fraîche.

Gaspard ouvrit la porte, entra et resta embarrassé et immobile. Mina, en le voyant, poussa un cri, et resta de son côté tremblante et silencieuse. La bonne était là.

GASPARD.

Mademoiselle..., Madame.... Je viens vous demander.... »

L'embarras de Gaspard avait donné du courage à Mina. Elle leva les yeux sur lui et ne put s'empêcher de sourire de son air gauche et empêtré. Gaspard leva les yeux de son côté et sourit aussi de la figure qu'il devait faire.

— « Mademoiselle, reprit-il de sa voix ordinaire, je viens vous demander si vous ne désirez pas prendre quelque chose avant de vous coucher. »

Mina hésita à répondre et regarda sa bonne.

LA BONNE.

Ma pauvre petite n'ose pas vous dire, Monsieur,

qu'elle a faim; elle n'a pas dîné; elle n'a fait que pleurer depuis qu'elle est arrivée.

MINA.

Ma bonne, ma bonne, pourquoi dis-tu cela?

GASPARD.

Je suis donc bien effrayant, Mademoiselle?

MINA.

Non, Monsieur, mais je ne vous connais pas.

GASPARD.

Je vais donner des ordres pour que vous soyez servie, Mademoiselle.

MINA.

Merci, Monsieur, vous êtes bien bon. »

Gaspard sortit, donna des ordres et rentra chez son père, qui était couché, mais qui ne dormait pas encore. Gaspard lui raconta le peu de mots qu'ils s'étaient dits. M. Féréor ne répondit pas et dit bonsoir à Gaspard, qui se retira. Gaspard rentra chez lui pensif et mal à l'aise.

Ses sentiments de pitié pour Mina et de regret de sa propre conduite le dominaient de plus en plus. Il se sentait plus touché de la douceur et de la réserve de la pauvre Mina à mesure qu'il découvrait l'injustice des préventions qu'il avait eues contre elle.

« Je crains d'avoir été dur, grossier même, pour cette pauvre petite. Il me paraît évident que son père l'a forcée à m'épouser, qu'elle n'en avait aucune envie; il est certain qu'elle était malheureuse chez elle, d'après, du moins, ce qu'elle a dit à mon père. La pauvre enfant semblait terrifiée; je lui fais peur; et elle doit avoir peur, d'après ma conduite à son égard. Si elle avait été ce que je croyais, la doublure de son gueux de père, ce serait bien; mais une si charmante enfant ne devait pas s'attendre à être traitée avec cette froideur, cette grossièreté même.... Que faire maintenant! Je consulterai mon père demain. »

XXIV

MINA FAIT DE PLUS EN PLUS PITIÉ A GASPARD

Le lendemain, de bonne heure, Gaspard entr'ouvrit doucement la porte de son père, et vit qu'il était éveillé.

M. FÉRÉOR.
Te voilà déjà, mon ami? As-tu quelque chose de particulier à me dire, pour t'être levé si bon matin?

GASPARD.
Oui, mon père, quelque chose de très particulier. C'est au sujet de Mina.

— Ah! ah! dit M. Féréor en souriant. Qu'y a-t-il de nouveau?

GASPARD.
Il y a, mon père, que je ne sais quelle conduite tenir après la grossière indifférence dont je me suis rendu coupable envers cette pauvre petite.

M. FÉRÉOR.

Ma foi, mon ami, j'ai partagé ta faute, je partage ton repentir, et je suis très décidé à être fort aimable pour elle. Fais de même.

GASPARD.

C'est que je ne suis pas vis-à-vis d'elle dans la même position que vous, mon père. Elle a l'air de me craindre, et beaucoup; tandis que vous, elle a tout l'air de vous aimer et d'avoir confiance en vous.

— Tu crois? dit M. Féréor avec une satisfaction visible.

GASPARD.

J'en suis sûr, mon père. Et voilà mon embarras. Elle est si différente de ce que nous redoutions, qu'il m'est impossible de la traiter comme nous le projetions avant de la connaître.

M. FÉRÉOR.

Tu as parfaitement raison, mon enfant; il faut que tu la traites comme une charmante et aimable femme.

GASPARD.

Je ne pourrai jamais; moi aussi, j'ai peur d'elle.

M. FÉRÉOR.

Pour de quoi donc, mon ami? Elle a l'air si doux!

GASPARD.

Je ne sais pas pourquoi, mon père, mais elle me fait peur.

M. FÉRÉOR, *souriant.*

Ça passera, va. Sois poli et aimable pour elle; va

tous les matins savoir de ses nouvelles, cause avec elle, demande-lui son amitié, sa confiance, et tout cela s'arrangera.

GASPARD.

Elle se lève sans doute très tard; nous aurons le temps de faire un tour à l'usine avant qu'elle ne soit prête pour déjeuner; nous n'y avons pas été hier.

M. FÉRÉOR.

Tu as raison; donne des ordres pour la voiture, et fais-lui demander ce qu'elle veut pour son premier déjeuner. »

Gaspard fit sa toilette; il était sept heures quand il alla exécuter les ordres de son père.

En ouvrant la porte de sa chambre, qui donnait sur l'escalier du vestibule, il vit Mina qui descendait lestement; elle s'arrêta dans le vestibule; elle avait son châle et son chapeau.

« Ma bonne, viens-tu? » dit-elle en se retournant.

En place de sa bonne, elle aperçut Gaspard qui descendait aussi, et resta interdite. Quand Gaspard la rejoignit, elle était rouge comme une cerise, immobile, les yeux baissés.

« Où allez-vous si matin, Madame? dit Gaspard en la saluant.

MINA.

A la messe, Monsieur; j'y vais tous les jours.

GASPARD.

Savez-vous où est l'église, Madame?

MINA.

Non, Monsieur; mais, aidée de ma bonne, je la trouverai.

GASPARD.

Voulez-vous me permettre de vous épargner la peine de chercher, Madame, et de vous offrir mon bras?

MINA.

Je veux bien, Monsieur. »

Gaspard prit son chapeau et s'approcha de Mina, qui, effrayée et tremblante, passa son bras dans celui que lui offrit Gaspard. Elle tremblait si fort que Gaspard en eut pitié.

GASPARD.

Remettez-vous, Madame. Pourquoi trembler ainsi? Croyez-vous que je veuille vous rendre malheureuse?

MINA.

Je ne sais pas, Monsieur. J'espère que non.

GASPARD.

Voyons, Madame, regardez-moi, et dites si j'ai l'air bien méchant. »

Mina le regarda, mais sans voir, car les larmes troublaient sa vue.

« Je ne vois pas, dit-elle souriant à demi.

GASPARD

Pourquoi donc?

MINA.

Parce que je pleure.

GASPARD.

Et c'est ce qui me désole, ma pauvre enfant, c'est ce qui m'a tenu éveillé toute la nuit, de vous voir terrifiée devant moi comme si j'étais un monstre, un scélérat.

MINA.

Je n'ai pas beaucoup dormi non plus ; j'avais si peur.

GASPARD.

Peur de qui, de quoi ?

MINA.

De tout le monde, et de vous surtout.

GASPARD, *souriant*.

Pourquoi cette préférence, Madame ?

MINA.

Parce que mon père m'a dit, Monsieur, pourquoi vous consentiez à m'épouser ; il m'a fait lire vos lettres. Il m'a dit que vous ne vouliez pas me voir. Tout cela n'était pas rassurant, vous en conviendrez.

GASPARD, *vivement*.

Mais c'est une abomination de votre père. Je ne vous connaissais pas ; il me disait que vous étiez son portrait en femme ; vous jugez si c'était tentant. »

Gaspard sourit ; Mina rit franchement.

GASPARD.

Et puis, si vous saviez comment la chose s'est faite ! Je vous la raconterai quand nous aurons plus de temps. Et je vous croyais une grosse rousse, maussade, etc. Jugez de ma surprise quand je vous ai vue!

MINA.

M'avez-vous trouvée à votre gré!

GASPARD.

Je serais bien difficile si je vous avais trouvée autrement.

MINA.

Et votre père?

GASPARD.

Charmante, et très disposé à vous aimer comme sa fille.

MINA.

Merci, Monsieur, de ces bonnes paroles. Notre petite promenade est la première douceur que j'aie goûtée depuis que j'ai été forcée de consentir à vous imposer ma présence... pour toujours, hélas! Mais pardonnez-moi, Monsieur; je vous en supplie, pardonnez-moi; j'ai si peur de mon père; il m'a menacée de choses si terribles si je résistais! je tiendrai le moins de place possible dans votre maison; je ne demanderai jamais rien; je vivrai avec ma bonne. Vous ne me verrez que lorsque vous le voudrez. »

Gaspard l'écoutait avec une douloureuse surprise. Il allait répondre, mais ils étaient arrivés à la porte de l'église. Alors, seulement, Mina s'aperçut qu'elle était seule.

MINA.

Ah! j'ai oublié d'attendre ma bonne! Et je n'ai pas fait attention au chemin que j'ai suivi!

Gaspard regarda à sa montre : il avait encore une heure devant lui avant de rentrer pour accompagner M. Féréor aux usines ; Mina ne pouvait être laissée seule dans une ville qui lui était inconnue. Il se décida à rester avec elle pour la ramener à la maison.

GASPARD.

Je resterai près de vous, Madame, et je vous ramènerai moi-même. »

Mina le regarda avec étonnement et lui sourit en disant :

« Merci, Monsieur. »

Gaspard la fit entrer dans le banc de M. Féréor et se plaça près d'elle. La messe allait commencer. Mina l'écouta tout entière à genoux, et Gaspard vit avec peine qu'elle avait pleuré tout le temps. Quand elle se releva, son visage était gonflé par les larmes qu'elle avait répandues. Elle n'osa lever les yeux sur Gaspard ; elle accepta son bras, et ils reprirent le chemin de l'hôtel Féréor.

« Mina, lui dit Gaspard (Mina tressaillit), vous m'avez attristé par votre trop humble résignation ; vous êtes chez vous en étant chez mon père ; votre présence nous sera toujours agréable. Et, entre nous deux, si quelqu'un a à pardonner, ce n'est pas moi, c'est vous. C'est donc à vous que je demande pardon du fond du cœur de vous avoir témoigné tant de froideur et d'indifférence. A l'avenir, vous n'aurez à vous plaindre ni de mon père ni de moi, et je vous donne pleine autorité pour faire exécuter toutes vos volontés. Tous mes gens sont les vôtres ; chevaux et voitures également.

— Merci, Monsieur, dit Mina ; j'espère ne pas abuser de l'autorité que vous voulez bien me donner : je n'ai pas l'habitude de me faire servir. »

Ils ne dirent plus rien jusqu'au retour à l'hôtel ; ils se séparèrent au haut de l'escalier ; Gaspard lui serra la main en la quittant.

« Au revoir au déjeuner, Mina.

— Au revoir, Gaspard », répondit-elle à mi-voix. Et elle se sauva dans sa chambre.

Gaspard courut plus qu'il ne marcha vers la chambre de son père et lui raconta comment il avait passé sa matinée ; il n'omit rien, ni une parole, ni un geste, ni un sourire.

M. Féréor parut content et lui serra les mains.

« C'est bien, mon fils ; tu as bien commencé, et d'ici peu de jours vous n'aurez plus peur l'un de l'autre. Tu as bien fait de l'appeler par son nom : un mari et une femme ne peuvent s'appeler Monsieur et Madame. C'est ridicule. »

Ils allèrent faire leur visite aux usines et revinrent à onze heures pour déjeuner. Gaspard, suivant le conseil de son père, alla lui-même chercher Mina.

« Mina, dit-il en frappant à la porte et en l'entr'ouvrant.

— Entrez, Gaspard, répondit timidement Mina.

GASPARD.

Merci, ma bonne Mina, de m'avoir appelé Gaspard.

MINA.

Et merci, Gaspard, de m'avoir appelée Mina.

GASPARD.

Je viens vous chercher pour déjeuner ; notre père nous attend.

MINA.

Vite, descendons. »

Et, courant devant Gaspard, elle sauta légèrement de marche en marche et se trouva dans le vestibule.

MINA.

Par où faut-il aller, Gaspard?

GASPARD.

La porte à droite; mais laissez-moi vous donner le bras, Mina. »

Et Gaspard, prenant le bras de Mina, le passa sous le sien; ils entrèrent ainsi dans la salle à manger, où les attendait M. Féréor.

Il s'avança vers Mina, et, la baisant au front :

« Bonjour, ma fille,... dit-il. Qu'est-ce que je vois? Vos jolis yeux tout rouges? Ah! Mina, ce n'est pas bien. Vous êtes donc bien malheureuse avec nous, mon enfant?

— Pas aujourd'hui, mon père, répondit-elle en l'embrassant à deux ou trois reprises. Gaspard a été bien bon pour moi; il a eu la bonté de me montrer le chemin de l'église, et puis il m'a appelée Mina, ce qui m'a fait bien plaisir.

M. FÉRÉOR.

Et avez-vous encore peur de nous, Mina?

— De vous, pas du tout, mon père, dit Mina en lui baisant la main. De Gaspard, encore un peu, ajouta-t-elle en le regardant avec un gracieux sourire.

M. FÉRÉOR.

Bon, il y a du progrès depuis hier. Mettons-nous à table, mes enfants. Gaspard et moi, nous avons bien à travailler, et nous n'avons pas beaucoup de temps à donner au plaisir. »

Le déjeuner fini, Mina retourna chez elle, et Gaspard accompagna M. Féréor aux usines. Quand ils furent de retour, Gaspard alla prévenir Mina que le dîner était servi; elle le remercia et accepta son bras sans trembler; elle commençait à s'habituer à sa nouvelle position; le soir, Mina se retirait dans sa chambre avec sa bonne, pendant que Gaspard achevait avec M. Féréor le travail du matin. Ils parlaient souvent de Mina et du charme qu'elle répandait autour d'eux.

« C'est extraordinaire, dit Gaspard, combien la présence de cette charmante enfant m'attendrit et influe sur mon caractère; mon affection pour vous, mon père, prend aussi quelque chose de plus doux; à mesure que je m'attache à elle, je sens plus profondément ce que vous avez fait pour moi.

— Il est certain, répondit M. Féréor, qu'elle semble devoir nous changer complètement. Comme toi, je me sens meilleur près d'elle. »

Mina, de son côté, se trouvait heureuse; elle

sortait dans le jour avec sa bonne; elle lisait, travaillait; elle attendait avec impatience le retour de M. Féréor et de Gaspard.

Quelques jours après son mariage, Gaspard dit à M. Féréor en sortant de table :

« Mon père, ne pensez-vous pas qu'il soit convenable que je présente Mina à ma mère?

M. FÉRÉOR.

Oui, mon fils, c'est même nécessaire. Il faut que tu l'y mènes aujourd'hui.

GASPARD.

C'est ce que je pensais, mon père; le voulez-vous, Mina? Ma pauvre mère et Lucas seront fort heureux de vous voir.

MINA.

Je veux tout ce que vous voulez, Gaspard.

GASPARD.

Alors nous accompagnerons mon père aux usines, et, quand vous aurez tout vu, je vous mènerai chez ma mère. Vous faudra-t-il ma voiture?

MINA.

Est-ce bien loin?

GASPARD.

A un quart de lieue.

MINA.

Je fais sans me fatiguer deux ou trois lieues.

GASPARD.

En ce cas nous irons à pied.

MINA.

J'aime bien mieux marcher qu'aller en voiture. »

XXV

MINA A LA FERME

Mina alla s'arranger pour la promenade. Gaspard donna le bras à son père pour monter l'escalier, et tous trois se retrouvèrent dans le vestibule, prêts à partir.

Mina était rayonnante; ses yeux étaient dérougis et brillaient de tout leur éclat; elle était plus charmante encore que les jours précédents; Gaspard ne cessait de la regarder.

Mina était gaie, en train; elle s'était familiarisée avec son beau-père et même avec Gaspard; elle souriait à M. Féréor et répétait souvent :

« Je suis heureuse, mon père, heureuse d'être près de vous ».

Elle regardait Gaspard d'un air un peu malicieux, mais elle n'ajoutait pas : et de Gaspard.

« Quel beau pays! s'écria-t-elle. Quelle charmante vallée! Ah! je vois les usines! Que c'est beau! Quels magnifiques bâtiments! Qu'on est heureux de vivre ici! »

M. Féréor souriait et se réjouissait de l'admiration de Mina; Gaspard avait un air heureux et doux qu'il n'avait jamais eu. Mina s'enthousiasmait de plus en plus à mesure qu'elle approchait de ces belles usines situées dans cette charmante vallée de ***; elle regardait à la portière de droite, à celle de gauche. Enfin, ils arrivèrent; elle sauta à bas de la voiture, sans donner à Gaspard le temps de lui présenter la main. Elle demanda à son mari de la laisser seule venir en aide à son père, qui trébucha en touchant terre et tomba à moitié dans les bras de Mina; elle le soutint très adroitement et lui donna le bras.

On lui fit voir tous les ateliers; partout les ouvriers étaient groupés pour la recevoir, et partout on fut charmé de sa grâce, de sa beauté, des paroles aimables qu'elle trouva à dire à chacun.

Gaspard était dans le ravissement, il ne la quittait pas des yeux; M. Féréor, qui lui donnait le bras, n'était pas moins enchanté que Gaspard. Lorsque tout fut visité, et qu'elle eut particulièrement examiné la fabrication des toiles cuivre et zinc, elle leva ses yeux attristés sur Gaspard, qui se trouvait près d'elle, et lui dit à voix basse :

« Voilà pourtant la cause de votre esclavage, pauvre Gaspard.

GASPARD.

Dites plutôt la cause de mon bonheur, chère Mina; hier et aujourd'hui ne se ressemblent pas. »

Mina hocha la tête et ne répondit rien.

GASPARD.

Vous ne me croyez pas ?

MINA.

Je crois que vous êtes bon et que vous avez pitié de moi. Je suis reconnaissante, croyez-le bien. »

M. Féréor ayant tout fait voir à Mina, dit à Gaspard qu'il allait maintenant aux affaires sérieuses.

« Et toi, mon fils, va mener Mina chez ta mère; tu me retrouveras dans mon cabinet. »

Ils se séparèrent. Gaspard et Mina prirent le chemin de la ferme. Gaspard était pensif; Mina avait repris sa timidité.

GASPARD.

Vous ne parlez plus, Mina? Votre gaieté vous a déjà quittée?

MINA.

C'est votre belle manufacture de toiles cuivre et zinc qui m'a donné des idées tristes.

GASPARD.

Et fausses, vous pouvez bien ajouter.

MINA.

Fausses! Le temps nous fera voir lequel de nous a raison.... Quel joli chemin nous parcourons! Ces jeunes bois sont frais et charmants. »

La conversation continua. Gaspard la mit au courant de sa famille, des principaux évènements de sa jeunesse, ensuite il se tut. Mina parla de temps à autre; mais le sérieux de Gaspard lui fit peur, et elle se tut comme lui.

Quand Gaspard entra dans la ferme, il trouva sa mère faisant le ménage pendant que Lucas était aux champs. Elle reçut donc Mina au milieu de son linge lessivé, de ses fourneaux, des fers à repasser.

« Je suis désolée de vous recevoir au milieu de ce désordre, Madame, dit la mère Thomas en posant son fer et en essuyant ses mains.

MINA, *tristement*.

Madame! Vous me repoussez donc aussi, ma mère?

LA MÈRE.

Mon Dieu! c'est que... je crains..., je n'oserai jamais vous appeler ma fille.

MINA.

Je suis donc bien repoussante, que tout le monde me témoigne de l'éloignement.

LA MÈRE.

De l'éloignement! Comment pouvez-vous croire, Madame, que la femme de Gaspard ne soit pas reçue avec empressement?

— Alors embrassez-moi, ma mère, dit Mina en se jetant dans les bras de la mère Thomas; et ne m'appelez plus Madame.

Gaspard trouva sa mère faisant le ménage.

LA MÈRE.

Et comment donc faut-il vous appeler, ma charmante fille ?

MINA.

Votre fille ou Mina. N'est-ce pas, Gaspard ? »

Gaspard, sans lui répondre, la serra dans ses bras et l'embrassa. Mina tressaillit et le regarda avec étonnement et satisfaction. La mère Thomas l'embrassa également.

« A présent, ma mère, dit Mina prenant un fer, je vais vous aider à faire le ménage. »

Et Mina, jetant son chapeau et son châle sur une chaise, se mit à repasser avec une adresse et une activité qui prouvaient qu'elle n'était pas à son coup d'essai.

Gaspard et la mère Thomas restaient interdits; Mina repassait toujours.

MINA.

Vous voyez, ma mère, que je pourrai vous être utile ; ma bonne me faisait faire toute sorte de choses du ménage ; chez mon père, je n'étais pas servie comme je le suis chez Gaspard. Nous vivions dans notre coin, ma bonne et moi, et je me servais moi-même. Et vous savez, ma mère, que lorsqu'on sait se servir soi-même, on sait servir les autres.

— Ma fille, que faites-vous ? » dit la mère Thomas revenue de sa surprise et s'avançant vers Mina pour lui retirer le fer.

Mina ne voulait pas le lâcher, la mère Thomas voulait le lui enlever. Mina riait et perdait ses forces.

« Au secours, Gaspard! appela-t-elle. Au secours! ma mère est plus forte que moi. »

Gaspard obéit à l'appel de Mina et la secourut si bien, que le fer resta entre les mains de la mère Thomas. Mais la glace était rompue, la lutte dans laquelle Gaspard avait pris une part si active enleva l'embarras, la crainte qu'avait éprouvée la mère à l'aspect de sa charmante et élégante belle-fille.

MINA.

C'est bien; je me vengerai de ma défaite, et Gaspard me le payera, car il s'est mis contre moi au lieu de me secourir.

GASPARD.

Comment, contre vous? je vous ai seulement légèrement soutenue pour vous empêcher de glisser.

MINA.

C'est égal! puisque j'ai perdu mon fer, je vais plier ce tas de serviettes. Gaspard, donnez-moi, je vous prie, ce paquet qui sèche au feu.

GASPARD.

Mina, je vous en supplie.

MINA.

N'est-ce pas, ma mère, que ce linge doit être plié et détiré?

Mina se mit à repasser avec adresse et vivacité. (Page 65.)

LA MÈRE.

Certainement, ma fille; mais Gaspard a raison de vouloir vous empêcher de faire cet ouvrage, qui ne convient pas à votre position.

MINA.

Ma position est d'être votre fille, de vous aider en tout, de vous être utile et agréable. N'est-ce pas, Gaspard? Donnez-moi, je vous en prie, ce paquet trop lourd pour moi, mon cher Gaspard.

GASPARD.

Je ne résiste pas à un aussi charmant appel, chère Mina; voici votre linge. Je ne devrais pourtant pas vous avoir obéi.

MINA.

Vous devez m'obéir longtemps encore, pauvre Gaspard, pour expier vos torts envers moi.

LA MÈRE.

Comment, ma fille, Gaspard s'est déjà donné des torts envers vous?

MINA.

Je crois bien, ma mère; si vous saviez les lettres qu'il a écrites a mon père à propos de notre mariage, et l'idée qu'il avait de moi! Ah! ah! ah! Il me croyait une grosse rousse, maussade et dégoûtante. »

La mère Thomas et Gaspard ne purent s'empêcher de rire.

« Charmante enfant! dit la mère Thomas à Gaspard.

MINA.

Et voyez, ma mère, comme il est mauvais! il ne me donne seulement pas un coup de main. Je suis sûre que Lucas ne ferait pas cela, et qu'il me donnerait le linge lorsque j'en ai besoin, comme à présent. »

Lucas était entré au moment où Mina commençait à parler; Gaspard lui fit signe de se taire, mais, à la dernière réflexion de Mina, Lucas s'avança avec empressement et posa sur la table un gros paquet de serviettes.

« C'est Lucas! s'écria Mina avec surprise. Voyez comme j'ai bien deviné, dit-elle en se dépêchant de ranger le linge et en présentant sa joue à ce nouveau frère. J'étais sûre que ce bon Lucas me serait un excellent frère.

LUCAS.

Comme vous me semblez devoir faire une bonne sœur,... Ma.... Madame.

MINA.

Madame! Ah! ah! ah! Une Madame qui plie du linge! Vous savez bien que je m'appelle Mina?

LUCAS.

Mais non, je n'en savais rien. Gaspard ne me l'avait pas dit.

MINA.

Ah! on ne s'est guère occupé de moi, à ce qu'il me semble. Mais vous avez raison, mon frère : je serai une bonne sœur, une bonne fille... et une bonne femme, si Gaspard veut bien le permettre. »

Mina avait baissé la voix, et son visage s'attrista subitement; sa physionomie expressive changea complètement. Avec toute la mobilité d'une grande jeunesse et d'une naïve innocence, elle passait facilement du rire aux larmes et des larmes au sourire.

Gaspard lui répondit en lui baisant la main. Mina parut satisfaite de la réponse et reprit son linge, qu'elle détirait et dépliait avec une dextérité qui excita l'admiration de Lucas.

« Ah! dit-il en riant, que je voudrais avoir une femme comme Mina!

— Voyez-vous, Monsieur, que Lucas vous envie votre femme, dit Mina en riant et en s'adressant à Gaspard. Soyez tranquille, Lucas, lorsque vous vous marierez, appelez-moi; je formerai ma belle-sœur à faire vite et bien. »

La conversation continua, gaie et agréable pour tout le monde; Gaspard, Lucas, la mère Thomas avaient les yeux fixés sur la charmante et gracieuse Mina, qui semblait les avoir tous fascinés. Le linge était plié et rangé; les torchons étaient accrochés au foyer, pour sécher; la table était débarrassée, tout était en place.

MINA.

A présent, ma mère, je vais faire un peu la princesse, et je vous demanderai un morceau de savon pour me laver les mains, afin de ne pas trop dégoûter Gaspard et mon père. »

Lucas s'empressa d'apporter à Mina le savon et une terrine d'eau tiède.

MINA.

Merci, Lucas. Voyez, Gaspard, comme Lucas est aimable, comme il me sert avec empressement.

LUCAS.

Je n'y ai pas grand mérite, charmante sœur.

GASPARD.

Chère Mina, il faut partir. Voici deux heures que nous sommes ici, et mon père....

MINA.

Deux heures! déjà! Comme le temps passe vite. Adieu, ma bonne mère, dit-elle en mettant son châle et son chapeau ; je reviendrai bientôt et souvent, si Gaspard veut bien le permettre, ajouta-t-elle en jetant sur son mari un regard malin et riant. C'est Gaspard qui commande, et moi j'obéis.

— Je crois bien que ce sera le contraire », dit Gaspard en riant.

Mina embrassa sa belle-mère, qui le lui rendit avec usure, puis Lucas.

« Adieu, charmante sœur ; revenez bientôt, lui dit-il.

— Quand Gaspard voudra bien le permettre, répondit Mina en souriant.

GASPARD.

Petite malicieuse, vous savez bien que votre volonté est la mienne. »

XXVI

GRAND CHAGRIN DE MINA
GASPARD S'EXPLIQUE

Quand ils furent partis, Lucas et sa mère ne tarirent pas en éloges sur la charmante et aimable Mina.

« Quelle chance a Gaspard, dit Lucas : il se marie dans l'intérêt de l'usine et de M. Féréor ; il s'attend à une femme laide, méchante, bête, et voilà qu'on lui amène la plus charmante jeune fille qu'il soit possible de voir. »

Pendant ce temps, Gaspard et Mina hâtaient le pas et couraient presque pour revenir plus tôt près de M. Féréor ; Gaspard donnait le bras à Mina pour la faire marcher ou courir plus vite, et tous deux riaient à l'envi l'un de l'autre. Ils arrivèrent tout essoufflés dans le cabinet de M. Féréor.

GASPARD.

Suis-je en retard, mon père ?

M. FÉRÉOR.

Non, mon ami ; on avance au contraire.

GASPARD.

Tant mieux ! J'avais peur de m'être laissé entraîner par Mina.

M. FÉRÉOR, *souriant*.

Ah ! c'est Mina ? un vrai miracle qu'elle a opéré.

MINA.

C'est parce que j'ai repassé du linge, mon père.

M. FÉRÉOR, *avec surprise*.

Repassé du linge ! Comment, Gaspard ?

— Oh ! mon bon père, ne le grondez pas ; ce n'est pas sa faute, dit Mina en passant ses bras autour du cou de M. Féréor et en l'embrassant. Je sais très bien faire le ménage, et j'ai aidé notre pauvre mère pour la soulager. Et puis, n'est-ce pas que ce n'eût pas été aimable ni convenable de lui laisser faire le gros ouvrage sans lui venir en aide ?

— Chère enfant, tu es une petite enchanteresse, répondit M. Féréor avec un sourire satisfait.

— Merci, merci, cher bon père ! reprit Mina. Vous m'avez tutoyée, et c'est parti du cœur. Oh ! je vois bien que vous m'aimerez.

M. FÉRÉOR.

Je t'aime déjà, mon enfant. Qui pourrait ne pas t'aimer ?

MINA, *riant*.

Entendez-vous, Gaspard, ce que dit notre père ?

Il est bien plus aimable que vous. N'est-ce pas, mon père ?

M. FÉRÉOR.

Je veux bien dire comme toi, chère enfant ; mais le pauvre Gaspard n'ose pas ; il sait que tu as peur de lui, et....

MINA.

Oh ! plus maintenant, mon père.

M. FÉRÉOR.

Depuis quand donc ?

MINA, *rougissant.*

Depuis..., depuis notre visite chez sa mère. »
Elle ajouta très bas à l'oreille de M. Féréor :
« Il m'a embrassée : donc, il ne me déteste plus ».

M. Féréor se mit à rire bien franchement.

« Qu'a-t-elle dit, mon père ? demanda Gaspard en s'approchant.

— Ne dites pas, mon père, ne dites pas ! s'écria Mina.

GASPARD.

Je le saurai bien : mon père me dit tous ses secrets.

MINA.

Mais pas les miens. »

M. Féréor sourit, serra la main de Gaspard, et baisa les petites mains qui étaient à sa portée.

M. FÉRÉOR.

Je te répète que tu es une petite enchanteresse.

Et à présent, ma fille, il faut que tu t'en ailles. Gaspard va faire atteler ta voiture ; tu retourneras chez toi, et Gaspard viendra travailler avec moi.

MINA.

Ne puis-je pas rester, mon père? Je me tiendrai tranquille dans mon petit coin ; je ne bougerai pas.

M. FÉRÉOR.

Non, ma fille, tu nous gênerais. »

Mina soupira, baisa la main de M. Féréor et sortit.

MINA.

Gaspard, est-ce que je vous aurais gêné?

GASPARD.

Je... je..., crois que oui ; j'aurais eu trop peur que vous vous ennuyiez.

MINA.

Mais je ne me serais pas ennuyée.

GASPARD.

Qu'auriez-vous fait?

MINA.

Je vous aurais regardé.

GASPARD, *souriant*.

Et si j'en avais fait autant, que serait devenu mon travail?

MINA.

Oh! vous! il n'y a pas de danger.

GASPARD, *riant*.

Comment, pas de danger? C'est précisément le danger que mon père a prévu.

MINA.

Alors, adieu, Gaspard. Au revoir. Ne soyez pas trop longtemps. »

Mina monta en voiture et songea à sa journée.

Quelques semaines se passèrent encore ainsi; Mina se rassurait de plus en plus sur son avenir; Gaspard s'attachait de plus en plus à sa femme; il commençait à trouver dans cette affection et dans celle qu'il portait à son père le calme qu'il avait tant cherché; il avait moins de ces agitations, de ces inquiétudes qui l'attristaient autrefois, et cependant il sentait qu'il manquait encore quelque chose à son cœur pour arriver au but si désiré.

M. Féréor devenait de plus en plus différent de ce qu'il avait été; sa froideur et sa réserve habituelles faisaient place à l'affection et à l'indulgence. Mina s'apercevait de ces changements et espérait de plus en plus se faire aimer de son mari.

Un jour qu'elle revenait du châtelet où M. Féréor et Gaspard achevaient leur après-midi comme d'habitude, elle réfléchit sur les progrès qu'elle avait faits dans le cœur de Gaspard et de M. Féréor.

« Je crois, dit-elle, que je serai très heureuse. Mon père m'aime déjà, c'est facile à voir; ma mère aussi, Lucas aussi. Je les aime bien; ils sont si bons! Gaspard,... voilà ce qui m'inquiète; il est très bon pour moi, c'est vrai! il veut réparer ce qu'il a fait avant que nous soyons mariés. Il me dit des choses très aimables; il a l'air d'être content de moi; mais je ne sais pas s'il m'aime comme mon père.... Non, il ne m'aime pas; il n'est pas comme sont avec leurs femmes des maris que je connais. D'abord ils se tutoient, et Gaspard ne me tutoie pas; ensuite ils se disent bonjour et bonsoir en s'embrassant, et Gaspard ne m'embrasse pas. Enfin, ils demeurent près l'un de l'autre, et Gaspard m'a mis à l'autre bout de la maison, le plus loin de lui possible. Aussi je demanderai à Gaspard la permission de mettre un lit dans ma chambre pour ma bonne, parce que j'ai peur toute seule dans mon bel appartement.... Il est très beau, mon appartement. Et Gaspard qui l'avait arrangé pour une grosse rousse, méchante... et bossue, peut-être. Ah! ah! ah! Comme ils ont dû être surpris quand ils m'ont vue; car je sais que je suis jolie. J'aime beaucoup ma figure et ma taille. Si j'ai des filles, je voudrais qu'elles me ressemblassent. Et les garçons devront ressembler à Gaspard.... Il est très bien, Gaspard. J'aime beaucoup sa figure; il a l'air distingué. Et puis, il a une belle taille et une belle tournure. S'il pouvait m'aimer un peu!... Beaucoup serait encore mieux.... Et s'il continue à ne pas m'aimer, je serai très malheureuse. Et je le dirai à notre père; il me consolera, lui, car il m'aime. Et je resterai toujours avec lui et pas avec Gaspard. C'est méchant à Gaspard. Qu'est-ce que je lui ai fait? Est-ce ma faute si on l'a forcé à m'épouser? Pourquoi a-t-il consenti? Pour me rendre malheureuse? C'est très vilain! C'est une mauvaise action, et je ne l'aime pas du tout pour la peine. »

Le résultat de ses réflexions fut un déluge de larmes. Elle descendit de voiture pleurant comme une Madeleine; les domestiques qui la reçurent s'en étonnèrent et accusèrent leurs maîtres de cruauté envers leur charmante jeune maîtresse, à laquelle ils s'intéressaient déjà. On alla prévenir la bonne et la femme de charge; cette dernière vint savoir si Madame était souffrante.

MINA.

Non, Madame; je vous remercie de votre bonté. Je vais très bien; seulement....

MADAME BONJEAN.

Je prie Madame de m'excuser. Je suis bien fâchée de voir Madame si désolée. Il y a longtemps que je suis dans la maison; il est bien naturel que je prenne intérêt à ma jeune maîtresse.

MINA.

Merci, chère Madame. Je suis bien contente que vous ayez un peu d'amitié pour moi. Je suis bien reconnaissante qu'on veuille bien m'aimer. Mon Dieu, mon Dieu, que je suis malheureuse! »

La femme de charge, touchée des larmes de Mina, ne savait comment et de quoi la consoler; elle alla prévenir la bonne, Mme Gauroy, qui accourut près de Mina.

« Qu'as-tu, mon enfant? Ma chère enfant, pourquoi pleures-tu si amèrement?

MINA.

Ma bonne, ma chère bonne, je suis bien malheureuse : Gaspard ne m'aime pas. »

La bonne, ne sachant pas ce qui s'était passé, ne put rien dire pour lui persuader le contraire; elle pensa que Gaspard avait été dur et grossier pour sa chère enfant, et elle le détesta un peu plus qu'auparavant.

Les heures s'écoulèrent. Mina, fatiguée de plusieurs nuits agitées et de sa douleur récente, s'endormit dans son fauteuil. Elle dormait encore quand Gaspard entra précipitamment. Il avait su par Mme Bonjean tout ce qui s'était passé et l'état de désolation de Mina à son retour. Gaspard et M. Féréor furent consternés de ce grand chagrin.

« Va, mon fils, dit M. Féréor, va vite près d'elle; tâche de gagner sa confiance et qu'elle t'avoue ce qui l'a mise dans cet état. »

Gaspard entra donc chez Mina, qui dormait. Il s'arrêta devant elle et considéra longtemps cette attitude gracieuse, ce visage charmant qui portait encore la trace de ses larmes. Gaspard se mit à genoux près d'elle et baisa doucement la main qui soutenait la tête de Mina.

« Pauvre petite! » dit Gaspard.

Ces paroles, quoiqu'elles eussent été prononcées

à voix basse, réveillèrent Mina. Elle poussa un cri en voyant Gaspard.

« Mina, chère Mina, qu'avez-vous? lui dit-il en la retenant dans son fauteuil.

MINA.

J'ai beaucoup de chagrin, Gaspard.

GASPARD.

Et pourquoi donc, chère enfant? Qu'ai-je fait, mon Dieu, pour vous affliger ainsi?

MINA.

Gaspard, mon cher Gaspard, vous ne m'aimez pas.

GASPARD.

Moi, je ne vous aime pas! Qu'est-ce qui peut vous donner une pareille pensée? »

Mina lui raconta ses réflexions et leur résultat.

A mesure que Mina développait ses griefs, le visage de Gaspard s'éclaircissait; il lui avoua ses vrais sentiments, la tendresse qu'il ressentait pour elle, son ardent désir de lui prouver sa vive affection et d'obtenir la sienne. Il continua :

« Je ferai donc comme les maris que tu connais, chère petite femme : je te tutoierai, je demeurerai près de toi, je te dirai bonjour et bonsoir en t'embrassant; je ferai tout ce que tu voudras, tu auras toute ma confiance, tu me donneras toute la tienne, et tu me promettras de ne jamais douter de ma tendresse.

MINA.

Non, jamais, mon ami, jamais. Je serai heureuse et je ne pleurerai plus.

GASPARD.

Et tu me tutoieras, puisque tu veux que je te tutoie?

MINA.

Oui, Gaspard, je vous... c'est-à-dire.... Veux-tu appeler ma bonne, Gaspard?

GASPARD.

Oui, chère enfant, je vais te la chercher.

MINA.

Et tu reviendras avec elle.

— Madame Gauroy, ma chère madame Gauroy, s'écria Gaspard en saisissant et en serrant les mains de la bonne, ma femme vous demande; elle est contente de moi; elle croit enfin que je l'aime de tout mon cœur. »

Mme Gauroy serra aussi les mains de Gaspard, avec des larmes dans les yeux, et le suivit chez Mina.

« Ma bonne, ma chère bonne, s'écria Mina en courant à sa bonne et en se jetant dans ses bras, il m'aime, il me tutoie; il logera près de moi, il m'embrassera matin et soir; il aura confiance en moi et j'aurai confiance en lui.

GASPARD.

Et comme je ne t'ai pas dit bonjour ce matin, je te le dis maintenant devant ta bonne. »

Et Gaspard la serra dans ses bras et l'embrassa tendrement.

Mme Gauroy pleurait de joie; elle aussi serra dans ses bras le mari de son enfant. Gaspard les quitta en leur annonçant qu'il allait rassurer son pauvre père, qui s'inquiétait de la douleur de Mina.

GASPARD.

Eh bien, mon père, tout est arrangé; la source des larmes de Mina est tarie; je lui ai avoué ma tendresse, mon bonheur; figurez-vous qu'elle croyait que je ne l'aimais pas. »

Gaspard raconta à son père le détail des tristes pensées de Mina, la conversation qu'il venait d'avoir avec elle et son résultat.

« Les trois conséquences d'une affection sincère sont donc de la tutoyer, de demeurer près d'elle, de l'embrasser matin et soir. »

M. Féréor rit de bon cœur.

« Es-tu disposé à accorder ces trois preuves infaillibles?

GASPARD.

Très disposé, mon père; je regrette seulement de quitter votre voisinage.

M. FÉRÉOR.

Celui que tu auras vaut bien celui que tu perds. Tu penses bien que cela ne pouvait pas durer. C'était grossier et insultant pour elle. Te voilà donc avec un bonheur au grand complet.

GASPARD.

Oui, mon père, et toujours grâce à vous. Ne craignez pas, cher, excellent père, que cette nouvelle tendresse, née d'hier, diminue en rien celle que je vous porte, et qui a sa source dans la reconnaissance; elle a grandi avec moi, elle est ma première affection; elle ne peut ni s'effacer ni s'affaiblir. Mon nouveau sentiment pour Mina ne peut que développer le premier, le premier qui m'ait fait sentir que j'avais un cœur!

— Je te comprends parfaitement, mon fils, et je n'ai pas peur, Mina, pour toi comme pour moi, achève notre éducation de ce côté. Et à présent, Gaspard, va faire ton déménagement; tu n'as pas beaucoup de temps avant le dîner. »

Gaspard quitta son père et alla prévenir Mme Bonjean de venir l'aider à déménager; il fut surpris d'y trouver Mina.

GASPARD.

Comment, Mina, toi ici?

MINA.

Oui, Gaspard; je fais une visite à Mme Bonjean; elle a eu la bonté de s'intéresser à mon chagrin, il est juste que je vienne lui annoncer mon bonheur. Je lui ai tout raconté; elle a trouvé que j'avais raison et que tu avais tort : n'est-ce pas, Madame Bonjean?

MADAME BONJEAN.

Certainement, chère dame; et je le gronderai quand je le retrouverai seul.

MINA.

Ah! ah! ah! tu seras grondé! C'est bien fait, pour m'avoir tant fait pleurer! »

Gaspard la regardait et souriait.

« Ma chère Madame Bonjean, dit-il, je viens vous demander de m'aider à déménager.

MADAME BONJEAN.

Oui, oui, Madame m'a prévenue ; laissez-nous faire, Mme Gauroy et moi, nous vous arrangerons tout cela.

MINA.

Et moi donc ? croyez-vous que je resterai les bras croisés pendant que vous vous fatiguerez à porter des livres et des habits ?

GASPARD.

Mina, chère petite, tu vas te fatiguer ; tu n'as pas l'habitude de ce genre de travail.

MINA.

Pas l'habitude ? mais je faisais tout le ménage avec ma bonne ; nous n'étions pas riches, va ; nous n'avions pour nous aider qu'une fille de basse-cour, une grosse rousse comme moi. »

Mina rit de ce bon petit rire jeune et frais. Gaspard sourit.

« Méchante, tu exploites ce secret que je t'ai confié.

MINA.

Beau secret ! Je le ferai connaître à tout le monde. »

Elle continua :

« Nous allions au marché, ma bonne et moi, nous faisions la cuisine, tout le ménage, et notre blanchissage, nos robes, notre linge. Et nous n'avions que six mille francs par an pour tout payer.

GASPARD.

Je croyais que ton père était très riche.

MINA.

Il paraît, en effet, qu'il était très riche, mais il met tout son argent dans ses usines ; ma bonne m'a dit qu'il était très gêné quand je me suis mariée ; il parlait même de fermer ses usines. Et puis il ne m'aimait pas.

GASPARD.

Pourquoi cela ?

MINA.

Parce que je ressemblais à maman et que j'aimais à donner aux pauvres.

GASPARD.

Pauvre petite !

MINA.

Tu juges comme j'ai eu peur quand il m'a fait lire ta première lettre où tu consentais à m'épouser. Je l'ai prié, supplié de ne pas me marier à un homme qui m'acceptait par force, que je n'avais jamais vu....

GASPARD

Comment ? ton père m'a écrit que tu m'avais vu aux fêtes de mon adoption, et que tu me trouvais à ton gré.

MINA, *riant.*

Ah ! ah ! ah ! quel mensonge ! Je ne suis jamais allée à aucune fête ; je ne suis jamais sortie qu'avec ma bonne pour la messe et pour me promener en visitant des pauvres. J'ai donc eu très peur de ce mariage, et j'ai trouvé le courage de lutter contre mon père, malgré sa colère ; il avait beau me gronder, me maltraiter....

GASPARD, *tressaillant.*

Te maltraiter? Toi?

MINA.

Oh! il me maltraitait souvent; mais cette fois, après m'avoir bien tarabustée, il m'a donné un coup et il m'a fait si mal que j'ai cédé. Tu vois, Gaspard, qu'il ne faut pas m'en vouloir pour avoir consenti à t'épouser.

GASPARD.

Oh! Mina! Mina! Pauvre enfant! Si j'avais connu ta malheureuse position! »

Mina se jeta dans les bras de Gaspard.

« Elle ne sera pas malheureuse, cher Gaspard, puisque tu m'aimes et mon père aussi. »

Une larme de Gaspard tomba sur la joue de Mina.

« Oh! Gaspard, mon bon Gaspard! Ne pleure pas sur ma triste vie passée, sans quoi je vais pleurer aussi. »

Gaspard l'embrassa, mais il était trop ému pour parler.

MINA.

Et à présent je vais rejoindre Mme Bonjean pour ton déménagement. Pourquoi est-elle partie sans moi?

GASPARD.

Parce qu'elle est très discrète; elle voyait que tu allais me dire des choses intimes.

MINA.

Il ne fallait donc pas parler devant elle?

GASPARD.

Non, chère enfant; tout ce que tu m'as dit devait être pour moi seul.

MINA.

Tu seras donc mon ami tout à fait. Je pourrai te dire tout ce que je pense, tout ce que j'ai fait, tout ce que je désire.

GASPARD.

Tout, mon amie, tout.

MINA.

Ah bien! alors, que je me dépêche de te dire.... Tu ne me gronderas pas? Tu me refuseras si je demande trop.

GASPARD.

Parle, parle, chère enfant. Je ne te refuserai rien.

MINA.

Eh bien, Gaspard, je voudrais bien avoir un piano et de la musique; j'aime tant la musique! J'en ai, mais très peu; ma pauvre bonne m'en achetait sur nos économies, mais elles n'étaient pas grosses, comme tu penses.

GASPARD.

Comment, c'est cela que tu hésites à me demander? Dès demain j'écrirai pour un piano de Pleyel.

MINA

Et puis une autre chose, mon ami. Je voudrais avoir un peu d'argent pour donner aux pauvres.

GASPARD.

Tant que tu voudras, ma bonne, excellente petite femme. Combien veux-tu?

MINA.

Peux-tu me donner... vingt francs! Est-ce trop? ajouta-t-elle en voyant la surprise de Gaspard.

GASPARD.

Trop? mais, mon enfant, ce n'est rien. Que veux-tu faire avec vingt francs?

MINA.

C'est beaucoup, Gaspard; nous faisions, ma bonne et moi, des vêtements de pauvres; nous leur achetions du pain, du beurre, du bois; on a beaucoup de choses avec vingt francs! Et ils étaient si contents quand nous leur apportions tout ça!

GASPARD.

Tu es un ange; en faisant mon déménagement, je te donnerai mille francs, que je renouvellerai quand ils seront épuisés.

MINA.

Mille francs! Oh! Gaspard, que tu es bon! J'en aurai pour un an au moins.

GASPARD.

Non, Mina, je suis trop riche pour donner si peu. Donne toujours et tant qu'on aura besoin; ne ménage pas ma bourse, qui est la tienne.

NINA.

Comment, je pourrais donner... dix mille francs par an?

GASPARD.

Pas dix mille, mais cent mille, deux cent mille, et bien plus encore. Pourquoi augmenter notre fortune, déjà trop considérable?

NINA.

Mon bon, mon cher Gaspard! Le bon Dieu te bénira et te récompensera. Gaspard, que je t'aime! ajouta-t-elle en se jetant encore dans ses bras. Que de pauvres ne souffriront plus, grâce à toi, à ta charité! Je vais vite le dire à ma bonne. »

Mina partit en courant. Gaspard resta pensif

« C'est un ange que Dieu m'a donné! elle sera mon bon ange; elle me donnera ce qui m'a manqué jusqu'ici : la charité. A mesure que je l'aime, je me sens meilleur, mieux disposé pour faire le bien, plus indulgent, plus doux. Mon Dieu, que j'ai de reproches à me faire! que d'actions mauvaises dans ma vie! Quelle ambition! Quel égoïsme! Ma première amélioration date de ma tendresse pour mon père adoptif. Je me suis senti tout autre quand j'ai aimé. Et à présent, je sens mon cœur s'élargir, se remplir de bons sentiments; je comprends le chagrin, les peines du cœur : je comprends même la piété, la prière, depuis que j'ai mené Mina à la messe; je l'y mènerai souvent; la prière fait du bien; elle laisse quelque chose de doux, de satisfait, que je ne connaissais pas. »

Et, en finissant ces mots, Gaspard pria Dieu dans son cœur de lui pardonner son indifférence passée et de le rendre meilleur à l'avenir. Il jeta les yeux autour de la chambre et ne vit ni crucifix ni sainte Vierge; pourtant il aperçut dans un coin de la chambre un coussin placé comme pour s'y agenouiller, devant une petite table. Sur cette table était une boîte d'une forme bizarre. Il l'ouvrit et vit un modeste crucifix en bois, une statuette de la sainte Vierge, un chapelet en buis, un livre de prières et un portrait en miniature qui lui sembla être celui de Mina elle-même, mais vieillie.

Gaspard devina que c'était celui de sa mère; il se mit à genoux, baisa et rebaisa cette image charmante; il baisa aussi les pieds du crucifix, et allait le remettre en place, lorsque Mina parut. Elle poussa un petit cri joyeux, et, courant à Gaspard, elle lui prit la tête dans ses mains, lui fit un signe de croix sur le front et le lui baisa.

« Tu es béni, mon Gaspard; béni par moi, par mon cœur, par ma mère et par le bon Dieu. Je suis heureuse, mon ami, de te voir prier; si tu le veux bien, nous ferons toujours ensemble notre prière du soir; celle du matin est impossible, car je me lève de bonne heure, pendant que tu dors encore probablement, mais rien ne nous empêche de la faire le soir.

GASPARD.

Dès aujourd'hui, mon cher petit ange gardien, dès ce soir je prierai à tes côtés.... Et je te ferai venir un établissement plus convenable et plus commode pour nos prières du soir... et du matin, car je ne suis pas aussi paresseux que tu le crois.

MINA.

Tant mieux! Ton déménagement est bien avancé, mon ami; il ne reste plus que tes papiers, auxquels je n'ai pas voulu qu'on touchât.

GASPARD.

Tu as bien fait; viens m'aider à les ranger et les transporter en ordre. »

Mina, très fière d'être appelée pour des choses de cette importance, suivit Gaspard et commença le rangement. Quand ils eurent fini, elle lui demanda si elle pouvait jeter un coup d'œil sur la chambre de son père.

MINA.

Je voudrais bien me le figurer dans sa chambre et savoir s'il est bien logé.

GASPARD.

Entre, mon enfant, entre; il n'est jamais chez lui à cette heure-ci. Je vais emporter mes derniers papiers.

XXVII

MINA CHEZ M. FÉRÉOR. PIANO ET MUSIQUE.

Mina entra chez M. Féréor; elle examina chaque meuble, chaque objet. Après avoir tout vu, elle remarqua l'absence du crucifix.

« Pauvre père! pensa-t-elle. Il n'est pas pieux comme Gaspard. Mais nous lui ferons aimer le bon Dieu; nous prierons tant pour lui! »

Et, se mettant à genoux au pied du lit de M. Féréor, elle pria avec ferveur pour que son cher père aimât le bon Dieu par-dessus toutes choses.

Pendant qu'elle priait, M. Féréor rentra chez lui et resta stupéfait de voir Mina à genoux auprès de son lit.

« Mina, dit-il en s'approchant et en cherchant doucement à la relever, Mina, ma fille, que fais-tu? Par quel hasard es-tu chez moi? »

Mina se releva; ses yeux étaient humides, sa

physionomie était grave; elle prit la main de M. Féréor dans les siennes.

« Mon père, j'ai désiré connaître votre chambre afin de vous y suivre par la pensée. J'ai voulu prier pour vous chez vous. J'ai ardemment prié pour votre bonheur, non seulement en ce monde, mais dans l'autre. J'ai demandé au bon Dieu de remplir votre cœur de son amour, d'augmenter en vous l'esprit de charité; et à présent je vous demande à vous, mon père, le bienfaiteur de mon cher Gaspard, de vouloir bien me bénir; je n'ai pas encore reçu votre bénédiction. Gaspard m'aime maintenant, et sa tendresse a fait de moi votre vraie fille, votre enfant. »

Mina se mit à genoux devant M. Féréor, baisa tendrement la main paternelle qui devait la bénir, et reçut cette bénédiction la tête inclinée, les larmes dans les yeux et la joie au cœur.

« Que Dieu te bénisse comme je te bénis, mon enfant, ma fille chérie; oui, je te bénis du fond de mon cœur, où tu as conquis ta place près de mon cher Gaspard. Je te remercie, ma fille, d'être venue prier chez moi pour moi. Ton influence bienfaisante me donnera, j'espère, le cœur chrétien que tu me demandes, et l'esprit de charité qui m'a manqué jusqu'ici, je dois l'avouer. »

En finissant ces mots, M. Féréor releva l'heureuse Mina et la serra contre son cœur.

« A présent, chère enfant, laisse-moi seul; j'ai

à travailler. Envoie-moi Gaspard, j'ai besoin de lui. »

Mina courut chercher Gaspard.

« Mon père n'a pas semblé mécontent que tu fusses entrée chez lui? demanda Gaspard avec inquiétude.

MINA.

Au contraire, il m'a remerciée, il m'a bénie. Il est si indulgent pour moi! Ses yeux me regardent d'un air si bon! Il pleurait presque en m'embrassant après m'avoir bénie. Mais va donc vite, Gaspard, mon père t'attend.

— Tu es un ange! » répondit Gaspard.

Et il sortit.

M. Féréor raconta à son fils avec émotion la charmante et pieuse pensée de Mina.

« C'est non seulement de la tendresse que je ressens pour cette aimable fille, c'est encore de l'estime; et quand nous la connaîtrons mieux, je ne serais pas surpris que nous ressentions tous deux un sentiment de respect pour cette enfant si bonne et si pieuse. »

Gaspard fut heureux d'entendre parler ainsi son père; son travail s'en ressentit un peu. M. Féréor ne dit rien, car lui aussi avait été plusieurs fois distrait par le souvenir de cette pieuse enfant priant pour lui.

Le lendemain, Mina alla à la messe, accompagnée de Gaspard. La journée se passa comme la veille, sauf que Mina ne les accompagna pas aux usines. Elle courut au perron pour les recevoir à leur retour, et ne quitta plus Gaspard, même pendant son travail. Elle observa le genre d'occupation auquel il se livrait, et dont il lui donna l'explication. Elle ne dit rien, mais le lendemain, quand Gaspard voulut prendre ses dernières feuilles, il trouva les comptes terminés.

Voyant l'étonnement de Gaspard, Mina se mit à rire.

« C'est moi qui te suis venue en aide, mon ami. Avant mon mariage, papa me faisait souvent faire les comptes des usines et les vérifications des livres; et jamais je ne me trompais; si mon père avait trouvé la moindre erreur, il m'aurait grondée sans pitié, frappée peut-être. Tu peux donc me donner tout ce travail à faire; tu me feras grand plaisir en me procurant les moyens de vous rendre service, à mon père et à toi. Et quand je dis mon père, je parle du tien et pas du mien. »

Peu de jours après que Mina eut demandé un piano, elle en aperçut un charmant en bois de rose incrusté de nacre et d'ivoire, et un joli meuble du même travail rempli de livres de musique, que Gaspard avait fait placer dans le salon de sa femme.

MINA.

Un piano! De la musique! Oh! que je te remercie, mon ami! Quel beau piano! Les jolies incrustations! Que je l'essaye bien vite pour voir s'il est aussi bon que beau.

GASPARD.

Je l'ai demandé semblable à sa maîtresse : parfait sous tous les rapports.

— Tu es flatteur, Gaspard, répondit Mina en souriant. Sa maîtresse a bien des défauts.

GASPARD.

Lesquels? Je ne t'en connais pas.

MINA.

D'abord, d'être exigeante : je voudrais avoir tout ton cœur, toutes tes pensées, tout ton temps; et je sais que c'est impossible.

GASPARD.

Excepté mon temps, qui n'est à moi qu'en partie, tu as tout ce que tu voudrais avoir, ma charmante petite femme. »

Mina lui sourit et ouvrit son piano.

Dès les premières notes, Gaspard reconnut un talent supérieur; elle joua plusieurs morceaux, que Gaspard écouta avec ravissement. Puis elle se mit à chanter; sa voix pleine, sonore et étendue avait un timbre d'une douceur, d'une suavité exquises. Gaspard écoutait sans se lasser, Mina s'arrêta.

GASPARD.

Mina, mon amie, chante encore, chante toujours!

MINA.

Et ton travail?

GASPARD.

Je le ferai ce soir, cette nuit, n'importe; chante encore, je t'en prie.

MINA.

Je le veux bien, parce que ton travail est fait. J'ai été dans ta chambre, j'ai trouvé tes livres, et, pendant que tu étais aux usines avec mon père, j'ai tout fini.

GASPARD.

Tu es donc ma chère petite providence? Tu sais tout, tu fais de tout, tu me viens en aide pour tout.

MINA, *riant*.

C'est pour te faire accepter ton malheur d'avoir été forcé de m'épouser.... Ne réponds pas, Gaspard, ne dis rien, je vais chanter. »

Et Mina chanta le fameux air : *Di tanti palpiti*, etc. A peine eut-elle fini, que des applaudissements frénétiques et des *bis, bis* répétés, se firent entendre dans la rue; Mina courut à la fenêtre, restée ouverte à cause de la chaleur, et vit beaucoup de monde rassemblé dans la cour de l'hôtel. A la vue de Mina, les applaudissements redoublèrent; on distinguait quelques mots : *charmante, ravissante*. Mina, étonnée et ne pensant nullement que ces mots s'adressassent à elle, cherchait à découvrir ce qui pouvait avoir provoqué cet enthousiasme. Gaspard s'approcha aussi de la fenêtre et reconnut plusieurs jeunes gens de la ville, qui le saluèrent. Gaspard rendit le salut et entraîna Mina loin de la fenêtre.

« C'est toi, Mina, qu'ils applaudissent.

— Moi ! Comment ? Pourquoi ?

— Parce que tu chantes comme un ange, parce que tu as la voix d'un ange, la figure d'un ange, le regard et le sourire d'un ange, et que tu es un ange. »

Et il baisa la main de Mina en ajoutant :

« A l'avenir, chère Mina, ferme la fenêtre quand tu voudras chanter. Je n'aime pas que tous ces gens se permettent de t'applaudir et de vouloir te faire recommencer.

MINA.

Je la fermerai, mon ami. Mais... serais-tu jaloux ? Tu as l'air furieux, ajouta-t-elle en riant.

GASPARD.

Je ne l'étais pas, Mina, mais je le suis depuis que je t'aime ; et je déteste qu'on te regarde effrontément, qu'on te suive dans la rue, qu'on m'envie mon bonheur ; tout cela m'irrite et me déplaît.

MINA.

Ah ! mon Dieu, Gaspard, calme-toi ! Si tu savais comme tu as l'air méchant !... Et pourtant, je t'aime bien ainsi, mon cher, cher Gaspard. »

Un domestique frappa à la porte.

« Entrez ! dit Gaspard d'une voix formidable.

— Quelques jeunes gens demandent à être admis près de Monsieur ou de Madame.

— Qu'ils aillent se coucher, répondit Gaspard avec colère. Dites-leur que Madame ne reçoit pas, et que Monsieur travaille et ne peut recevoir personne. »

Le domestique sortit. Mina resta debout et souriante devant Gaspard, dont les sourcils froncés, les narines gonflées, indiquaient le mécontentement.

Mina s'approcha près, tout près du canapé où Gaspard s'était assis ; elle se laissa tomber à genoux près de lui, prit sa main et la baisa.

« Mon ami, dit-elle d'une voix timide, de quoi et pourquoi es-tu fâché ? Tu me fais peur ; je te croyais si bon.

— Pardon, mille fois pardon, ma chère Mina ; je suis un sot, et je ne sais ce qui m'a pris ! N'aie pas peur de moi, je t'en supplie ; je ne recommencerai plus à être sottement jaloux de te voir applaudie par des étrangers. »

La paix ne tarda pas à être conclue, et Gaspard tint parole ; il avait l'habitude de ne pas céder à ses mouvements intérieurs, et il domina sa jalousie. Après le dîner il fit sa confession à son père devant Mina, qui atténua les torts de Gaspard et s'accusa elle-même d'imprudence. M. Féréor se moqua un peu de Mina, beaucoup de Gaspard, et finit par prier Mina de chanter. Mina se mit au piano, chanta admirablement, et attendit le jugement de son père, qui ne disait rien ; elle sa leva, s'approcha de lui, et vit qu'il dormait profondément.

« Il dort, dit-elle tout bas en riant.

— Il est toujours si fatigué, ce pauvre père! Le soir il n'en peut plus.

— Eh bien, mon ami, causons; nous avons tant de choses à nous dire. »

Et Mina se plaçant sur le canapé près de son mari, ils commencèrent une conversation si animée, que deux pies n'auraient pu mieux faire leur office. Dix heures étaient l'heure du coucher de M. Féréor; Gaspard, qui n'oubliait jamais les habitudes de son père, se leva dès qu'il entendit sonner la pendule, et réveilla doucement M. Féréor.

Quand il ouvrit les yeux, il vit Gaspard à sa droite et Mina à sa gauche.

« Comment trouvez-vous que j'aie chanté, mon père? demanda Mina en riant.... Prenez garde, mon père : Gaspard va être jaloux », reprit Mina en riant.

Cette petite malice acheva de réveiller M. Féréor. Il prit le bras de Gaspard, Mina les suivit; les enfants embrassèrent leur père après l'avoir remis aux soins de son valet de chambre, et ils se retirèrent chez eux.

XXVIII

SÉPARATION CRUELLE

Quelques jours après, Mina eut un nouveau chagrin. M. Féréor lui annonça qu'il emmenait Gaspard pour une tournée de huit jours, afin de prendre possession des terres qui composaient une partie de sa dot. Mina fut consternée ; elle pleura même, mais M. Féréor fut inflexible, et Gaspard lui-même lui démontra la nécessité de ce voyage.

« Mon père, dit Mina, puisque je dois rester sans vous et sans Gaspard, permettez-moi d'aller passer ces huit jours au châtelet des usines et chez ma pauvre mère. J'y serai sous la protection de vos bons ouvriers ou bien sous celle de la mère et du frère de Gaspard. Ici j'aurais peur ; je n'oserais pas sortir ; je craindrais que Gaspard... (elle regarda Gaspard avec un sourire malin).

Enfin, je serais bien mieux là-bas, mon père, avec ma bonne et près de ma mère.

— Ton idée est très bonne, ma fille ; elle me plaît, et je vois qu'elle fait plaisir à Gaspard. Nous partirons après-demain chacun de notre côté : tu monteras dans la voiture pour aller au châtelet, pendant que nous irons prendre le chemin de fer.

— Merci, mon ange, lui dit Gaspard en l'embrassant ; tu m'évites un grand souci.

M. FÉRÉON.

Et tu sais, ma fille, qu'en notre absence tu es la souveraine de l'hôtel et du châtelet, que tu peux disposer de tout et commander tout ce que tu voudras.

MINA.

Merci, mon bon père ; je n'userai pas beaucoup de mon commandement ; tout le monde ici prévient mes désirs ; on est trop bon pour moi, qui ne suis utile à personne.

M. FÉRÉON.

Tu fais un paradis de ma maison, ma fille ; c'est déjà quelque chose. »

Le jour de la séparation fut triste pour Mina. D'abord, Gaspard ne put la conduire à la messe, parce qu'il avait beaucoup à faire avant une absence de huit jours ; le reste de la matinée, elle le vit à peine pour la même raison. Pendant le dernier repas en commun, Mina pleura sans cesse.

M. Féréor et Gaspard eurent beau vouloir la remonter, ils n'y réussiront pas.

M. FÉRÉOR.

Mais songe donc, ma pauvre enfant, que nous reviendrons dans huit jours! Huit jours sont bien vite passés.

MINA.

Oui, mon père, quand ils sont passés; mais quand ils sont à venir?

M. FÉRÉOR.

Et puis, vois la figure de Gaspard, et combien tu l'attristes par ce chagrin déraisonnable.

MINA.

Est-ce vrai, Gaspard, que c'est mon chagrin qui t'afflige?

GASPARD.

Oui, très vrai, ma petite Mina. Si tu supportais mieux mon absence, je partirais tranquille; mais il est certain que de te laisser affligée comme tu l'es, est une vraie douleur pour moi qui t'aime si tendrement, et qui suis si malheureux de te voir souffrir.

MINA.

Mon bon cher Gaspard, pardonne-moi; tu as raison, c'est déraisonnable à moi; je serai très bien, tu verras; et vous serez content de moi, mon père. D'abord, j'irai voir ma mère, je l'aiderai à faire son ménage; j'irai promener avec Lucas et ma bonne. J'irai voir M. le curé; il me mènera chez des pauvres.... Ah! mon Dieu, je n'ai plus d'argent! ma bonne m'a prêté dix francs hier, et je les ai donnés à la femme d'un pauvre homme qui s'est noyé il y a huit jours, et chez laquelle m'avait menée M. le curé. Elle pleurait à faire pitié, cette pauvre femme. J'ai pleuré avec elle ; je n'ai pu lui donner que dix francs ; elle a deux petits enfants tout jeunes et si gentils !

GASPARD.

Chère petite, pourquoi ne pas m'avoir demandé de l'argent? il ne faut pas t'en laisser manquer. Mon père, me permettez-vous de dire à la caisse qu'on donne à Mina tout ce qu'elle demandera?

M FÉRÉOR.

Certainement, mon fils ; tes ordres et les miens ne se contrediront jamais.

MINA.

Merci, mon père ; merci, cher Gaspard ; je ferai la charité en votre nom, et je ferai prier tout le monde pour vous et pour Gaspard. Une chose qui me manquera bien là-bas, c'est mon piano, surtout en l'absence de Gaspard ; j'aurais joué et chanté tous les soirs les morceaux qu'il aime tant. Je penserai à toi, mon Gaspard, et je compterai les heures qui me séparent encore de toi.

GASPARD.

Et surtout ne t'afflige pas.

MINA.

Non, non, sois tranquille ; je comprends que huit jours sont bien vite passés. »

Le déjeuner était fini. Il fallut s'occuper des préparatifs du départ. Gaspard monta avec Mina pendant que M. Féréor donnait ses derniers ordres. Mina éclata en sanglots quand il fallut donner le dernier baiser à Gaspard ; elle ne pouvait se décider à le quitter.

GASPARD.

Mina, ma bien-aimée, tu m'as promis du courage ; tu me désoles par ton affliction. Que veux-tu que je devienne loin de toi, te sachant dans le désespoir, comme si nous ne devions jamais nous retrouver ?

MINA.

Gaspard, mon cher Gaspard, je serai très raisonnable, je te le promets ; d'abord, je te laisse aller... (elle détacha ses bras du cou de Gaspard), et puis je mets mon chapeau et je pars. Ma bonne, nous partons ! cria-t-elle.

GASPARD.

Ta bonne est en bas qui t'attend. »

Mina serra encore Gaspard dans ses bras, et descendit soutenue par lui. Elle embrassa M. Féréor qui descendait aussi ; il la fit monter en voiture après l'avoir laissée donner un dernier baiser à son mari ; la bonne monta après elle, la voiture partit et Mina pleura ; mais sa bonne sut la raisonner, l'encourager, la distraire, et Mina arriva au châtelet sans trop de larmes. Elle fut reçue avec empressement par André et les premiers commis; elle s'installa avec sa bonne dans la chambre occupée par Gaspard quand il y venait; elle avait positivement refusé de prendre celle de M. Féréor, que lui offrait André. Après avoir aidé sa bonne à tout ranger, elle lui demanda de l'accompagner chez sa belle-mère.

Elles y arrivèrent au moment où Lucas allait partir pour les champs. Mina courut à lui.

MINA.

C'est moi, Lucas, dit-elle en l'embrassant. Oh! Lucas, si vous saviez comme je suis malheureuse!

LUCAS.

Malheureuse, charmante petite sœur! Et pourquoi?

MINA.

Vous riez, Lucas? Ce n'est pas bien, car je suis réellement malheureuse. Gaspard est parti... avec mon beau-père.

LUCAS.

Et ensuite?

MINA.

Ensuite il reviendra,... mais dans huit jours!

LUCAS.

Mais tout ça ne me dit pas pourquoi vous êtes malheureuse, chère petite sœur.

MINA.

Comment, vous ne comprenez pas? Parce que je serai huit jours sans voir Gaspard!

LUCAS.

Ce n'est que ça? Ah! ah! ah! Pauvre petite

sœur! Ah! ah! ah! Quel malheur! Huit jours! Ah! ah! ah! Chère sœur, vous avez l'air indignée de me voir rire, mais je vous assure que ça n'a pas de bon sens. Qu'est-ce que c'est que huit jours? Mais cela vous arrivera sans cesse. Quand on est dans les affaires, comme Gaspard, on s'absente souvent.

MINA.

Mon Dieu, que vais-je devenir si Gaspard me laisse souvent seule?

LUCAS.

Vous vous y habituerez, chère sœur. Maintenant ne pleurez plus, et allons voir ma mère, qui est au jardin. La dame qui est avec nous vient-elle aussi?

MINA.

Certainement; c'est ma bonne, Mme Gauroy, qui m'a élevée, qui m'aime comme sa fille; n'est-ce pas, ma bonne?

LA BONNE.

Oui, oui, tu le sais bien, chère enfant. »

Ils allèrent tous au jardin, où ils trouvèrent la mère Thomas cueillant des pois pour le souper.

MINA.

Bonjour, ma mère; nous venons vous aider, ma bonne et moi. Je suis venue passer quelques jours au châtelet en l'absence de Gaspard, qui m'a laissée seule pour huit jours; et je suis bien triste, ma mère.

LA MÈRE.
De quoi donc, ma pauvre enfant?
MINA.
Mais, ma mère, de ne pas voir Gaspard pendant huit jours.
LA MÈRE.
Il n'y a pas de quoi être triste, ma fille.
MINA.
Comment, ma mère? huit jours!
LA MÈRE.
Qu'est-ce que c'est que huit jours? c'est si vite passé! »

Mina sentit que cette répétition du raisonnement de Lucas était le vrai de sa position, elle se repentit d'avoir donné de l'inquiétude et du chagrin à son mari pour n'avoir pas su être raisonnable. Elle prit la résolution de l'être plus à l'avenir.

Les pois furent bientôt cueillis. Lucas était retourné à son travail. Mina acheva son après-midi en aidant aux différents ouvrages de la ferme; elle retourna au châtelet pour dîner; la première chose qu'elle aperçut fut son piano et sa musique. Elle poussa un cri de joie.

« Comment se trouve-t-il ici? dit-elle.
ANDRÉ.
C'est Monsieur qui a donné l'ordre qu'on l'apportât de suite, pour que Madame l'ait avant dîner.
MINA.
Bon Gaspard! Comme c'est aimable à lui! Merci bien, André; qui est-ce qui l'a apporté?

ANDRÉ.

Ce sont des ouvriers terrassiers qui l'ont été chercher, Madame, et qui l'ont apporté avec grand soin d'après les ordres de Monsieur.

MINA.

Remerciez-les bien pour moi, mon bon André; et donnez-leur cette pièce de vingt francs. Croyez-vous que ce soit assez? Mon mari me dit toujours que je ne donne pas assez.

ANDRÉ.

C'est largement payé, Madame. Ils seront bien contents. Ils auront leur journée tout de même; c'est tout gain pour eux.

MINA.

Merci, André. M'a-t-on fait à dîner? J'ai bien faim.

ANDRÉ.

Oui, Madame; le cuisinier est ici. Et pour le service, c'est Félix, celui qui sert Monsieur, qui sera aux ordres de Madame. J'y aiderai si Madame le désire.

MINA.

Merci, mon bon André; je serais bien fâchée de vous déranger. Félix sera plus que suffisant…. André, voulez-vous dire qu'il mette le couvert de ma bonne, qui dînera avec moi. Vous avez l'air surpris? ajouta-t-elle en souriant. C'est qu'elle m'a élevée, ma pauvre bonne; elle m'aime autant que je l'aime, et je mangeais toujours avec elle avant mon mariage. »

André sourit.

« Je vais donner les ordres de Madame. Je comprends parfaitement que Madame traite ainsi une personne qui l'a élevée. On aime déjà bien Madame ici, et on l'aimera plus encore quand on saura comment Madame sait reconnaître les services qu'on lui a rendus. »

André sortit.

Mina mangea peu; elle était triste; le soir, elle joua du piano, chanta, écrivit une lettre à Gaspard, pria, pleura, se coucha, pleura encore un peu, et s'endormit pour ne s'éveiller qu'au grand jour, à sept heures du matin.

Elle se leva à la hâte, fit sa toilette et partit avec sa bonne pour entendre la messe. Elle alla ensuite chez le curé, lui parla des pauvres, apprit avec peine qu'il y avait plusieurs familles dans un véritable besoin, se les fit indiquer, et demanda au curé de venir déjeuner avec elle pour l'accompagner lui-même dans ses visites.

MINA.

Il y aura ainsi un avantage pour vous comme pour moi, Monsieur le curé : je profiterai de votre compagnie; et vous, vous gagnerez dans le cœur de ces pauvres gens, qui sauront que c'est à vous qu'ils devront leur bien-être.

LE CURÉ.

Mais, Mademoiselle, je ne sais pas à qui je dois cette gracieuse invitation et où je dois me rendre pour l'accepter?

MINA.

Au châtelet, chez mon père et chez mon mari, qui sont absents. Je ne suis pas demoiselle; je suis la femme de M. Gaspard Féréor.

LE CURÉ.

Vous, Madame? Mais vous êtes plus que sa femme, vous me semblez devoir être son bon ange! J'avais bien entendu parler, par les gens de l'usine, de votre bonté et de votre piété, mais j'ignorais que ce fût Mme Féréor à laquelle j'ai l'honneur de parler. »

Mina salua et rappela au curé son invitation.

« A midi, Monsieur le curé, n'est-ce pas? » dit-elle en s'en allant.

Le curé fut exact et satisfit aux nombreuses questions que lui adressa Mina; elle apprit avec une pénible surprise que ni son beau-père ni son mari ne s'occupaient des pauvres de leur commune et des environs.

MINA.

Et pourtant, dit-elle, Gaspard est bien bon; il m'a donné mille francs pour les pauvres dès les premiers jours de mon mariage, et il m'a dit que je pouvais donner tout ce que je voudrais, cent, deux cent mille francs si je voulais.

LE CURÉ.

C'est qu'avant vous, Madame, il n'y pensait pas, et que votre charité a réveillé la sienne.

MINA.

Je ne la laisserai pas s'endormir, Monsieur le

curé, soyez-en sûr. Nous viendrons au secours de tous les pauvres ; nous leur donnerons du travail, des vêtements, des logements, du bois, du pain. Nous exigerons que les enfants aillent à l'école et au catéchisme. Nous établirons des sœurs de charité, une salle d'asile et bien d'autres choses ; vous serez mon premier ministre ; et demandez sans vous gêner ; vous voyez comme mon mari est bon et généreux pour moi. Et vous lui payerez tout cela en priant beaucoup pour lui ; n'est-ce pas, mon cher Monsieur le curé? Je vous demande beaucoup de prières pour lui et pour mon pauvre beau-père, qui est bien bon aussi, mais qui pense tant à ses affaires qu'il oublie le bon Dieu et ceux qui souffrent. Ce pauvre père, je l'aime bien. C'est lui le premier qui a été bon pour moi, qui m'a appelée sa fille, qui m'a embrassée, qui m'a tutoyée ; c'est bien bon, tout cela, n'est-ce pas, Monsieur le curé? »

Le curé ne put s'empêcher de rire.

« J'avoue, Madame, que je n'y trouve pas grand mérite. »

Mina sourit.

« C'est que vous ne savez pas tout ; vous ne savez pas que, lorsque Gaspard m'a épousée, il croyait que j'étais une grosse rousse, bête et maussade. Ah! ah! ah! Je ris toujours quand je pense à cette drôle d'idée de Gaspard et de mon pauvre père. »

Le curé était fort surpris; cette confidence dénotait un enfantillage qu'il ne s'expliquait pas.

LE CURÉ.

Pardonnez-moi, Madame, une question indiscrète. Quel âge avez-vous?

MINA.

J'ai seize ans depuis trois mois.

LE CURÉ.

C'est donc ça, dit le curé en souriant. Seize ans ! C'est bien jeune pour se marier !

MINA.

Et comment mariée, encore ! Je ne voulais pas ; je croyais que Gaspard et son père étaient très méchants. Je n'ai dit oui que parce que mon père m'a maltraitée plus que jamais. Aussi j'avais une peur quand je suis descendue de voiture à la mairie ! Je tremblais si fort, que je pouvais à peine me soutenir quand Gaspard m'a donné le bras. Mais je vous raconte un tas de choses, Monsieur le curé, et il est temps que nous allions voir nos pauvres. Attendez un peu, s'il vous plaît ; je vais appeler ma bonne. »

« Quelle bonne et charmante enfant ! se dit le curé. Mais ce n'est qu'une enfant. »

XXIX

HEUREUSE INFLUENCE DE MINA

Les visites de Mina furent productives pour les pauvres ; ils furent tous pourvus du nécessaire en attendant mieux. Le lendemain elle passa l'après-midi chez sa belle-mère. En rentrant, elle eut l'agréable surprise d'avoir une lettre de Gaspard. Après bien des tendresses il lui écrivait :

« Tes prières et ton exemple nous ont déjà fait un peu de bien, ma chère petite femme bien-aimée. Nous avons pensé aux pauvres à secourir et aux églises à réparer. Nous comptons établir partout des sœurs de charité, des salles d'asile, des écoles; nous nous entendrons avec les curés pour faire régner l'aisance et la religion dans toutes nos propriétés. Ta prière dans la chambre de mon père nous a touchés plus que je ne puis te dire ; tu m'as fait faire des réflexions que je n'avais jamais faites. L'esprit de charité que tu as demandé pour nous commence à germer dans nos cœurs; le mien, rempli d'amour pour toi, le sera bientôt, j'espère, de l'amour du Dieu bon qui m'a donné ma Mina chérie; tu continueras ton œuvre, et tu feras de moi un vrai bon chrétien. L'indifférent, l'égoïste, l'ambitieux Gaspard fera place au chrétien repentant.... Adieu, ma bien-aimée ; jamais je ne pourrai te dire combien je t'aime et combien j'éprouve de reconnaissance pour le bon Dieu et pour toi. Ce que c'est que d'épouser, par dévouement pour son bienfaiteur, une grosse rousse, bête et maussade ! Dans six jours je serai près de toi : avec quel bonheur je serrerai contre mon cœur la chère petite enchanteresse qui y règne sans partage ! » etc.

Mina fut enchantée de cette lettre, qu'elle baisa mille fois et qu'elle voulut porter sur son cœur. Les huit jours de séparation finirent enfin. Mina dut retourner en ville.

On la vit partir avec un vif chagrin. La mère Thomas la regretta et pleura même, tant elle avait gagné son affection par ses qualités attachantes. Le curé lui demanda instamment de revenir souvent. Elle le promit et retourna à la ville peu d'instants avant M. Féréor et Gaspard ; elle les attendait à la fenêtre. Quand elle les vit entrer dans la cour de l'hôtel, elle sauta plutôt qu'elle ne descendit l'escalier, et se trouva dans les bras de Gaspard avant d'avoir franchi le perron. M. Féréor, plus lent dans ses mouvements, ne la rejoignit que lorsqu'elle eut été embrassée dix fois par son mari. Elle avait tant de choses à leur raconter, que le pauvre M. Féréor demanda grâce et alla se reposer dans son cabinet, où l'attendaient une multitude d'affaires ; c'était son repos et son occupation favorite. Ils se rejoignirent à l'heure du dîner. Le calme, le repos, le bon air de la campagne avaient rendu à Mina la fraîcheur de son teint, que tant de secousses, de douleurs et de larmes avaient légèrement altéré. M. Féréor lui en fit compliment ; elle lui rendit compte de ses générosités, de l'emploi de son temps ; elle lui parla avec tant de feu du bon résultat de ses charités, que M. Féréor en fut touché et lui demanda de les continuer en son nom. Elle l'embrassa, se loua beaucoup des soins et des attentions qu'avaient eus pour elle tous les gens des usines et du village, et particulièrement André. Gaspard ne la quittait pas des yeux ; il était en extase devant elle. Quand elle remonta le soir dans sa chambre et qu'elle se dirigea avec Gaspard vers la petite table devant laquelle ils faisaient leurs prières, elle poussa une exclamation joyeuse en apercevant un petit meuble formant chapelle, contenant un magnifique crucifix, une charmante statue de la sainte Vierge, un bénitier, des flambeaux. Tout le meuble était en sculptures, représentant les scènes de la vie de N.-S. Jésus-Christ.

« Oh ! Gaspard, que tu es bon et aimable ! » s'écria Mina en l'embrassant tendrement.

Gaspard ne manqua pas aux promesses qu'il avait faites à Mina : il devint de plus en plus religieux et charitable. Il chercha à réparer le tort qu'il avait fait jadis à quelques ouvriers intelligents que ses rapports trop sévères avaient empêchés d'avancer. Il protégea particulièrement André, qui obtint de M. Féréor le poste de confiance, très avantageux, qu'avait jadis occupé Gaspard. M. Féréor, amélioré par l'exemple et la tendresse de son fils et de sa fille, devint la providence du pays, après en avoir été l'oppresseur. Mina obtint sans peine que les ouvriers eussent leur dimanche entièrement libre. Ils n'en travaillèrent que mieux, et reçurent souvent des gratifications qu'ils méritaient et dont ils furent reconnaissants. Tout le pays changea d'aspect : les cafés se fermèrent faute de pratiques ; l'église devint trop petite pour la population qui s'y pressait. On ne trouvait plus dans la commune un seul individu qui ne fît pas ses pâques et qui ne sût lire. Gaspard établit, par le conseil de Mina, pour l'usine et le village, une bibliothèque considérable et composée de livres instructifs, intéressants et amusants. Les autres propriétés de Gaspard jouirent des mêmes avantages ; la misère y était inconnue. Gaspard devint aussi un bon fils et un bon frère ; Mina resta toujours la fille et la sœur bien-aimée de la mère

Thomas et de Lucas, qu'elle visitait souvent et qu'elle continua à aider dans les soins du ménage. Celui de Mina s'augmenta de deux garçons; le premier a quatre ans, le second en a deux; M. Féréor les aime tendrement; il est le meilleur des grands-pères, comme il avait toujours été pour Gaspard le meilleur des pères. Il a quatre-vingt-quatre ans, et il a le cœur plus jeune qu'il ne l'avait eu dans sa jeunesse; il se trouve réellement heureux depuis qu'il a compris l'amour pour son prochain et pour son Dieu. Il répète souvent qu'il doit à Gaspard sa première affection, et à Mina le développement des sentiments de son cœur. Mina et Gaspard s'aiment comme aux premiers jours de leur union. Les affaires de M. Féréor et de Gaspard prospèrent plus que jamais; Gaspard jouit maintenant de son bonheur sans aucune réserve: ses pensées d'ambition ne viennent plus, comme par le passé, jeter l'amertume au milieu de ses joies et de ses succès. Depuis le changement qu'a subi son cœur, il sent que la richesse et les honneurs ne procurent de véritables jouissances qu'autant qu'on les emploie à faire le bien.

Lucas s'est marié il y a deux ans; sa femme est une bonne, grosse, forte fille, pieuse, active, d'une gaieté constante; ils font un excellent ménage, et ils ont un gros garçon, dont Mina a demandé à être la marraine.

« Vous aurez le second, ma mère, disait-elle à la mère Thomas qui revendiquait ses droits ; donnez-moi ce premier enfant de Lucas. N'est-ce pas, mon bon Lucas, que vous voulez bien ? Dites oui, cher frère ; vous m'avez dit tant de fois que vous ne pouvez rien me refuser.

— Ma mère, me permettez-vous de donner mon consentement ? dit Lucas à sa mère en riant. Voyez comme notre chère Mina vous regarde d'un air suppliant.

LA MÈRE.

Fais comme veut Mina, mon ami. Qui peut lui résister ?

— Chère mère, que vous êtes bonne ! dit Mina en l'embrassant à plusieurs reprises. Merci, mon excellent frère, ajouta-t-elle en embrassant Lucas. Je serai donc la marraine de mon petit Georges ; c'est le nom de mon beau-père et de mon fils aîné, ce sera celui de mon filleul. »

Gaspard riait, et fut très content de cette conclusion.

« Pourquoi ne l'as-tu pas appelé Gaspard, chère enfant ?

— Parce qu'il n'y a qu'un Gaspard pour moi dans le monde ; et il n'y en aura jamais deux. »

M. Frölichein est mort depuis longtemps. Deux mois après le mariage de sa fille, il fut tué par une explosion en faisant des expériences chimiques absurdes. Personne chez lui ne le regretta ; Mina pria beaucoup pour lui, fit dire beaucoup de messes pour le salut de son âme, pour laquelle on conserve de justes inquiétudes, car il mourut comme il avait vécu, mauvais riche.

FIN

TABLE

I.	L'école	1
II.	Le travail des champs	19
III.	Gaspard reçoit une rude correction	37
IV.	La distribution des prix	51
V.	M. Frölichein	59
VI.	La vache bringée	75
VII.	La marche forcée	85
VIII.	Amende honorable du père Thomas	99
IX.	La foire	107
X.	Lutte pour avoir Gaspard	119
XI.	Fureur de Frölichein. — Gaspard rend un service important	143
XII.	Premières habiletés, premiers succès de Gaspard	157
XIII.	L'héritage	175
XIV.	Première affaire de Gaspard	187
XV.	Complément de l'affaire de Gaspard. — Fureur du père Thomas	203
XVI.	Adoption de Gaspard	223
XVII.	Colère du père Thomas	235
XVIII.	M. Frölichein reparaît	247
XIX.	Fête pour l'adoption de Gaspard	263
XX.	Premier attendrissement de MM. Féréor père et fils	275
XXI.	Visite à la ferme et générosité de M. Féréor	289
XXII.	Effet de la joie sur le père Thomas	309

XXIII.	Mariage de Gaspard	325
XXIV.	Mina fait de plus en plus pitié à Gaspard	347
XXV.	Mina à la ferme	359
XXVI.	Grand chagrin de Mina. — Gaspard s'explique	373
XXVII.	Mina chez M. Féréor. — Piano et musique	397
XXVIII.	Séparation cruelle	403
XXIX.	Heureuse influence de Mina	419

LIBRAIRIE HACHETTE ET Cie
BOULEVARD SAINT-GERMAIN, 79, A PARIS

BIBLIOTHÈQUE ROSE ILLUSTRÉE
FORMAT IN-18, BROCHÉ, A 2 FR. 25 C. LE VOLUME

La reliure en percaline rouge, tranches dorées, se paye en sus 1 fr. 25

1re SÉRIE. — POUR LES ENFANTS DE 4 A 8 ANS

Anonyme : *Chien et Chat*; 5e édition, traduit de l'anglais par Mme A. Dihartart. 1 vol. avec 45 gravures d'après E. Bayard.

— *Douze histoires pour les enfants de quatre à huit ans*, par une mère de famille; 3e édit. 1 vol. avec 18 grav. d'après Bertall.

— *Les enfants d'aujourd'hui*, par la même; 3e édit. 1 vol. avec 40 grav. d'après Bertall.

Carraud (Mme) : *Historiettes véritables, pour les enfants de quatre à huit ans*; 6e édition. 1 vol. avec 94 grav. d'après Fath.

Fath (G.) : *La sagesse des enfants, proverbes*; 4e édit. 1 vol. avec 100 grav. d'après l'auteur.

Laroque (Mme) : *Grands et petits*; 1 vol. avec 61 gravures d'après Bertall.

Marcel (Mme J.) : *Histoire d'un cheval de bois*; 4e édit. 1 vol. imprimé en gros caractères, avec 20 gravures d'après E. Bayard.

Pape-Carpantier (Mme) : *Histoires et leçons de choses pour les enfants*; 12e édit. 1 vol. avec 85 gravures d'après Bertall.

Ouvrage couronné par l'Académie française.

Perrault, Mmes d'Aulnoy et **Leprince de Beaumont** : *Contes de fées*. 1 volume avec 65 gravures d'après Bertall, Foreat, etc.

Porchat (L.) : *Contes merveilleux*; 5e édit. 1 vol. avec 21 gravures d'après Bertall.

Schmid (Le chanoine) : *190 contes pour les enfants*, trad. de l'allemand par A. Van Hasselt; 7e édit. 1 vol. avec 29 grav. d'après Bertall.

Ségur (Mme de) : *Nouveaux contes de fées*; nouvelle édition. 1 vol. avec 46 gravures d'après G. Doré et J. Didier.

2e SÉRIE. — POUR LES ENFANTS DE 8 A 14 ANS

Alcott (Miss) : *Sous les lilas*, traduit de l'anglais par Mme Lepage; 2e édition. 1 volume avec 23 gravures.

Andersen: *Contes choisis*, trad. du danois par Soldi; 9e édition. 1 vol. avec 40 gravures d'après Bertall.

— 2 —

Anonyme : *Les fêtes d'enfants*, scènes et dialogues ; 5ᵉ édition. 1 vol. avec 41 gravures d'après Foulquier.

Assollant (A.) : *Les aventures incroyables mais authentiques du capitaine Corcoran* ; 8ᵉ édit. 2 vol. avec 50 grav. d'après A. de Neuville.

Barrau (Th.) : *Amour filial* ; 5ᵉ édition. 1 vol. avec 44 gravures d'après Foregio.

Bawr (Mme de) : *Nouveaux contes* ; 6ᵉ édition. 1 vol. avec 40 gravures d'après Bertall.
Ouvrage couronné par l'Académie française.

Belèze : *Jeux des adolescents* ; 6ᵉ édition. 1 vol. avec 140 gravures.

Berquin : *Choix de petits drames et de contes* ; 2ᵉ édition. 1 vol. avec 36 gravures d'après Foulquier, etc.

Berthet (E.) : *L'enfant des bois* ; 8ᵉ édition. 1 vol. avec 61 gravures.

— *La petite Chailloux*. 1 vol. avec 44 gravures d'après Meyrand et J. Fratpont.

Blanchère (De la) : *Les aventures de La Ramée et de ses trois compagnons* ; 4ᵉ édit. 1 vol. avec 36 gravures d'après E. Forest.

— *Oncle Tobie le pêcheur* ; 3ᵉ édit. 1 vol. avec 80 gravures d'après Foulquier et Mossel.

Boileau (P.) : *Légendes recueillies ou composées pour les enfants* ; 3ᵉ édition. 1 vol. avec 42 gravures d'après Bertall.

Carpentier (Mlle) : *La maison du bon Dieu* ; 2ᵉ édit. 1 vol. avec 58 gravures d'après Riou.

— *Samsons les !* 2ᵉ édition. 1 vol. avec 40 gravures d'après Riou.

— *Le secret du docteur, ou la Maison fermée* ; 2ᵉ édition. 1 vol. avec 43 gravures d'après Girardet.

— *La tour du Preux*. 1 vol. avec 60 gravures d'après Tofani.

— *Pierre le Tors*. 1 vol. avec 56 gravures d'après E. Zier.

— *La dame bleue*. 1 vol. avec 49 gravures d'après E. Zier.

Carraud (Mme) : *La petite Jeanne* ; 10ᵉ édit. 1 vol. avec 21 gravures d'après Forest.
Ouvrage couronné par l'Académie française.

— *Les métamorphoses d'une goutte d'eau*. 5ᵉ édition. 1 vol. avec 50 gravures d'après E. Bayard.

Castillon (A.) : *Récréations physiques* ; 8ᵉ édition. 1 vol. avec 36 grav. d'après Castelli.

— *Récréations chimiques* ; 5ᵉ édit. 1 vol. avec 34 grav. d'après H. Castelli.

Cazin (Mme) : *Les petits montagnards* ; 2ᵉ édition. 1 vol. avec 51 grav. d'après G. Vuillier.

— *Un drame dans la montagne* ; 2ᵉ édit. 1 vol. avec 33 gravures d'après G. Vuillier.

— *Histoire d'un pauvre petit*. 1 vol. avec 60 gravures d'après Tofani.

— *L'enfant des Alpes* ; 2ᵉ édition. 1 vol. avec 33 gravures d'après Tofani.
Ouvrage couronné par l'Académie française.

— *Perlette*. 1 vol. avec 54 gravures d'après Myrbach.

— *Les saltimbanques, scènes de la montagne*. 1 vol. avec 65 gravures d'après Girardet.

— *Le petit chevrier*. 1 vol. avec 39 gravures d'après Vuillier.

— *Jean le Savoyard*. 1 vol. avec 51 grav. d'après Slom.

— *Les orphelins bernois*. 1 vol. avec 58 gravures d'après E. Girardet.

Chabreul (Mme de) : *Jeux et exercices des jeunes filles* ; 6ᵉ édition. 1 vol. avec la musique des rondes et 55 gravures d'après Fath.

Chéron de la Bruyère (Mme) : *Giboulée*. 1 vol. illustré de 24 gravures d'après Zier.

— *La tour grise*. 1 vol. ill. de 25 grav. d'après Zier.

Cim (Albert) : *Mes amis et moi*. 1 vol. avec 16 grav. d'après Ferdinandus et Slom.

— *Entre camarades*. 1 vol. illustré de 20 gravures d'après Ferdinandus.

Colet (Mme L.) : *Enfances célèbres* ; 12ᵉ édit. 1 vol. avec 57 gravures d'après Foulquier.

Colomb (Mme J.) : *Souffre-Douleur*. 1 vol. avec 49 gravures d'après Mlle Lancelot.

Contes anglais, traduits par Mme de Witt. 1 vol. avec 43 gravures d'après E. Morin.

Deschamps (F.) : *Mon amie Georgette*. 1 vol. illustré de 43 gravures d'après Robaudi.

— *Mon ami Jean*. 1 vol. illustré de 40 gravures d'après Robaudi.

— *L'intrépide Marcel*. 1 vol. illustré de 40 gravures d'après Robaudi.

Desiys (Ch.) : *Grand'maman*. 1 vol. avec 29 gravures d'après Ed. Zier.

Edgeworth (Miss) : *Contes de l'adolescence*. 1 vol. avec 42 gravures d'après Morin.

— *Contes de l'enfance*. 1 vol. avec 27 gravures d'après Foulquier.

— *Demain*, suivi de *Mourad le malheureux*. 1 vol. avec 55 gravures d'après Bertall.

Feth (G.) : *Bernard, la gloire de son village*. 1 vol. avec 56 gravures d'après l'auteur.
Ouvrage couronné par l'Académie française.

Fleuriot (Mlle Z.) : *Le petit chef de famille*; 9e édit. 1 vol. avec 57 grav. d'après Castelli.

— *Plus tard, ou le Jeune Chef de famille*; 6e édit. 1 vol. avec 60 grav. d'après E. Bayard.

— *Un enfant gâté*; 5e édition. 1 vol. avec 48 gravures d'après Ferdinandus.

— *Tranquille et Tourbillon*; 3e édition. 1 vol. avec 45 gravures d'après C. Delort.

— *Cadette*; 3e édit. 1 vol. avec 25 grav. d'après Tofani.

— *En congé*; 6e édit. 1 vol. avec 61 gravures d'après A. Marie.

— *Bigarrette*. 1 vol. avec 55 gravures d'après A. Marie.

— *Bouche-en-Cœur*; 3e édition. 1 vol. avec 45 gravures d'après Tofani.

— *Gildas l'Intraitable*; 2e édit. 1 vol. avec 56 gravures d'après E. Zier.

— *Parisiens et montagnards*. 1 vol. avec 49 gravures d'après E. Zier.

Foe (De) : *La vie et les aventures de Robinson Crusoë*, édit. abrégée. 1 vol. avec 40 grav.

Fonvielle (W. de) : *Néridah*. 2 vol. avec 40 gravures d'après Sahib.

Fresneau (Mme), née Ségur : *Comme les grands!* 1 vol. avec 46 grav. d'après Ed. Zier.

— *Thérèse à Saint-Domingue*. 1 vol. avec 49 gravures d'après Tofani.

— *Les protégés d'Isabelle*. 1 vol. avec 50 grav.

— *Deux abandonnées*. 1 vol. illustré de 42 gravures d'après M. Orange.

Froment : *Petit-Prince*. 1 vol. illustré de 5 gravures d'après Vogel.

Genlis (Mme de) : *Contes moraux*. 1 vol. avec 40 gravures d'après Foulquier, etc.

Gérard (A.) : *Petite Rose*. — *Grande Jeanne*. 1 vol. avec 28 gravures d'après C. Gilbert.

Girardin (J.) : *La disparition du grand Krause*; 2e édition. 1 vol. avec 70 gravures d'après Kauffmann.

Giron (Aimé) : *Ces pauvres petits!* 2e édition. 1 vol. avec 28 grav. d'après B. de Monvel, etc.

— *Contes à nos petits rois*. 1 vol. avec 23 grav. d'après Blanchard, Vogel et Zier.

Gourand (Mlle J.) : *Les enfants de la ferme*; 5e édit. 1 vol. avec 59 grav. d'après E. Bayard.

— *Le livre de maman*; 4e édition. 1 vol. avec 68 gravures d'après E. Bayard.

— *Cécile, ou la Petite Sœur*; 7e édition. 1 vol. avec 26 gravures d'après Desandré.

— *Lettres de deux poupées*; 6e édition. 1 vol. avec 59 grav. d'après Olivier.

— *Le petit colporteur*; 6e édition. 1 vol. avec 27 gravures d'après A. de Neuville.

— *Les mémoires d'un petit garçon*; 9e édit. 1 vol. avec 86 gravures d'après E. Bayard.

— *Les mémoires d'un caniche*; 9e édition. 1 vol. avec 75 gravures d'après E. Bayard.

— *L'enfant du guide*; 6e édition. 1 vol. avec 60 gravures d'après E. Bayard.

— *Petite et grande*; 4e édition. 1 vol. avec 48 gravures d'après E. Bayard.

Gouraud (Mlle J.) (suite) : *Les deux enfants de Saint-Domingue;* 4ᵉ édition. 1 vol. avec 54 gravures d'après E. Bayard.
— *La petite maîtresse de maison;* 5ᵉ édit. 1 vol. avec 37 gravures d'après A. Marie.
— *Les filles du professeur;* 3ᵉ édit. 1 vol. avec 36 gravures d'après Kauffmann.
— *La famille Harel;* 2ᵉ édit. 1 vol. avec 48 gravures d'après Valnay et Ferdinandus.
— *Aller et retour;* 2ᵉ édition. 1 vol. avec 40 gravures d'après Ferdinandus.
— *Les petits voisins;* 2ᵉ édition. 1 vol. avec 39 gravures d'après C. Gilbert.
— *Le petit bonhomme.* 1 vol. avec 45 gravures d'après Ferdinandus.
— *Pierrot.* 1 vol. avec 31 grav. d'après Zier.
— *Minette.* 1 vol. avec 52 grav. d'après Tofani.

Grimm (Les frères) : *Contes choisis,* trad. de l'allemand. 1 vol. avec 40 grav. d'après Bertall.

Hauff : *La caravane,* trad. de l'allemand, 5ᵉ édition. 1 vol. avec 40 grav. d'après Bertall.
— *L'auberge du Spessart,* 5ᵉ édition. 1 vol. avec 61 grav. d'après Bertall.

Hawthorne : *Le livre des merveilles,* trad. de l'anglais; 3ᵉ édit. 2 vol. avec 40 grav. d'après Bertall.

Johnson : *Dans l'extrême Far West,* traduit de l'anglais par A. Talandier; 2ᵉ édition. 1 vol. avec 20 gravures d'après A. Marie.

Marcel (Mme J.) : *L'école buissonnière;* 4ᵉ édit. 1 vol. avec 20 gravures d'après A. Marie.
— *Les petits vagabonds;* 4ᵉ édition. 1 vol. avec 25 gravures d'après E. Bayard.
— *Histoire d'une grand'mère et de son petit-fils.* 1 vol. avec 36 gravures d'après Delort.

Marcel (Mme J.) (suite) : *Daniel;* 2ᵉ édition. 1 vol. avec 45 gravures d'après Gilbert.
— *Un bon gros pataud.* 1 vol. avec 46 gravures d'après Joanniot.
— *Un bon oncle.* 1 vol. avec 50 grav. d'après F. Régamey.

Maréchal (Mlle) : *La dette de Ben-Ajosa;* 4ᵉ édit. 1 vol. avec 20 grav. d'après Bertall.
— *Nos petits camarades;* 2ᵉ édition, 1 vol. avec 18 gravures d'après E. Bayard et H. Castelli.
— *La maison modèle;* 3ᵉ édition. 1 vol. avec 42 gravures d'après Sahib.

Martignat (Mlle de) : *Les vacances d'Élisabeth;* 3ᵉ édit. 1 vol. avec 40 grav. d'après Kauffmann.
— *L'oncle Boni;* 2ᵉ édition. 1 vol. avec 42 gravures d'après Gilbert.
— *Ginette;* 2ᵉ édit. 1 vol. avec 50 gravures d'après Tofani.
— *Le manoir d'Yolan;* 2ᵉ édition. 1 vol. avec 50 gravures d'après Tofani.
— *La pupille du général.* 1 vol. avec 40 gravures d'après Tofani.
— *L'héritière de Mauricèze.* 1 vol. avec 41 gravures d'après Poirson.
— *Une vaillante enfant;* 2ᵉ édit. 1 vol. avec 43 gravures d'après Tofani.
— *Une petite nièce d'Amérique.* 1 vol. avec 43 gravures d'après Tofani.
— *La petite fille du vieux Thémi.* 1 vol. avec 44 gravures d'après Tofani.

Mayne-Reid (Le capitaine) : Œuvres traduites de l'anglais :
— *Les chasseurs de girafes,* 1 vol. avec 10 gravures d'après A. de Neuville.
— *A fond de cale,* voyage d'un jeune marin à travers les ténèbres. 1 vol. avec 12 grandes gravures.
— *A la mer!* 1 vol. avec 12 grandes gravures.
— *Bruin, ou les Chasseurs d'ours.* 1 vol. avec 8 grandes gravures.
— *Le chasseur de plantes.* 1 vol. avec 12 grandes gravures.
— *Les exilés dans la forêt.* 1 vol. avec 12 grandes gravures.
— *L'habitation du désert,* ou Aventures d'une famille perdue dans les solitudes de l'Amérique. 1 vol. avec 23 grandes gravures d'après G. Doré.

Mayne-Reid (Le capitaine) (suite) : *Les grimpeurs de rochers*, suite du *Chasseur de plantes*, 1 vol. avec 90 grandes gravures.
— *Les peuples étranges*, 1 vol. avec 8 gravures.
— *Les vacances des jeunes Boers*, 1 vol. avec 12 grandes gravures.
— *Les veillées de chasse*, 1 vol. avec 45 gravures d'après Freeman.
— *La chasse au Léviathan*, 1 vol. avec 51 gravures d'après Ferdinandus et Weber.

Meyners d'Estrey : *Les aventures de Gérard Hendriks à la recherche de son frère*, 1 vol. illustré de 15 gravures d'après Mme P. Crampel.
— *Au pays des diamants*, 1 vol. illustré de gravures d'après Riou.

Moussac (Mme la marquise de) : *Popo et Lili, histoire de deux jumeaux*, 1 vol. avec 58 grav. d'après Zier.

Muller (E.) : *Robinsonnette*; 4ᵉ édition. 1 vol. avec 22 gravures d'après Lix.

Peyronny (Mme de) : *Deux cœurs dévoués*; 4ᵉ édit. 1 vol. avec 53 grav. d'après Devaux.

Pitray (Mme de) : *Les enfants des Tuileries*; 4ᵉ édit. 1 vol. avec 20 grav. d'après E. Bayard.
— *Les débuts du gros Philéas*; 4ᵉ édition. 1 vol. avec 57 gravures d'après H. Castelli.
— *Le château de la Pétaudière*; 3ᵉ édition. 1 vol. avec 78 gravures d'après A. Marie.
— *Le fils du maquignon*; 2ᵉ édition. 1 vol. avec 65 gravures d'après Riou.
— *Petit Monstre et Poule Mouillée*; mille. 1 vol. avec 36 gravures d'après E. Girardet.
— *Robin des Bois*, 1 vol. avec 40 gravures d'après Sirouy.
— *L'usine et le château*, 1 vol. avec 44 grav. d'après Robaudi.
— *L'arche de Noé*, 1 vol. illustré d'après Robaudi.

Rendu (V.) : *Mœurs pittoresques des insectes*, 1 vol. avec 49 gravures.

Sandras (Mme) : *Mémoires d'un lapin blanc*; 5ᵉ édit. 1 vol. avec 29 grav. d'après E. Bayard.

Saumois (Mme de) : *Les soirées à la maison*; 3ᵉ édit. 1 vol. avec 42 grav. d'après E. Bayard.

Ségur (Mme de) : *Après la pluie le beau temps*; nouvelle édition. 1 vol. avec 198 gravures d'après E. Bayard.
— *Comédies et proverbes*; nouvelle édition. 1 vol. avec 60 gravures d'après E. Bayard.
— *Diloy le Chemineau*; nouvelle édition. 1 vol. avec 90 gravures d'après H. Castelli.
— *François le Bossu*; nouvelle édition. 1 vol. avec 114 gravures d'après E. Bayard.
— *Jean qui grogne et Jean qui rit*; nouvelle édition. 1 vol. avec 70 grav. d'après H. Castelli.
— *La fortune de Gaspard*; nouvelle édit. 1 vol. avec 33 gravures d'après Gorlier.
— *La sœur de Gribouille*; nouvelle édition. 1 vol. avec 72 gravures d'après Castelli.
— *Pauvre Blaise*; nouvelle édition. 1 vol. avec 96 gravures d'après H. Castelli.
— *Quel amour d'enfant!* nouvelle édition. 1 vol. avec 79 gravures d'après E. Bayard.
— *Un bon petit diable*; nouvelle édition. 1 vol. avec 100 gravures d'après Castelli.
— *Le mauvais génie*; nouvelle édition. 1 vol. avec 90 gravures d'après E. Bayard.
— *L'auberge de l'Ange-Gardien*; nouvelle édition. 1 vol. avec 75 grav. d'après Foulquier.
— *Le général Dourakine*; nouvelle édition. 1 vol. avec 100 gravures d'après E. Bayard.
— *Les bons enfants*; nouvelle édition. 1 vol. avec 70 grav. d'après Ferogio.
— *Les deux nigauds*; nouvelle édition. 1 vol. avec 76 grav. d'après Castelli.
— *Les malheurs de Sophie*; nouvelle édition. 1 vol. avec 48 gravures d'après Castelli.
— *Les petites filles modèles*; nouvelle édition. 1 vol. avec 21 grandes gravures d'après Bertall.
— *Les vacances*; nouvelle édition. 1 vol. avec 30 gravures d'après Bertall.

Ségur (Mme de) (suite) : *Mémoires d'un âne*; nouvelle édition. 1 vol. avec 75 gravures d'après Castelli.

Stolz (Mme de) : *La maison roulante*; 7ᵉ édit. 1 vol. avec 20 gravures d'après E. Bayard.
— *Le trésor de Nanette*; 6ᵉ édition. 1 vol. avec 25 gravures d'après E. Bayard.
— *Blanche et Noire*; 4ᵉ édition. 1 vol. avec 54 gravures d'après E. Bayard.
— *Par-dessus la haie*; 4ᵉ édition. 1 vol. avec 56 gravures d'après A. Marie.
— *Les poches de mon oncle*; 5ᵉ édition. 1 vol. avec 20 gravures d'après Bertall.
— *Les vacances d'un grand-père*; 4ᵉ édition. 1 vol. avec 40 gravures d'après G. Delafosse.
— *Le vieux de la forêt*; 3ᵉ édition. 1 vol. avec 40 gravures d'après Sahib.
— *Les deux reines*; 2ᵉ édit. 1 vol. avec 32 gravures d'après Dolart.
— *Les mésaventures de Mlle Thérèse*; 3ᵉ édition. 1 vol. avec 20 gravures d'après Charles.
— *Les frères de lait*; 2ᵉ édition. 1 vol. avec 42 gravures d'après E. Zier.
— *Magali*; 2ᵉ éd. 1 vol. avec 36 grav. d'après Tofani.

Stolz (Mme de) (suite) : *Deux tantes*. 1 vol. avec 43 grav. d'après Ed. Zier.
— *Violence et bonté*. 1 vol. avec 36 gravures d'après Tofani.
— *L'embarras du choix*. 1 vol. avec 40 gravures d'après Tofani.
— *Petit Jacques*. 1 vol. avec 48 gravures d'après Tofani.
— *La famille Coquelicot*. 1 vol. illustré de 30 gravures d'après Jeanniot.

Swift : *Voyages de Gulliver*, traduits de l'anglais et abrégés à l'usage des enfants. 1 vol. avec 57 gravures d'après G. Delafosse.

Tournier : *Les premiers chants*, poésies à l'usage de la jeunesse; 2ᵉ édition. 1 vol. avec 20 gravures d'après Gustave Roux.

Verley : *Miss Fantaisie*. 1 vol. avec 36 grav. d'après Zier.

Vimont (Ch.) : *Histoire d'un navire*; 3ᵉ édit. 1 vol. avec 40 grav. d'après Alex. Vimont.

Witt (Mme de), née Guizot : *Enfants et parents*; 4ᵉ édition. 1 vol. avec 34 gravures d'après A. de Neuville.
— *La petite fille aux grand'mères*; 4ᵉ édit. 1 vol. avec 36 gravures d'après Beau.
— *En quarantaine*, jeux et récits; 2ᵉ édit. 1 vol. avec 48 gravures d'après Ferdinandus.

3ᵉ SÉRIE. — POUR LES ADOLESCENTS

VOYAGES

Agassiz (M. et Mme) : *Voyage au Brésil*, traduit et abrégé par J. Belin-de Launay; 3ᵉ édition. 1 vol. avec 15 gravures et 1 carte.

Aunet (Mme d') : *Voyage d'une femme au Spitzberg*; 6ᵉ édit. 1 vol. avec 34 gravures.

Baines : *Voyages dans le sud-ouest de l'Afrique*, traduits et abrégés par J. Belin-de Launay; 2ᵉ édit. 1 vol. avec 22 grav. et 1 carte.

Baker : *Le lac Albert*. Nouveau voyage aux sources du Nil, abrégé par J. Belin-de Launay; 2ᵉ édit. 1 vol. avec 16 grav. et 1 carte.

Baldwin : *Du Natal au Zambèze, 1851-1866*. Récits de chasses, abrégés par J. Belin-de Launay; 3ᵉ édit. 1 vol. avec 24 grav. et 1 carte.

Catlin : *La vie chez les Indiens*, traduite de l'anglais; 6ᵉ édition. 1 vol. avec 25 gravures.

Ponvielle (W. de) : *Le giaçon du Polaris*, aventures du capitaine Tyson; 3ᵉ édit. 1 vol. avec 19 gravures et 1 carte.

Hayes (Dr) : *La mer libre du pôle*, traduite par F. de Lanoye et abrégée par J. Belin-de Launay ; 2ᵉ édition. 1 vol. avec 14 gravures et 1 carte.

Hervé et de Lanoye : *Voyage dans les glaces du pôle arctique* ; 6ᵉ édition. 1 vol. avec 40 gravures.

Lanoye (F. de) : *Le Nil, son bassin et ses sources* ; 4ᵉ édit. 1 vol. avec 32 gravures et cartes.
— *La Sibérie* ; 2ᵉ édition. 1 vol. avec 48 gravures d'après Lebreton, etc.
— *Les grandes scènes de la nature* ; 5ᵉ édit. 1 vol. avec 40 gravures.
— *La mer polaire*, voyage de l'*Érèbe* et de la *Terreur* ; 4ᵉ édit. 1 vol. avec 29 gravures et des cartes.

Livingstone : *Explorations dans l'Afrique australe*, abrégées par J. Belin-de Launay ; 5ᵉ édit. 1 vol. avec 90 gravures et 1 carte.
— *Dernier journal*, abrégé par J. Belin-de Launay ; 2ᵉ édition. 1 vol. avec 10 gravures et 1 carte.

Mage (L.) : *Voyage dans le Soudan occidental*, abrégé par J. Belin-de Launay ; 2ᵉ édit. 1 vol. avec 16 gravures et 1 carte.

Milton et Cheadle : *Voyage de l'Atlantique au Pacifique*, trad. et abrégé par J. Belin-de Launay ; 2ᵉ édit. 1 vol. avec 16 grav. et 2 cartes.

Mouhot (Ch.) : *Voyage dans les royaumes de Siam, de Cambodge et de Laos* ; 4ᵉ édition. 1 vol. avec 28 gravures et 1 carte.

Palgrave (W. G.) : *Une année dans l'Arabie centrale*, trad. abrégée par J. Belin-de Launay ; 2ᵉ édition. 1 vol. avec 12 grav. et 1 carte.

Pfeiffer (Mme) : *Voyages autour du monde*, abrégés par J. Belin-de Launay ; 5ᵉ édition. 1 vol. avec 16 gravures et 1 carte.

Piotrowski : *Souvenirs d'un Sibérien* ; 3ᵉ édit. 1 vol. avec 10 gravures.

Schweinfurth H. (Dr) : *Au cœur de l'Afrique (1868-1871)*, traduit par Mme H. Loreau, et abrégé par J. Belin-de Launay ; 2ᵉ édition. 1 vol. avec 16 gravures et 1 carte.

Speke : *Les sources du Nil*, édition abrégée par J. Belin-de Launay ; 3ᵉ édition. 1 vol. avec 24 gravures et 3 cartes.

Stanley : *Comment j'ai retrouvé Livingstone*, trad. par Mme H. Loreau et abrégé par J. Belin-de Launay ; 4ᵉ édit. 1 vol. avec 16 gravures et 1 carte.

Vambery : *Voyages d'un faux derviche dans l'Asie centrale*, traduits par E. Forgues, et abrégés par J. Belin-de Launay ; 4ᵉ édit. 1 vol. avec 18 gravures et 1 carte.

HISTOIRE

Loyal Serviteur (Le) : *Histoire du gentil seigneur de Bayard*, revue et abrégée, à l'usage de la jeunesse, par Alph. Feillet ; 4ᵉ éd. 1 vol. avec 36 gravures d'après P. Sellier.

Monnier (M.) : *Pompéi et les Pompéiens* ; 3ᵉ édition, à l'usage de la jeunesse. 1 vol. avec 23 gravures d'après Thérond.

Plutarque : *Vies des Grecs illustres*, édition abrégée par Alph. Feillet ; 5ᵉ édit. 1 vol. avec 53 gravures d'après P. Sellier.
— *Vies des Romains illustres*, édit. abrégée par Alph. Feillet ; 5ᵉ édit. 1 vol. avec 69 grav.

Retz (De) : *Mémoires*, abrégés par Alph. Feillet. 1 vol. avec 35 gravures d'après Gilbert.

LITTÉRATURE

Bernardin de Saint-Pierre : *Œuvres choisies*. 1 vol. avec 12 gravures d'après E. Bayard.

Cervantes : *Don Quichotte de la Manche*. 1 vol. avec 64 grav. d'après Bertall et Forest.

Homère : *L'Iliade et l'Odyssée*, traduites par P. Giguet, abrégées par Alph. Feillet. 1 vol. avec 33 gravures d'après Olivier.

Le Sage : *Aventures de Gil Blas*, édition destinée à l'adolescence. 1 vol. avec 50 gravures d'après Leroux.

Mac-Intosh (Miss) : *Contes américains*, traduits par Mme Dionis; 2ᵉ édition, 2 vol. avec 120 gravures d'après E. Bayard.

Maistre (X. de) : *Œuvres choisies*. 1 vol. avec 15 gravures d'après E. Bayard.

Molière : *Œuvres choisies*, abrégées à l'usage de la jeunesse. 2 vol. avec 28 gravures d'après Hillemacher.

Virgile : *Œuvres choisies*, traduites et abrégées à l'usage de la jeunesse, par Th. Barrau et Alph. Feillet. 1 vol. avec 20 gravures d'après les grands peintres, par P. Sellier.

ALBUMS POUR LES PETITS ENFANTS
FORMAT IN-4
A 4 fr. le volume cartonné avec couverture en couleurs

Rithaud (P.) : *Les vacances de Bob et Lisette*. Album illustré de 56 gravures en couleurs d'après Job.
— *Fanfan la Tulipe*. Album illustré de 34 gravures en couleurs d'après Job.

Cim (Albert) : *Spectacles enfantins*. Album illustré de 58 gravures en couleurs et en noir d'après Gerbault et Job.

France (A.) : *Nos enfants*, avec 36 gravures en noir et en couleurs d'après Boutet de Monvel.
— *Filles et garçons*, avec 38 gravures en noir et en couleurs d'après Boutet de Monvel.

Giron (Aimé) : *Trois héros*. Album illustré de 34 gravures en couleurs et en noir d'après Job.

Houdetot (Mme la comtesse de) : *Mémoires d'un parapluie*. Album illustré de 48 gravures en couleurs et en noir d'après Gerbault.

Nanteuil (Mme de) : *Un fils de capitaine*. Album illustré de 24 gravures d'après H. Vogel.

Quatrelles : *Histoire de l'intrépide capitaine Castagnette*, avec les illustrations de Gustave Doré.
— *Croquemitaine*, avec les illustrations de Gustave Doré.

Samary (Mme J.) : *Les gourmandises de Charlotte*, avec les illustrations de Job.

Trim : *Le bon Toto et le méchant Tom*, avec 70 gravures en couleurs et en noir d'Eug. Le Mouel et Semechini.

MON PREMIER ALPHABET
Album in-4, contenant 250 gravures en noir et 4 gravures en couleurs, cartonné. . . . . 2 fr.

MON HISTOIRE DE FRANCE
Album in-4, contenant plus de 100 gravures en noir et 10 gravures en couleurs, cartonné. . . . . 2 fr.

MON HISTOIRE SAINTE
Album in-4, contenant 100 gravures en noir et 8 planches en couleurs, cartonné. . . . . 2 fr.

NOUVELLE COLLECTION ILLUSTRÉE
POUR LA JEUNESSE ET L'ENFANCE
1re SÉRIE, FORMAT IN-8 JÉSUS
Prix du volume : broché, 7 fr.; cartonné, tranches dorées, 10 fr.

About (Ed.) : *Le roman d'un brave homme*. 1 vol. illustré de 52 compositions par Adrien Marie.
— *L'homme à l'oreille cassée*. 1 vol. ill. de 61 comp. par Eug. Courboin.

Cahun (L.) : *Les aventures du capitaine Magon*. 1 vol. illustré de 72 gravures d'après Philippoteaux.

Cim (Albert) : *Grand'mère et petit-fils*. 1 vol. illustré de 70 gravures d'après Vulliemin.

Dillaye (Fr.) : *Les jeux de la jeunesse*. 1 vol. illustré de 203 grav.

Drossart (Mme M.) : *Les grandes voyageuses*. 1 vol. ill. de 75 grav.

Du Camp (Maxime) : *La vertu en France*. 1 vol. ill. de 63 grav. d'après Duez, Myrbach, Tofani et E. Zier.

Fleuriot (Mlle Z.) : *Cœur muet*. 1 vol. ill. de 57 grav. d'après Adrien Marie.
— *Papillonne*. 1 volume illustré de 50 gravures d'après E. Zier.

Guillemin (Amédée) : *La lumière*. 1 vol. contenant 13 planches en couleurs, 14 planches en noir et 353 figures dans le texte.
— *La Chaleur*. 1 vol. contenant 1 pl. en couleurs, 8 planches en noir et 324 gravures dans le texte.
— *La Météorologie et la Physique moléculaire*. 1 vol. contenant 9 planches en couleurs, 20 planches en noir et 343 gravures dans le texte.

La Ville de Mirmont (H. de) : *Contes mythologiques*. 1 vol. illustré de 41 gravures.

Maël (Pierre) : *Une Française au Pôle Nord*. 1 vol. illustré de 52 grav. d'après Paris.
— *Terre de Fauves*. 1 volume illustré de 52 gravures, d'après les dessins d'Alfred Paris.
— *Robinson et Robinsonne*. 1 vol. illustré de 50 gravures, d'après A. Paris.

Manzoni : *Les fiancés*. Édition abrégée par Mme J. Colomb. 1 vol. illustré de 40 gravures d'après J. Le Blant.

Mouton (Eug.) : *Voyages et Aventures du Capitaine Marius Cougourdan*. 1 vol. ill. de 66 grav. d'après E. Zier.
— *Aventures et mésaventures de Joël Kerbabu*. 1 vol. illustré de 55 gravures d'après A. Paris.

Rousselet (Louis) : *Nos grandes écoles militaires et civiles*. 1 vol. ill. de 100 grav. d'après A. Lemaistre, Fr. Régamey et P. Renouard.
— *Nos grandes écoles d'application*. 1 vol. illustré de 93 grav. d'après Busson, Calmettes, Lemaistre et P. Renouard.

Toudouze (Gustave) : *Enfant perdu (1814)*. 1 volume illustré de 40 gravures d'après J. Le Blant.

Witt (Mme de), née Guizot : *Les femmes dans l'histoire*. 1 vol. illustré de 80 gravures.
— *La charité en France à travers les siècles*. 1 vol. ill. de 81 gravures.
— *Père et fils*. 1 volume illustré de 40 gravures d'après Vogel.

2e SÉRIE, FORMAT IN-8 RAISIN
Prix du volume : broché, 4 fr.; cartonné, tranches dorées, 6 fr.

Arthez (Danielle d') : *Les tribulations de Nicolas Mender*. 1 vol. ill. de 83 grav. d'après Tofani.

Assollant (A.) : *Pendragon*. 1 vol. avec 42 gravures d'après C. Gilbert.

Champol (F.) : *Anaïs Ferrard*. 1 volume illustré de 29 gravures d'après Tofani et Bergevin.

Chéron de la Bruyère (Mme) : *La tante Derbier*. 1 vol. illustré de 50 gravures d'après Myrbach.

— *Princesse Rosalba*. 1 vol. illustré de 60 gravures d'après Tofani.

Colomb (Mme) : *Le violoneux de la sapinière*. 1 vol. avec 85 gravures d'après A. Marie.

— *La fille de Carilès*. 1 vol. avec 90 grav. d'après A. Marie.

Ouvrage couronné par l'Académie française.

— *Deux mères*. 1 vol. avec 133 grav. d'après A. Marie.

— *Le bonheur de Françoise*. 1 vol. avec 112 grav. d'après A. Marie.

— *Chloris et Jeanneton*. 1 vol. avec 105 gravures d'après Sahib.

— *L'héritière de Vauclain*. 1 vol. avec 104 grav. d'après C. Delort.

— *Franchise*. 1 vol. avec 113 gravures d'après C. Delort.

— *Feu de paille*. 1 vol. avec 98 grav. d'après Tofani.

— *Les étapes de Madeleine*. 1 vol. avec 105 grav. d'après Tofani.

— *Denis le tyran*. 1 vol. avec 115 grav. d'après Tofani.

— *Pour la muse*. 1 vol. avec 105 grav. d'après Tofani.

— *Hervé Plémeur*. 1 vol. avec 112 grav. d'après E. Zier.

— *Jean l'innocent*. 1 vol. illustré de 112 gravures d'après Zier.

— *Danielle*. 1 vol. illustré de 112 grav. d'après Tofani.

— *La Fille des Bohémiens*. 1 vol. illustré de 112 grav. d'après S. Reichan.

— *Les conquêtes d'Hermine*. 1 vol. ill. de 112 grav. d'après Th. Vogel.

— *Hélène Coranis*. 1 vol. illustré de 80 gravures d'après A. Moreau.

Cortambert et Deshys : *Le pays du soleil*. 1 vol. avec 35 gravures.

Daudet (E.) : *Robert Darnetal*. 1 vol. avec 81 grav. d'après Sahib.

Demage (G.) : *A travers le Sahara*. 1 vol. illustré de 84 grav. d'après Mme Crampel.

Demoulin (Mme G.) : *Les animaux étranges*. 1 vol. avec 172 gravures.

Énault (L.) : *Le chien du capitaine*. 1 vol. avec 43 gr. d'après E. Riou.

Fleuriot (Mlle Z.) : *M. Nostradamus*. 1 vol. avec 36 gr. d'après A. Marie.

— *La petite duchesse*. 1 vol. avec 73 gravures d'après A. Marie.

— *Grandcœur*. 1 vol. avec 45 gravures d'après C. Delort.

— *Raoul Daubry, chef de famille*. 1 vol. avec 39 gr. d'après C. Delort.

— *Mandarine*. 1 vol. avec 95 gravures d'après C. Gilbert.

— *Cadok*. 1 vol. avec 21 gravures d'après C. Gilbert.

— *Céline*. 1 vol. avec 102 grav. d'après G. Fraipont.

— *Feu et flamme*. 1 vol. avec 80 gravures d'après Tofani.

— *Le clan des têtes chaudes*. 1 vol. illustré de 65 gr. d'après Myrbach.

— *Au Galadoc*. 1 vol. illustré de 60 gravures d'après Zier.

— *Les premières pages*. 1 vol. avec 75 gravures d'après Adrien Marie.

— *Rayon de soleil*. 1 vol. illustré de 10 gravures d'après Mencina Krosz.

Girardin (J.) : *Les braves gens*. 1 vol. avec 115 gr. d'après E. Bayard.

Ouvrage couronné par l'Académie française.

— *Nous autres*. 1 vol. avec 182 gravures d'après E. Bayard.

— *La toute petite*. 1 vol. avec 128 gravures d'après E. Bayard.

— *L'oncle Placide*. 1 vol. avec 139 gravures d'après A. Marie.

— *Le neveu de l'oncle Placide*. 3 vol. illustrés de 367 gravures d'après A. Marie, qui se vendent séparément.

— *Grand-père*. 1 vol. avec 91 gravures d'après C. Delort.

Ouvrage couronné par l'Académie française.

Girardin (J.) (suite) : *Maman*, 1 vol. avec 112 gravures d'après Tofani.
— *Le roman d'un cancre*, 1 vol. avec 119 gravures d'après Tofani.
— *Les millions de la tante Zézé*, 1 vol. avec 112 grav. d'après Tofani.
— *La famille Gaudry*, 1 vol. avec 112 gravures d'après Tofani.
— *Histoire d'un Berrichon*, 1 vol. avec 112 gravures d'après Tofani.
— *Second violon*, 1 vol. illustré de 112 gravures d'après Tofani.
— *Le fils Valansé*, 1 vol. avec 112 gravures d'après Tofani.
— *Le commis de M. Bouzat*, 1 vol. illustré de 119 gr. d'après Tofani.

Giron (Aimé) : *Les trois rois mages*, 1 vol. illustré de 60 gravures d'après Fraipont et Pranishnikoff.

Meyer (Henri) : *Les Jumeaux de la Houzaraque*, 1 vol. illustré de 71 gravures d'après Tofani.
— *Le serment de Paul Marcorel*, 1 vol. illustré de 51 gravures d'après Tofani.

Nanteuil (Mme P. de) : *Capitaine*, 1 vol. illustré de 72 gravures d'après Myrbach.
Ouvrage couronné par l'Académie française.
— *Le général Du Maine*, 1 vol. avec 70 gravures d'après Myrbach.
— *L'épave mystérieuse*, 1 volume illustré de 80 gr. d'après Myrbach.
Ouvrage couronné par l'Académie française.
— *En esclavage*, 1 vol. illustré de 80 gravures d'après Myrbach.
— *Une poursuite*, 1 vol. l'lustré de 57 gravures d'après Alfred Paris.
— *Le secret de la grève*, 1 vol. ill. de 50 gr. d'après A. Paris.
— *Alexandre Vorzof*, 1 vol. illustré de 80 grav. d'après Myrbach.
— *L'héritier des Vaubert*, 1 vol. illustré de 80 gravures d'après A. Paris.
— *Alain le Baleinier*, 1 vol. illustré de 80 grav. d'après A. Paris.

Rousselet (L.) : *Le charmeur de serpents*, 1 vol. avec 68 gravures d'après A. Marie.

Rousselet (L.) (suite) : *Le Fils du Connétable*, 1 vol. avec 113 grav. d'après Pranishnikoff.
— *Les deux mousses*, 1 vol. avec 90 gravures d'après Sahib.
— *Le tambour du Royal-Auvergne*, 1 vol. avec 115 gr. d'après Poirson.
— *La peau du tigre*, 1 vol. avec 102 gr. d'après Bellecroix et Tofani.

Saintine : *La nature et ses trois règnes*, 1 vol. avec 171 grav. d'après Foulquier et Faguet.
— *La mythologie du Rhin et les contes de la mère-grand*, 1 vol. avec 160 grav. d'après G. Doré.

Schultz (Mlle Jeanne) : *Tout droit*, 1 vol. ill. de 112 gr. d'après E. Zier.
— *La famille Hummelin*, 1 vol. ill. de 89 gravures d'après E. Zier.
— *Sauvons Madelon !* 1 vol. illustré de 60 gravures d'après Tofani.

Stany (Le C¹) : *Les trésors de la Fable*, 1 vol. illustré de 80 gravures d'après E. Zier.
— *Mabel*, 1 vol. illustré de 60 gravures d'après E. Zier.

Tissot et Amèro : *Aventures de trois fugitifs en Sibérie*, 1 vol. avec 72 gr. d'après Pranishnikoff.

Witt (Mme de), née Guizot : *Scènes historiques*, 1 vol. avec 28 gravures d'après A. Marie.
— *Normands et Normandes*, 1 vol. avec 70 gravures d'après E. Zier.
— *Un jardin suspendu*, 1 vol. avec 30 gravures d'après C. Gilbert.
— *Notre-Dame Guesclin*, 1 vol. avec 70 gravures d'après E. Zier.
— *Une sœur*, 1 vol. avec 65 gravures d'après E. Bayard.
— *Légendes et récits pour la jeunesse*, 1 vol. avec 18 gravures d'après Philippoteaux.
— *Un nid*, 1 vol. avec 63 gravures d'après Ferdinandus.
— *Un patriote au XIVᵉ siècle*, 1 vol. illustré de gravures d'après E. Zier.
— *Alsaciens et Alsaciennes*, 1 vol. illustré de 60 grav. d'après A. Moreau et E. Zier.

BIBLIOTHÈQUE DES PETITS ENFANTS
DE 4 A 8 ANS

FORMAT GRAND IN-16

CHAQUE VOLUME, BROCHÉ, 2 FR. 25
CARTONNÉ EN PERCALINE BLEUE, TRANCHES DORÉES, 3 FR. 50
Ces volumes sont imprimés en gros caractères

Chéron de la Bruyère (Mme) : *Contes à Pépée.* 1 vol. avec 24 gravures d'après Grivaz.
— *Plaisirs et aventures.* 1 vol. avec 30 gravures d'après Jeanniot.
— *La perruque du grand-père.* 1 vol. illustré de 30 gr. d'après Tofani.
— *Les enfants de Boisfleuri.* 1 vol. ill. de 30 grav. d'après Semechini.
— *Les vacances à Trouville.* 1 vol. avec 40 gravures d'après Tofani.
— *Le château du Roc-Saïd.* 1 vol. illustré de 30 gr. d'après Tofani.
— *Les enfants du capitaine.* 1 vol. ill. de 30 grav. d'après Geoffroy.
— *Autour d'un bateau.* 1 vol. illustré de 36 gravures d'après E. Zier.

Desgranges : *Le chemin du collège.* 1 vol. ill. de 30 grav. d'après Tofani.
— *La famille Le Jarriel.* 1 vol. illustré de 33 gr., d'après Geoffroy.

Duperteau (Emma) : *Petits récits.* 1 vol. avec 28 gr. d'après Tofani.

Erwin (Mme E. d') : *Un été à la campagne.* 1 vol. avec 39 grav.

Favre : *L'épreuve de Georges.* 1 vol. avec 41 gravures d'après Geoffroy.

Franck (Mme E.) : *Causeries d'une grand'mère.* 1 vol. avec 72 grav.

Fresneau (Mme), née de Ségur : *Une année du petit Joseph.* Imité de l'anglais. 1 vol. avec 67 gravures d'après Jeanniot.

Girardin (J.) : *Quand j'étais petit garçon.* 1 vol. avec 52 gravures.
— *Dans notre classe.* 1 vol. avec 26 gravures d'après Jeanniot.
— *Un drôle de petit bonhomme.* 1 vol. illustré de 30 grav. d'après Geoffroy.

Le Roy (Mme F.) : *L'aventure du petit Paul.* 1 vol. illustré de 45 gravures, d'après Ferdinandus.
— *Les étourderies de Mlle Lucie.* 1 vol. ill. de 30 gr. d'après Robaudi.
— *Pipo.* 1 vol. illustré de 36 gravures d'après Mencina Kroaz.

Malassez (Mme) : *Sable-Plage.* 1 vol. ill. de 52 grav. d'après Zier.

Molesworth (Mrs) : *Les aventures de M. Baby*, traduit de l'anglais. 1 vol. avec 12 gravures.

Pape-Carpentier (Mme) : *Nouvelles histoires et leçons de choses.* 1 vol. avec 42 gravures d'après Semechini.

Surville (André) : *Les amis de Berthe.* 1 vol. avec 30 gravures d'après Ferdinandus.
— *La petite Givonnette.* 1 vol. illustré de 34 gravures d'après Grigny.
— *Fleur des champs.* 1 vol. illustré de 32 gravures d'après Zier.
— *La vieille maison du grand-père.* 1 vol. avec 34 gravures d'après Zier.
— *La fête de Saint-Maurice.* 1 vol. illustré de 34 grav. d'après Tofani.

Witt (Mme de), née Guizot : *Histoire de deux petits frères.* 1 vol. avec 45 grav. d'après Tofani.
— *Sur la plage.* 1 vol. avec 55 gravures d'après Ferdinandus.
— *Par monts et par vaux.* 1 vol. avec 51 grav. d'après Ferdinandus.
— *En pleins champs.* 1 vol. avec 45 gravures d'après Gilbert.
— *A la montagne.* 1 vol. illustré de 45 gravures d'après Ferdinandus.
— *Deux tout petits.* 1 vol. illustré de 32 gravures d'après Ferdinandus.
— *Au-dessus du lac.* 1 vol. avec 44 gr.
— *Les enfants de la tour du Roc.* 1 vol. ill. de 56 gr. d'après E. Zier.
— *La petite maison dans la forêt.* 1 vol. illustré de 36 grav. d'après Robaudi.
— *Histoires de bêtes.* 1 vol. illustré de 34 gravures d'après Bouisset.
— *Au creux du rocher.* 1 vol. ill. de 48 grav. d'après Robaudi.

33476. — PARIS, IMPRIMERIE LAHURE
9, rue de Fleurus, 9

29 Janvier 62

www.ingramcontent.com/pod-product-compliance
Lightning Source LLC
Chambersburg PA
CBHW070607230426
43670CB00010B/1440